INHALT

Hans-Joachim Fietkau

Psychologie der Mediation

Lernchancen,
Gruppenprozesse
und Überwindung von
Denkblockaden
in Umweltkonflikten

Über Neuerscheinungen und sein umfangreiches sozialwissenschaftliches Gesamtpro-
gramm informiert der Verlag Sie gern. Natürlich kostenlos und unverbindlich.

edition sigma Karl-Marx-Str. 17 **D-12043 Berlin**	Und ständig aktuell
Tel. [030] 623 23 63 Fax 623 93 93	im Internet:
E-Mail: verlag@edition-sigma.de	**www.edition-sigma.de**

Die Deutsche Bibliothek - CIP-Einheitsaufnahme

Fietkau, Hans-Joachim:
Psychologie der Mediation : Lernchancen, Gruppenprozesse
und Überwindung von Denkblockaden in Umweltkonflikten /
Hans-Joachim Fietkau. [Hrsg. vom Wissenschaftszentrum Berlin
für Sozialforschung, Abteilung: Normbildung und Umwelt]. -
Berlin : Ed. Sigma, 2000
    ISBN 3-89404-201-X

Konzeption und Gestaltung: Rother + Raddatz, Berlin.

Textverarbeitung: Blocksatz, Friederike Theilen-Kosch, Berlin.

Druck: WZB   Printed in Germany

VORWORT

Mediation hat sich in unterschiedlichen privaten und gesellschaftlichen Kontexten bewährt. Mit diesem Buch versuche ich, psychologisches Wissen für Mediationsverfahren – insbesondere bei umweltrelevanten gesellschaftlichen Konfliktlagen – nutzbar zu machen. In diesen Verfahren handeln Menschen: Sie denken, sie fühlen, sie entscheiden, sie argumentieren, sie wollen etwas, sie gehen mit anderen Menschen um, und sie tun all dies in einem sozialen, physischen und rechtlichen Umfeld, das sie wahrnehmen und auf das sie reagieren. Dieser Prozeß ist nicht statisch, er unterliegt Veränderungen. Die Handelnden intervenieren auf der Basis von Gewohnheiten und vermuteten Wirkungszusammenhängen. All dies ist Gegenstand psychologischer Forschung. Niemand jedoch kann diese auch nur in Teilbereichen übersehen oder gar in ein in sich geschlossenes System bringen und dann auf einen konkreten sozialen Vorgang anwenden.

Eine Auswahl mußte getroffen werden. Sie sollte für Praktiker nützlich sein. Für diese Zwecke schien es sinnvoll, die herangezogenen Konzepte und Befunde lediglich in Grundzügen anzusprechen und auf Differenzierungen zu verzichten. Es wird kein geschlossenes theoretisches Grundraster dargestellt. Der Text ist eklektisch aufgebaut und von dem geleitet, was ich als Mediator und Trainer als relevant erlebt habe.

Das Buch basiert auf Gesprächen, Konferenzvorträgen, Artikeln und Büchern, die meine Sicht geprägt haben. Im einzelnen vermag ich dies nicht mehr nachzuvollziehen und bitte diejenigen um Dispens, die ungenannt Mütter oder Väter meiner Gedanken sind, ohne hier ausdrücklich erwähnt zu werden. Stellvertretend für sie gilt mein Dank der Evangelischen Akademie Loccum und der Arbeitsgemeinschaft für Umweltfragen, die in vielfältiger Weise einen Rahmen zur Verfügung stellten, der mir den Austausch mit Kolleginnen und Kollegen ermöglichte. Mein Dank gilt ferner den Teilnehmerinnen und Teilnehmern an Mediationsverfahren und psychologischen Trainings, von denen ich viel gelernt habe. Einige Thesen und Beispiele, die sich in diesem Buch finden, habe ich in einem Beitrag (Fietkau 1999b) zu einem Studienbrief (Förderverein Umweltmediation 1999) veröffentlicht. Ich danke dem Förderverein Umweltmediation, diese auch hier verwenden zu dürfen.

Das Buch soll keine Rezepte für Mediation bereitstellen. Es geht mir vor allem darum, auf einige Aspekte hinzuweisen, von denen ich glaube, daß sie in der derzeitigen Debatte zu kurz kommen.

Die Umsetzung psychologischer Überlegungen in alltagspraktisches soziales Handeln ist an Anschaulichkeit geknüpft. Abstrakte Gedanken müssen bildhaft werden, um wirksam zu sein. Ich hoffe, daß die angeführten Beispiele und Anekdoten zum besseren Verständnis beitragen.

An der Entstehung des Buches haben viele mitgewirkt. Das Wissenschaftszentrum Berlin für Sozialforschung hat mir den Freiraum gegeben, den ich brauchte. Mein Kollege Helmut Weidner hat über viele Jahre mit mir im Bereich der Umweltmediation gemeinsam geforscht. Meine Frau Lieselotte Thiede hat mir aus der Perspektive der Organisationspsychologie viele Anregungen gegeben, die in den Text eingeflossen sind. Christa Hartwig und Hannelore Rees haben mich mit großer Geduld bei der Texterfassung unterstützt. Heidi Hilzinger hat in sorgfältiger Lektoratsarbeit zur Lesbarkeit und sprachlichen Genauigkeit beigetragen. Friederike Theilen-Kosch schließlich hat die Endfassung erstellt und Ordnung in das Chaos meiner Formatierung gebracht. Ihnen allen sei herzlich gedankt.

Berlin, im März 2000   Hans-Joachim Fietkau

1. EINLEITUNG

Die Bearbeitung von Konflikten durch Hinzuziehen eines Vermittlers (Mediation) ist eine sehr alte und alltägliche soziale Technik. Eltern vermitteln zwischen ihren streitenden Kindern, Freunde zwischen Partnern, Mitarbeiter im Betrieb zwischen Kollegen, geachtete Personen des öffentlichen Lebens im politischen Parteienstreit oder auch in internationalen Spannungssituationen. In unterschiedlichen Bereichen des privaten, betrieblichen und öffentlichen Lebens haben in den letzten Jahren solche Vermittlungsversuche zunehmend Beachtung gefunden. Mit ihnen verband sich die Hoffnung, Konflikte sachangemessener, fairer, schneller, kostengünstiger und beständiger lösen zu können, als dies auf förmlichen Verfahrenswegen (z.B. in Gerichtsverfahren oder in politisch-administrativen Entscheidungsprozessen) möglich ist.

Insbesondere in den USA und Kanada, aber auch in Deutschland sind unter der Bezeichnung „Mediation" Verfahrensweisen entwickelt worden, die diesen Zielen dienen sollen. Mediationsverfahren sind Versuche, Streitparteien dabei zu unterstützen, ihre Konflikte in einer unmittelbaren Auseinandersetzung einvernehmlich zu lösen. Sie bedienen sich hierbei der Hilfe eines/einer neutralen Dritten, eines Mediators oder einer Mediatorin (aus Gründen sprachlicher Vereinfachung wird im folgenden in der Regel nur die männliche Sprachform benutzt). Der Mediator hat die Aufgabe, ein faires Verfahren zu gewährleisten.

Mediationsverfahren haben sich in Deutschland bei Auseinandersetzungen im Zusammenhang mit Ehescheidungen und Familienkonflikten sowie in schulischen Kontexten eingebürgert (Kempf et al. 1993; Heinrich-Böll-Stiftung 1996). Aus diesen Praxisfeldern liegen ohne Frage die meisten Erfahrungen vor. Aber auch bei Konfliktlagen in der Wirtschaft (Breidenbach 1995) und in politischen Entscheidungsprozessen gibt es Ansätze, mit Hilfe von Mediation zu einvernehmlichen und sachgerechten Problemlösungen zu gelangen. Auf der politischen Ebene waren es bisher – zumindest in Deutschland – zumeist Umweltkonflikte, die zum Anlaß für Mediationsverfahren wurden (einen Überblick geben Fisch 1995a; Fietkau/Weidner 1998; Zilleßen 1998 sowie Förderverein Umweltmediation 1999). Dieses Buch soll einen Beitrag zur konstruktiven Gestaltung von Umweltmediationen leisten. Die dargestellten Überlegungen sind weitgehend auf entsprechende Konfliktlösungsbemühungen in anderen Problemfeldern übertragbar.

Mit dem Mediationsgedanken verbindet sich der Versuch, ein einheitliches Handlungsschema für Problemlösungen auf unterschiedlichen sozialen Ebenen (Individuen, Gruppen, Organisationen, gesellschaftliche Teilsysteme, Staaten) zu entwickeln (vgl. eine entsprechende Typisierung von Witte 1994, S. 243). Bei aller Unterschiedlichkeit der Mechanismen, die auf den jeweiligen Systemebenen obwalten, bauen Mediationsverfahren auf folgenden gemeinsamen Prinzipien auf:

— Die Beteiligten bemühen sich in direkter Kommunikation um eine Problemlösung.

— Im Fokus der Mediation steht ein konkretes Problem; es geht um den in Frage stehenden Einzelfall, nicht um allgemeine Prinzipien oder Werte.

— Die Beteiligten achten sich wechselseitig als Träger unterschiedlicher Interessenlagen oder Problemsichtweisen.

— Die Beteiligten sind um eine faire und sachliche Form der Auseinandersetzung bemüht.

— Sie übernehmen die Verantwortung für ihr Handeln nach Möglichkeit selbst und delegieren ihre Entscheidungen nicht an dritte Instanzen.

In diesem Buch soll der Frage nachgegangen werden, in welcher Weise Mediationsverfahren geeignet sind, in einer schwierigen Entscheidungssituation kreative Problemlösungen hervorzubringen. Beleuchtet werden psychische und soziale Mechanismen, die dies behindern oder fördern. Zur Einschätzung der Fähigkeit von mediierten Gruppen, innovative Problemlösungen zu finden, scheint es sinnvoll, einen Blick in Forschungsfelder der kognitiven Psychologie und der Sozialpsychologie zu werfen und aus der einschlägigen Grundlagenforschung Nutzen zu ziehen. Grundlegende Arbeiten hierzu liegen aus dem anglo-amerikanischen Sprachraum vor (vgl. z.B. Lewicki et al. 1997; Neale/Bazerman 1991, Pruitt 1981, Tjosvold 1993).

Die einschlägige Mediationsliteratur behandelt den Mediationsprozeß vorwiegend als ein Geschehen, in dem die Beteiligten füreinander Verständnis entwickeln, oder als eine Situation, in der sie zur Befriedigung ihrer jeweiligen Interessen Entscheidungsprozesse optimieren. Dies mag für einfach strukturierte Problemlagen (z.B. wie das Vermögen eines Paares aufgeteilt wird, das sich scheiden lassen will) angemessen sein. Eine solche Sichtweise wird jedoch komplexeren Gestaltungsaufgaben (z.B. Verkehrsplanung in einer Kommune) nicht gerecht. Konflikte und Widerstände bei gesellschaftlichen Planungen haben ihre Wurzeln nicht nur in unterschiedlichen Interessen, sondern sind gleichzeitig Ausdruck der Schwierigkeiten, Problemlagen gedanklich (kognitiv) umfassend zu durchdringen und Handlungsfolgen abzuschätzen. Hierbei geht es auch darum, die Vielfalt der Aspekte, die in eine Problemlage hineinspielen, angemessen zu verstehen und so zu ordnen, daß sich vorher nicht gesehene Problemlösungen eröffnen. Wie werden solche kreativen Problemlösungen möglich? Was kann die Arbeit in einer Mediationsgruppe dazu beitragen? Was behindert eine neue Sicht der Problemlage und die Entwicklung von Lösungen, die mehr als ein Kompromiß zwischen bestehenden Positionen sind, nämlich ein echter Konsens, der auf neuen Einsichten aller Beteiligten beruht?

Die Auseinandersetzung in Gruppen kann rationale Problemlösungen befördern, aber auch erschweren. Viel hängt davon ab, wie flexibel die Beteiligten mit ihren jeweils gegebenen Problemsichtweisen umgehen, wie sie die Folgen möglicher Entscheidungen abschätzen, wie sie ihre jeweiligen Sichtweisen austauschen, wie sie nach neuen Lösungen suchen. Eine zentrale Rolle kommt hierbei dem Mediator zu. Die Art und Weise, wie er ein Mediationsverfahren gestaltet, kann die Bereitschaft, sich einem neuen Denken zu öffnen, beeinflussen. Ein besseres Verständnis der Bedingungen, unter denen kreative Problemlösungen in Gruppen Aussicht auf Erfolg haben, ist für Mediatoren, aber auch für verfahrensbeteiligte Konfliktpartner und ihr Umfeld wichtig.

Im Zentrum der folgenden Ausführungen stehen die psychischen und sozialen Dynamiken (Konfliktwahrnehmungen, Widerstände, Konsistenzbedürfnisse, Denkblockaden, Risikobeurteilungen, Gruppenprozesse), die die Lernchancen, die Mediation bietet, mit bestimmen. Daran anknüpfend werden Hinweise auf Möglichkeiten des Verfahrens und der Kommunikationsgestaltung gegeben. Zunächst aber soll aus der Perspektive des sozialwissenschaftlichen Außenbetrachters über die in der einschlägigen Debatte diskutierten Mediationsauffassungen sowie über die Verfahrensrealität berichtet werden.

2. ENTWICKLUNG VON MEDIATIONSAUFFASSUNGEN

Die Auffassungen darüber, was Mediation in ihrem Kern ist, sein könnte oder sein sollte, haben sich entwickelt und aufgefächert. Bush und Folger (1995) haben diese Entwicklung nachgezeichnet und unterscheiden vier Phasen der Mediationsauffassung: Mediation als Instrument der Manipulation, als Instrument der Bürgerbeteiligung, als Instrument für Interessenausgleich und als Instrument zur Entwicklung von Kompetenzen. Diese Einteilung soll hier um einen weiteren Aspekt ergänzt werden: Mediation als Instrument für kreative Problemlösungen.

Mediation als Instrument der Manipulation

Diese Auffassung stellt auf Mediation als Mittel zur Akzeptanzbeschaffung ab. Es geht um geschicktes Abfedern von Protest, um den Versuch, ohne lästige Verzögerungen umsetzen, was Planer und Experten für richtig halten. Möglichem Widerstand soll die Grundlage entzogen werden, indem Opponenten in einen Mediationsprozeß eingebunden werden. Diese Sichtweise wurde nie von jenen geteilt, die Mediation anboten und sich hierbei als ehrliche Makler verstanden. Aber in der Einschätzung von Mediationsverfahren sind Befürchtungen dieser Art gelegentlich anzutreffen. Sie sind insofern gerechtfertigt, als die handelnden Konfliktparteien natürlich auch in einer Mediation versuchen werden, ihre Ziele und Sichtweisen durchzusetzen, was selbstverständlich legitim ist. Das Mediationsverfahren als solches hat seine Funktion jedoch nicht in einseitigen Akzeptanzbeschaffungen.

Mediation als Instrument der Bürgerbeteiligung

Mediation wird oft als Instrument zu einer bürgernahen demokratischen Entscheidungsfindung angesehen. Die Betroffenen sollen in einer geordneten Form der Beteiligung Gehör finden. In der Tat erlaubt Mediation, Bürgerinitiativen und Verbände in einen politischen Entscheidungsprozeß so einzubeziehen, wie dies in rechtsförmigen Verfahren nicht stattfindet. Anders aber als z.B. in Planungszellen (Dienel 1992) nehmen an Mediationsverfahren üblicherweise keine zufällig ausgewählten Bürger teil. Einbezogen werden allenfalls organisierte

15

Bürgerinteressen. Ob Bürgerinteressen durch Bürgerinitiativen angemessen abgebildet werden, ist eine schwierig zu beantwortende Frage.

Mediation als Instrument für Interessenausgleich

Neben dem Anspruch auf Partizipation wird mit Mediation der Anspruch auf einen fairen Ausgleich von Interessen verbunden. Der prominenteste Ansatz hierzu ist das Harvard-Modell (vgl. Kap. 11.2). Die Beobachtung von Umweltmediationsverfahren zeigt jedoch, daß in ihnen oft weniger verhandelt als argumentiert wird (Fietkau 1996; Fietkau/Weidner 1998, S. 235f.; zur Abgrenzung von Verhandeln und Argumentieren vgl. Saretzki 1996). Es werden Informationen gesammelt, man versucht, gemeinsam zu entscheiden, was konsensual ist, und gibt strittige Fragen an den förmlichen Entscheidungsprozeß zurück.

Mediation als Instrument zur Entwicklung von Kompetenzen

Aber auch, wenn kein Verhandlungsprozeß in Gang kommt, kann es sinnvoll sein, die Interessen und Problemsichtweisen der anderen Parteien besser zu verstehen (Recognition). Dies erweitert die Handlungskompetenzen der Akteure (Empowerment). Die sachbezogene und soziale Weiterentwicklung jener Kompetenzen und die Förderung von Eigenverantwortlichkeit sind in dieser Betrachtungsweise das Ziel der Mediation. Die konkrete Problemlösung tritt in den Hintergrund bzw. wird als Folge eines individuellen Reifungsprozesses erwartet und muß nicht innerhalb der Mediation erfolgen. Diese Auffassung (Bush/Folger 1995) findet inzwischen große Beachtung. Sie knüpft an elaborierte psychotherapeutische Techniken der Persönlichkeitsentwicklung an, aber eben deshalb sind gegenüber dieser Sichtweise auch Bedenken angebracht.

– Die Möglichkeiten einer gezielten Persönlichkeitsveränderung werden oft überschätzt.
– Der Versuch, in Persönlichkeitsstrukturen von Menschen einzugreifen, bedarf einer spezifischen Beauftragung, die in der Mediation nicht gegeben ist.
– Im Unterschied zur Psychotherapie werden in einer Mediation Konflikte nicht als eine Funktion von Persönlichkeitseigenschaften der handelnden Personen angesehen und behandelt, sondern aus der Rolle der Handelnden heraus verstanden. Es geht in einer Mediation nicht darum, Menschen zu verändern, sondern rollengerechte Problemlösungen zu finden. Wie neurotisch die beteiligten Akteure auch immer auch sein mögen: Der Mediator kann und darf mangels eines entsprechenden Auftrags nicht versuchen, darauf Einfluß zu nehmen.

16

Insbesondere psychologisch vorgeprägte Mediatoren und Mediationsforscher neigen dazu, eine Klärung der Gefühlslagen der Beteiligten als zentrales Vehikel zu erachten und diesen Aspekt im Verfahren entsprechend zu thematisieren; geleitet von dem Gedanken: Wenn wir uns besser verstehen, werden wir auch die Probleme lösen können! Ohne Frage sind die Gefühle und Beziehungen der Konfliktpartner ein wesentlicher Motor ihres Handelns. Eine einseitige Thematisierung von Gefühlen und Beziehungen vernachlässigt jedoch die kognitive Seite des Menschen. Diese Einseitigkeit ist Folge einer im deutschen Sprachraum verkürzten Rezeption des Konzepts der personenzentrierten Psychologie nach Rogers (1961/1972). Für Rogers ist die Aufmerksamkeitszentrierung des Therapeuten auf den „internal frame of reference" des Klienten ein wesentliches Agens für dessen Persönlichkeitsentwicklung. Leider hat sich in der deutschsprachigen Rezeption hierfür der Terminus „Verbalisierung emotionaler Erlebnisinhalte" eingebürgert. Diese Übersetzung grenzt die kognitive Dimension des inneren Bezugsrahmens der Klienten aus.

Mediation als Instrument für kreative Problemlösungen

Mediation kann darüber hinaus als Möglichkeit gesehen werden, die Entwicklung kreativer Problemlösungen zu fördern (Sellnow 1994). Angesprochen ist die Frage, wie in konflikthaften Situationen neue Wege beschritten werden können. Weitgehend ohne Rückgriff auf einschlägige psychologische Forschungen ist dieser Ansatz von de Bono (1987) thematisiert worden; er bietet Mediationspraktikern eine Fülle stimulierender Gedanken zum Umgang mit Konflikten. Seine zentrale These lautet, „daß ein auf Gegensätzen basierendes Denken über Konflikte unzureichend ist und daß wir uns einem entwerfenden Denken mit all seiner kreativen Energie zuwenden müssen" (de Bono 1987, S. 7). Es geht nicht um das Argumentieren, sondern um das Entwerfen neuer Ideen, nicht darum, die Fehler im Denken anderer aufzuzeigen, sondern unterschiedliche Sichtweisen zu nutzen. Es gehe, so de Bono, weiterhin nicht vorrangig darum, Probleme zu lösen (dies richte das Augenmerk auf etwas, das es zu beseitigen gelte), sondern den Blick nach vorn zu richten und Neues zu entwickeln.

Das Ziel eines auf dieser Grundidee basierenden Mediationsansatzes besteht darin, Bedingungen zu schaffen, die es den Verfahrensbeteiligten ermöglichen, Problemlagen neu zu sehen. Die kognitive Neuorientierung umfaßt sowohl den Zugewinn an Information, der mit solchen Verfahren verbunden ist, als auch kognitive Umstrukturierungen (Tjosvold/van de Vliert 1994) oder auch die Redefinition der Konfliktbearbeitungsmuster und der Beziehungen der Beteiligten (Heckscher/Hall 1994). Die Entwicklung kreativer Problemlösungen in Gruppen erfordert zweierlei: perspektivisches und prozeßhaftes Denken.

Den Begriff „Perspektivität" hat Graumann (1960) in die Psychologie eingeführt. Wir sehen und denken von bestimmten Standorten, und andere Menschen
sehen und denken von anderen Standorten und gelangen zu anderen Folgerungen. Wir können, so Graumann (1960, S. 68), zwar den Standort wechseln,
kommen aber nicht umhin, irgendeinen Standort einzunehmen. Wir können
nicht über den Dingen stehen, aber wir können erkennen, daß dies so ist. Dies
sei am Beispiel des Neckarschen Würfels verdeutlicht.

Abb. 1: Neckarscher Würfel

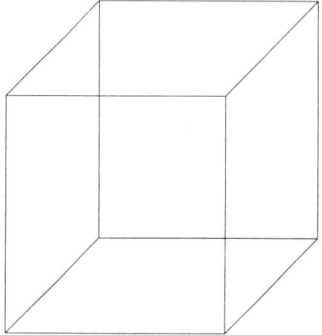

Wir können den Würfel aus zwei Perspektiven betrachten. Aber auch, wenn wir
das wissen und wahrnehmend realisieren, ist es unmöglich, beide Perspektiven
gleichzeitig einzunehmen.
   Ähnliches gilt für kognitive Strukturierungen eines Problemfeldes. Die Einsicht in die Perspektivengebundenheit jeglicher Erkenntnis ist eine der gedanklichen Grundlagen der Mediation. Es mag einfach sein, dies zu verstehen, es ist
jedoch sehr schwer, dies auch in Konfliktsituationen mit Leben zu füllen.
   Konfliktbeteiligte sind, insbesondere bei persönlich emotionaler Betroffenheit, nur bedingt bereit und in der Lage zu erkennen, daß andere Sichtweisen
und Interessen gleichermaßen berechtigt sind oder zumindest sein können.
Vielleicht gelingt ihnen es noch, eine perspektivische Problemsicht, die die
eigene relativiert, kognitiv nachzuvollziehen. Das Handeln im Konflikt spätestens zwingt sie in ein Schwarz-Weiß-Denken. Derartiges Denken wird im
Kontext konventioneller förmlicher, vor allem juristischer Problembehandlun-
gen gefördert. Diese Prozesse sind darauf angelegt, *richtige* Sichtweisen – so es
sie überhaupt gibt – festzustellen. Das tertium non datur, das weniger das angel-
sächsische als das hiesige Denken prägt (Zeutschel 1999), behindert ein perspektivisches Herangehen an Probleme. Zu seiner Überwindung kann Mediation

einen Beitrag leisten. Perspektivität darf nicht mit einer Beliebigkeit von Standpunkten verwechselt werden. Urteile gelten lediglich nicht mehr als absolut wahr oder falsch, sondern lediglich im Kontext eines bestimmten sozialen oder kognitiven Bezugssystems. Das Mitdenken unterschiedlicher Bezugssysteme, dem die Urteile entstammen, ist schwierig, aber für die Problemlösung in verhandelnden Gruppen wichtig (Neale/Bazerman 1983). Es gelingt besser in einem Umfeld, das in gewisser Weise von Handlungsdruck entlastet ist und von andere Sichtweisen abwertenden Profilierungsversuchen freigehalten werden kann.

Die Chance der Mediation besteht in der Überwindung von Inflexibilitäten im Wahrnehmen und Denken, die die erforderlichen Anpassungen an eine sich verändernde Wirklichkeit behindern. Die Prozeßhaftigkeit des psychischen Geschehens, sein fließender Charakter (James 1890/1950), wird jedoch durch die dominierenden eher statischen Theorien der Person und ihrer Umweltbeziehungen nicht hinreichend abgebildet (Wohlwill 1981). Gerade aber für den Umgang mit Mediation ist es erforderlich, sich den Blick für das Fließende, sich Entwickelnde nicht durch alltägliche oder wissenschaftliche (Begriffs-)Schubladen zu verstellen.

Ähnlich wie das perspektivische Denken ist ein Denken in Prozessen und Entwicklungsmöglichkeiten für den Alltagsgebrauch relativ unhandlich. Wer durchsetzungsfähig handeln will, benötigt in gewisser Weise die Überzeugung, daß seine Sicht der Dinge richtig ist und daß diese Sicht auch in Zukunft Bestand hat. Perspektivische und prozeßhafte Relativierungen wären hier eher hinderlich. Eine auf kreative Problemlösungen abzielende Mediation aber bedarf dieser Relativierungen. Es mag sein, daß dies die (voreilige) Entscheidungsfreudigkeit einschränkt, aber man kann nicht alles gleichzeitig haben.

Die unterschiedlichen Urteilsperspektiven, die beispielsweise in einer Umweltmediation aufeinandertreffen, spiegeln häufig die Spannung zwischen Problembeurteilungen durch Laien einerseits und Experten andererseits. Solche Verfahren werden oft bewußt als Diskurs zwischen Experten und (engagierten) Laien konzipiert. Diese Konfrontation der Sichtweisen kann bei dem Versuch, die Probleme in neuem Licht zu sehen, sehr hilfreich sein.

Laien und Experten verfügen in Mediationsverfahren über unterschiedliche Wissensarten. Beide bringen jeweils anderes ein, die einen allgemeine fallübergreifende Erfahrungen, die anderen Kenntnis der Einzelfallumstände. Beide Erfahrungsbereiche gehören zusammen, wenn es um Problemlösungen im Einzelfall geht. Experten können den Einzelfall schwer beurteilen, weil ihnen das Detailwissen des Vor-Ort-Kundigen fehlt. Laien besitzen zwar diese Vor-Ort-Kenntnisse, haben aber unter Umständen keinen systematischen Überblick über viele andere vergleichbare Fälle. Erst im Zusammenspiel beider Wissensbereiche kann es zu einer angemessenen Einschätzung der Problemlage kommen. Es geht sinnvollerweise in Mediationsverfahren also nicht darum, die Laien von der Sicht der Fachleute zu überzeugen, sondern beide Erfahrungshintergründe miteinander zu verbinden.

So ist es z.B. bei der Planung einer Straße wichtig zu wissen, welcher Lärm bei welchen baulichen und verkehrlichen Bedingungen in welchen Entfernungen entsteht und welche Lärmschutzmaßnahmen welche Auswirkungen haben (allgemeines technisches Wissen). Ebenso wichtig ist es zu wissen, ob sich in der Nähe etwa ein Altenwohnheim befindet, dessen Bewohner morgens zum Einkaufen die Straße überqueren müssen und eine Ampel benötigen. Es ist weiterhin wichtig zu wissen, welche Nutzungsanforderungen die Anwohner der Straße haben: Parkmöglichkeiten, Entladezonen für den Einzelhandel, Nutzung des Bürgersteiges für ein Straßencafé. Wichtig ist ferner die Kenntnis, welche weiteren Planungen in der Umgebung (z.B. ein Einkaufszentrum) vorliegen und bei Realisierung Rückwirkungen auf die Nutzung der Straße haben. Und schließlich ist es wichtig zu wissen, welche alternativen Formen der Verkehrslenkung gegeben sind, welche neuen „Schleichwege" sich bei einem Stau auf der Straße für die Autofahrer anbieten usw. (ortsbezogenes Wissen).

In der Kultur der modernen Zivilisationen stehen beide Wissensformen, die sich in Mediationsverfahren lernend aufeinander beziehen sollen, nicht gleichwertig nebeneinander. Die wissenschaftliche Erkenntnis gilt nicht allein als anders, sondern – zumeist unausgesprochen – auch als wertvoller, fundierter und zuverlässiger als das Alltagswissen. Wenn es nicht gelingt, das kognitive Spannungsfeld zwischen Expertensichtweisen und den Sichtweisen der Laien in der Mediation aufrechtzuerhalten und statt dessen das Dogma vom Vorrang fachlicher Expertise Platz greift, wird eine Chance zur kognitiven Neuordnung vertan.

In vielen Umweltmediationsverfahren vollzog sich eine Mutation der Laien zu Experten. Die an den Verfahren beteiligten Bürgerinitiativen nahmen teil, um die „Sicht der Betroffenen" in einer ansonsten durch Experten und Politiker geprägten Entscheidungslandschaft zu vertreten. Spätestens nach Beginn der Mediation – im Regelfall aber bereits im Vorfeld – mutierten die betroffenen Laien zu Experten. Sie eigneten sich Kenntnisse an, die oftmals denen der Experten um nichts nachstanden. Als Sprecher der Initiativen traten Personen auf, die von ihrer Ausbildung und ihrem beruflichen Erfahrungshintergrund her Fachleute im Problemfeld waren. Die Vertreter der Bürgerinteressen sollten mithalten können in der fachlichen Diskussion. Eine gegenläufige Tendenz, die darin bestünde, daß sich die Experten das lokale Umfeldwissen anzueignen versuchten oder sich bemühten, den gedanklichen Kontext diffuser Ängste nachzuempfinden, trat kaum auf. Vielmehr vollzog sich stets eine Entwicklung im Diskurs, die das als wenig salonfähig erscheinen ließ. Der Diskurs entwickelte sich zu einer Auseinandersetzung auf der rein technisch-naturwissenschaftlichen Analyseebene: „Nur so kann man eben sachlich diskutieren." Die Reduktion darauf konterkariert das Anliegen, Betroffene mit ihren Sichtweisen und emotionalen Reaktionen einzubeziehen.

Dies kann man aus einer bestimmten Rationalitätsperspektive akzeptieren und wollen. Nur muß man dann auch die Folgen tragen und deutlich aussprechen, daß Umweltmediation, so wie sie heute stattfindet, zumeist ein Expertendiskurs und kein Verfahren zur Einbeziehung der Sichtweisen Betroffener ist. Man kann dies natürlich kritisieren und die Einbeziehung der alltäglichen Vernunft und des Emotionalen als konstitutiven Bestandteil gerade informeller Verfahren fordern, quasi darin ihre hervorgehobene Eigenart sehen. Dann allerdings stellt sich Mediation gegen die heutige wissenschaftsdominierte Erkenntniskultur, und dies gleicht dem Kampf Don Quichottes gegen die Windmühlenflügel.

Es geht in der Mediation nicht darum, die unterschiedlichen Sichtweisen zu vereinheitlichen (Fisch 1995a, S. 176), sondern um den Versuch, trotz einer gegebenen Multiperspektivität gemeinsam konstruktiv zu handeln. Das setzt voraus, daß die Beteiligten erst einmal erkennen, daß ihre Auffassungsunterschiede Folge des unterschiedlichen Standortes sind, von dem aus sie urteilen, und damit verbunden die Bereitschaft und Fähigkeit entwickeln, die anderen Sichtweisen als gleichermaßen legitim anzusehen.

Wenn man unterschiedliche Problemsichtweisen von Experten unterschiedlicher Provenienz sowie von Experten und Laien mit dem Ziel einer kognitiven Neustrukturierung des Problemfeldes in Mediationsverfahren zur Geltung bringen will, bedarf es eines Mediators, der diese Spannung aufrechterhält und nicht voreilige Harmonisierungen anstrebt. Er muß zwischen den Denkstilen dolmetschen, ohne ein kognitives Esperanto anzusteuern. Vielleicht benötigen wir für diese Dolmetscherfunktion spezifisch qualifizierte Experten (Hoff 1998).

3. DIE VERFAHRENSREALITÄT: PROZESSE UND ERFOLGE

Obgleich das Interesse an informellen Diskursverfahren im Umweltschutz in den letzten Jahren stark zugenommen hat, ist das empirische Wissen über die Binnendynamik realer Verfahren sehr begrenzt. Die Beurteilung der Verfahren in ihrem Ablauf und in ihren Ergebnissen ist durch kasuistische Erfahrungen geprägt. Kontrollierte Studien, wie sie an der Hochschule für Verwaltungswissenschaften Speyer (Fisch/Beck 1995) durchgeführt wurden, sind selten. Sie können zur Beschreibung der Verfahrensrealität herangezogen werden, ebenso muß aber auf subjektiv geprägte Erfahrungen zurückgegriffen werden.

In Deutschland sind es in aller Regel Verwaltungen, denen Planungsaufgaben obliegen, die informelle Verfahren initiieren. Sie werden hierbei zumeist in Abstimmung mit bzw. im Auftrag von Politik tätig (Fietkau/Weidner 1998).

In öffentlichen Konflikten um Planungsvorhaben wird die Diskussion von den Gegnern der Projekte dominiert. Sie sind es, die die Initiative ergreifen (Scharpf/Fisch 1995) und deren Argumentationen durch die Presse aufgegriffen werden (Beck/Basmaji 1995). In Gegenwart von Medien sind eher polarisierte Kontroversen zu beobachten, wobei sich dieser Zusammenhang aus einer sich aufschaukelnden Wechselwirkung von zwei Tendenzen speist: (1) Polarisierte Debatten erwecken stärker das Interesse der Massenmedien; (2) in Gegenwart der Medien kann man sich durch Polarisierungen besser profilieren.

In Mediationsverfahren spielen Umweltverbände und Bürgerinitiativen eine weniger dominierende Rolle als in den öffentlich geführten Auseinandersetzungen. Die für die Planungsprozesse zuständigen Verwaltungen und die Träger von Vorhaben rücken stärker in das Zentrum des Diskurses (Fietkau/Weidner 1998). Es schält sich in den Verfahren relativ schnell heraus, wer zu den Hauptakteuren zählt und wer eher eine randständige Rolle einnimmt.

In mediationsähnlichen Diskursen in Großgruppen finden sich deutliche Unterschiede im Ausmaß der Redebeiträge der einzelnen Teilnehmer. Rausch (1983) konnte anhand von zehn Labor- und zehn Feldstudien (Großgruppen von 20 bis 40 Teilnehmern) feststellen: Unabhängig von der Größe der Gruppe bilden sich vier bis maximal acht Hauptsprecher heraus, die die Hälfte bis zwei Drittel aller Sprechakte auf sich vereinen. Die anderen stellen die „passive Resonanz" dar, die ein erfolgreicher Hauptakteur gut im Blick behält. Übertreten die Passiven ihre Grenzen, werden sie durch Ignorieren, Schweigen, Belächeln usw. bestraft. Wer sich nicht gleich am Anfang (sprachlich) exponiert, bekommt im weiteren Verlauf der Sitzung kaum noch die Chance, seinen Handlungsspielraum auszuweiten. Im Neusser Mediationsverfahren (Fietkau 1996b) ließ sich ebenfalls beobachten, daß die Sprechhäufigkeit der einzelnen am Verfahren teilnehmenden Gruppen und Personen sehr unterschiedlich war. Das Verteilungsmuster bildete sich schnell heraus und blieb über die Sitzungen hinweg ziemlich stabil. Der Mediator vereinigte einen sehr großen Anteil der Redebeiträge auf sich (30%), daneben waren es insbesondere die beteiligten Verwaltungen und die Experten, die viel Redezeit beanspruchten. Die Interaktionen bestanden überwiegend (66%) aus Feststellungen, Erläuterungen und Zusammenfassungen, gefolgt von Fragen (14%), wobei 50% aller Fragen vom Mediator kamen, und Vorschlägen (6%), davon 51% vom Mediator. 5% der Äußerungen beinhalteten Kritik, Vermittlungen des Mediators machten 3% der Äußerungen aus. Forderungen, Zugeständnisse und Kompromisse gab es zusammengenommen in 1% aller Äußerungen. Das Verfahren war im Kern eine Informationssammlung.

Während relativ grobe Vorstellungsbilder sowohl die Problemdarstellungen in der Presse (Fisch/Fuchs 1995) als auch Diskurse in Erörterungsterminen (Fuchs/Fisch 1995) prägen, kommt es in Mediationsverfahren in aller Regel sehr schnell zu einer sehr differenzierten Form der Argumentation und zu einem hohen Grad an Fachlichkeit bei allen Beteiligten.

Es ist auffällig, wie wenig Resonanz öffentliche Diskussionsangebote selbst bei kontroversen Großprojekten finden. Die Fachleute bleiben oft unter sich. Sie befinden sich nicht nur auf den Podien der Veranstaltungen, sondern auch im Publikum, und entsprechend obsolet werden grundsätzliche Stellungnahmen.

> Bei einer öffentlichen Podiumsdiskussion zum Bau der Trasse des Transrapid zwischen Hamburg und Berlin, die am 17.3.1998 in Potsdam stattfand, führte der Versammlungsleiter mit den Worten in die Diskussion ein, man wolle nicht über das grundsätzliche Ja oder Nein zum Transrapid debattieren. Die beteiligten Diskutanten und das Publikum waren damit sehr einverstanden. Alle Anwesenden (die sechs Podiumsteilnehmer und die ca. 40 erschienenen Besucher) kannten sich sehr gut in der Sache aus und mußten ihre diesbezüglichen Wertungen nicht mehr austauschen. Vielmehr interessierten sehr spezifische rechtliche, ökonomische und technische Teilfragen.

Abweichend von den dominierenden Mediationskonzepten wurde in den Mediationsverfahren, die wir beobachtet haben, wenig verhandelt. Entsprechend bestehen die Ergebnisse von Mediationsverfahren im Umweltschutz nur selten in Kompromissen. In der Regel mündeten die Verfahren nicht in Vereinbarungen über ein Geben und Nehmen. Zumeist einigte man sich auf das, was ohne Aufgabe von Grundpositionen einigungsfähig war, und alles Weitere blieb im

Detail strittig. Gleichwohl war der Prozeß des Sich-Einigens von Zugeständnissen begleitet. Dies begann damit, daß man einen Mediator akzeptierte, auch wenn er nicht der eigene Wunschkandidat war, daß man sich auf Themenbegrenzungen einließ, daß man bei Zukunftsprojektionen (z.B. erwartetes Müllaufkommen in 20 Jahren) die eigenen Schätzungen korrigierte usw. Die Verfahren führten zur Erweiterung der Wissensbasis der Beteiligten. Auf dieser Grundlage wurde dann eine Reihe von Problemlösungen möglich. Grundsätzlichere Unterschiede in den Problemauffassungen blieben bestehen. Umweltmediation, so kann man resümieren, ist der Versuch, unter Ausklammerung von Grundsatzfragen pragmatische Lösungen zu finden.

Bei grundsätzlichen Sachfragen sind Kompromisse wohl die Ausnahme. Kompromisse belasten offenkundig die Konsistenzbedürfnisse der Beteiligten. Die Akteure müßten einer Entscheidung zustimmen, die zwar pragmatisch geboten scheint, „im Grunde" aber der eigenen Sicht der Dinge, den eigenen Interessen und möglicherweise auch den Erwartungen, die seitens der Herkunftsorganisationen an die Verhandler gerichtet werden, widerspricht. Zudem ist es schwer, Kompromisse, die aus einer Außenperspektive fair erscheinen, als Handelnder auch als fair zu erleben. Dies hängt unter anderem damit zusammen, daß Verhandelnde dazu neigen, die Güte und Kompromißfähigkeit ihrer eigenen Vorschläge zu überschätzen (vgl. Bazerman/Neale 1982). Entsprechend groß sind die Enttäuschungen, wenn diese nicht akzeptiert werden. Hinzu kommt: Die Kompromißfähigkeit anderer Verfahrensbeteiligter – auch die der eigenen Bezugsgruppe – wird systematisch unterschätzt (Fietkau/Weidner 1998). Das mindere Ausmaß an Flexibilität, das man anderen im Vergleich zu sich selbst zuschreibt, kann dazu führen, daß Problemlösungsalternativen in Verhandlungssituationen nicht oder nicht hinreichend ausgelotet und zu früh Entscheidungen (auch konfrontativ) gesucht werden.

Konsense in Teilfragen sind eher möglich. Erreichte Konsense dieser Art werden in nachträglicher Betrachtung zumeist unterbewertet. Selbst das, was vor Aufnahme des Mediationsverfahrens als wünschenswert, aber kaum erreichbar scheint, gilt, wenn es eintritt, als selbstverständlich und kaum der Rede wert, die Aufmerksamkeit richtet sich auf die Fragen, die nicht konsensual geklärt werden konnten. Dies kann zu einer deutlichen Unterschätzung der konstruktiven Wirkung von Mediation führen.

> Bei der Vorbereitung eines Mediationsverfahrens zur Abfallwirtschaft in Berlin wurde uns prognostiziert, daß wohl kaum Aussicht bestehe, nach der vorangegangenen Konfliktgeschichte die Beteiligten überhaupt an einen Tisch zu bringen, geschweige denn zu einer kontinuierlichen, sachbezogenen Zusammenarbeit zu bewegen. Als aber genau dies eintrat, richtete sich der Blick auf das Ungelöste und Konflikthafte. Das Erreichte geriet in Vergessenheit.

Dieser Befund steht im Einklang mit einem seit langem bekannten Effekt: Erledigte Handlungen werden sehr viel schneller vergessen als unerledigte (Zeigarnik 1927). Wenn ein Konsens erreicht wird, erscheint er plötzlich als selbstverständlich – auch, wenn vorher kaum jemand mit ihm gerechnet hätte. Das Augenmerk wird richtet sich vor allem auf das Nicht-Erreichte; erzielte Einigungen erscheinen im nachhinein trivial.

In den USA scheinen Mediationsverfahren häufiger zu „vollständigen" Problemlösungen zu führen. Möglicherweise ist dies in der verhandlungsorientierten Tradition des angelsächsischen Rechts begründet und in ihrer besseren Einbindbarkeit in die förmlichen Entscheidungswege. Daß US-amerikanische Bürger im Vergleich zu deutschen eine stärkere Verhandlungsorientierung aufweisen, konnte Zeutschel (1999) experimentell nachweisen. Seine Untersuchung zeigte, daß die Deutschen vor allem nach Wahrheit und optimalen Problemlösungen suchten, während die Amerikaner pragmatischen Lösungen den Vorzug gaben. Die Amerikaner reagierten begeisterter auf Zwischenergebnisse und zeichneten sich durch einen rücksichtsvolleren Kritikstil aus.

Viel Aufmerksamkeit erregte eine Studie von Bingham (1986), die die ersten 161 US-amerikanischen Umweltmediationsverfahren aufarbeitete. In 29 Fällen ging es um eine Verbesserung der Kommunikation zwischen den Beteiligten. In 132 Fällen, davon 99 Standortkonflikte und 33 Politikdialoge, wurde eine konkrete Verabredung angestrebt. In 103 Fällen kam es zu einem Agreement, in 29 Fällen wurde kein Agreement erreicht. Bei Standortkonflikten wurde in 79% der Fälle und bei Politikdialogen in 76% der Fälle eine Übereinkunft getroffen. Die Verfahren, in denen die am Mediationsprozeß Beteiligten über Entscheidungskompetenz verfügten, endeten in 82% der Fälle mit einer Übereinkunft. Bei Standortkonflikten kam es in 80% der Fälle zu einer Implementation der gefundenen Lösung, in 13% der Fälle wurden Lösungen teilweise implementiert, und in nur 7% der Fälle unterblieb eine Implementation der Lösung. Politikdialoge wurden in 41% der Fälle voll implementiert, in 18% teilweise, und in 41% der Fälle fand keine Umsetzung statt. Für den Erfolg von Mediation erwies sich eine professionelle Vorstrukturierung des Prozesses durch den Mediator als sehr bedeutsam. Weiter war es wichtig, daß die Parteien einen Anreiz hatten, zu einer Problemlösung zu kommen, und bereit und fähig waren, die Interessen der anderen Seite zu verstehen und nach neuen Möglichkeiten zu suchen, diese Interessen zu befriedigen. Entscheidend für den Erfolg war jedoch die Anwesenheit von Personen, die die Verhandlungsergebnisse umsetzen konnten.

Versuche, die Befunde Binghams durch systematische Anschlußerhebungen zu überprüfen, fehlen bzw. sind durch methodisch bedingte Begrenzungen ihrer Aussagefähigkeit belastet. Die vorherrschende Praxis, zur Erfolgsabschätzung von Mediation Mediatoren zu befragen und auf dieser Basis Fälle kumulativ zusammenzustellen, ist problematisch:

- Es ist unklar, wie objektiv die Erfolgsbeurteilungen durch Mediatoren sind.
- Mediationsverfahren, die bereits in einem frühen Stadium scheitern, werden nicht mit erfaßt.
- Es ist unklar, in welcher Weise die Verfahren, die mediiert werden, einer Selbstselektion unterliegen. Vielleicht sind es die besonders konflikthaften Fälle, die in Mediation münden, vielleicht aber auch die Fälle, in denen die Beteiligten sehr offen für Kompromisse sind.

Die Hauptschwierigkeit in der Erfolgsbewertung der Verfahren besteht jedoch darin, festzulegen, was unter Erfolg verstanden werden soll. Die mit Mediationsverfahren in politischen Kontexten verbundenen Ziele sind vielfältig. Die Verfahren sollen

- zur Demokratisierung der politischen Kultur beitragen;
- Betroffene in den Entscheidungsprozeß einbeziehen;
- Entscheidungsverfahren beschleunigen;
- sachgerechte Problemlösungen finden, beschließen und durchsetzen;
- Entscheidungen herbeiführen, die eine breite Akzeptanz finden;
- Vorurteile zwischen den Beteiligten abbauen;
- bei den Beteiligten politische und soziale Kompetenzen aufbauen;
- eine Diskussion auf fachlich hohem Niveau ermöglichen;
- Transparenz im Entscheidungsprozeß schaffen;
- künftige Konflikte zwischen den Beteiligten vermeiden helfen usw.

Verfahren, die allen Zielen gleichermaßen gerecht werden, findet man nicht. Dies ist jedoch nicht auf Mediation beschränkt. Denn auch förmliche Verfahren, zu denen Mediation eine Alternative sein soll, müssen sich fragen lassen, in welchem Maße sie diesen Maßstäben gerecht werden. Wenn in diesem Zusammenhang argumentiert wird, daß die meisten umweltrelevanten Planungen sachgerecht und konfliktfrei in den Standardverfahren „abgearbeitet" werden, wird übersehen, daß Mediation keine Alternative zu administrativen Routineentscheidungen sein kann, sondern problematischen und gesellschaftlich konflikthaften Entscheidungssituationen vorbehalten bleibt. Ob Planungen konflikthaft werden, erweist sich immer erst im nachhinein. Erst dann stellt sich heraus, daß die für die Planungen angesetzten Zeiträume angesichts des bestehenden Konfliktpotentials unrealistisch waren (Fisch 1995b). Im vorhinein glauben diejenigen, die eine Planung betreiben, zumeist, daß sich diese mit den traditionellen Politikinstrumenten angemessen bewältigen läßt.

Die mehr als 20jährige Planungsgeschichte der Deponie Mainhausen zeigte, daß die Verfahrensbeteiligten zu jedem Zeitpunkt der Planung der Auffassung waren, den Planungsprozeß in ca. zwei Jahren abschließen zu können (Fietkau/ Weidner 1998, S. 22f.). Die permanente Verschiebung von Planungshorizonten ist gerade bei Großprojekten immer wieder zu beobachten (z.B. Großflughafen Berlin-Brandenburg International).

Die oft zu optimistischen Situationsbeurteilungen gründen in einer Phantasielosigkeit gegenüber politischen, juristischen und administrativen Schwierigkeiten und Interventionsmöglichkeiten der Planungsgegner. Dieser Einschätzungsfehler behindert das Nachdenken über Verfahrensalternativen im Vorfeld. Man wähnt sich immer bereits „über dem Berg" und hat somit keinen Anlaß, alternative Problemlösungsverfahren ins Auge zu fassen. Man verbleibt im gewohnten Muster, und so verwundert es nicht, daß die Planungsvorstellungen der federführenden Administrationen und die Wirklichkeit der Planungsverläufe gelegentlich massiv auseinanderklaffen (Beck 1995).

Die sich an solche Beobachtungen anschließende Vermutung, die Planungsprozesse wären mit Mediation besser gelaufen, hat im nachhinein eine gewisse Plausibilität. Aber wissen kann man das nicht. Die Frage, was im Falle eines Mediationsverfahrens geschehen wäre, ist kaum zu beantworten, und wenn darauf Antworten gegeben werden, unterliegen sie systematischen Urteilsverzerrungen, wie die Forschungen zu kontrafaktischem Denken deutlich zeigen konnten (Roese/Olson 1995).

Vorrang vor eher problematischen Erfolgsbeurteilungen kommt einer wissenschaftlichen und gesellschaftlichen Verständigung darüber zu, was unter Mediationserfolg verstanden werden kann. Webler (1995) diskutiert unterschiedliche Erfolgsmaßstäbe für Mediation und wirft die Frage auf, ob Mediation an ihren Ergebnissen oder am Prozeß gemessen werden soll und ob die Sachergebnisse oder die subjektiven Bewertungen der Beteiligten als Maßstab für Erfolg gelten sollen. Unter Rückgriff auf Habermas favorisiert er „right participation" als Erfolgsmaßstab: eine Viel-Wege-Kommunikation, die nicht-hierarchisch organisiert ist, der Autonomie der handelnden Personen Rechnung trägt und auf vernünftigem und fairem Argumentieren der Personen aufbaut. Maßgebend für Erfolg sei, ob es gelinge, einen solchen von Fairneß und Kompetenz getragenen Prozeß zu etablieren.

Inwieweit dieser Anspruch in konkreten Fällen eingelöst wird, bleibt eine Angelegenheit der Bewertung. Diese kann von außen erfolgen, bringt dann aber die Evaluateure in die problematische Rolle von gesellschaftlichen Oberschiedsrichtern. Befragt man die Beteiligten, zeigt sich eine Ambivalenz. Die empirischen Analysen des Neusser Mediationsverfahrens (Fietkau/Weidner 1998, S. 287f.) haben deutlich gemacht, daß die Verfahrensbeteiligten selbst die von

Webler favorisierten Maßstäbe nur bedingt teilen. Vielen ging es vorwiegend um Problemlösungen in der Sache, andere wiederum gewichteten prozeßbezogene Kriterien höher.

Es drängt sich der Eindruck auf, daß Mediationsverfahren projektiven Tests gleichen. Jeder kann in den Verlauf und in den Ausgang der Verfahren etwas anderes hineindeuten, und Bewertungen sagen vielleicht mehr über den aus, der sie äußert, als über die Verfahren selbst. Empirisch auffällig ist, daß Mediationsverfahren regelmäßig von den Verfahrensbeteiligten positiver beurteilt werden als von Außenstehenden. Die Beteiligten sehen eher die kleinen konstruktiven Entwicklungen, während Außenstehende die große (geniale) Sachlösung vermissen (Fietkau 1997).

Betrachtet man Mediation als Instrument zur kognitiven Umstrukturierung, ist es naheliegend, Mediationserfolg daran zu messen, ob es gelingt, das Problemfeld im Verfahren gedanklich neu zu ordnen. Die kognitive Repräsentanz der Probleme erfährt in erfolgreichen Mediationsverfahren Veränderungen. Der Verfahrenserfolg besteht in dieser Sichtweise nicht darin, daß die im Mittelpunkt stehenden Sachfragen konsensual geklärt werden können oder daß zwischen den Ausgangspositionen ein Kompromiß gefunden wird. Der Erfolg besteht vielmehr darin, daß im es Verlauf des Verfahrens zu einer Reformulierung der Problemlage kommt. Hierzu drei Beispiele:

Zwischen dem Chemieunternehmen Ciba-Geigy und der Bürgerinitiative „Baseler Appell gegen Gentechnologie" war die gentechnische Produktion eines Blutgerinnungshemmers (Hirudin) strittig. Das Unternehmen und die opponierende Bürgerinitiative verständigten sich in einem Dialogverfahren auf einen Vertrag. Darin verzichtet die Bürgerinitiative darauf, rechtlichen Einspruch zu erheben. Der Chemiekonzern seinerseits verpflichtet sich, die betreffende Anlage nur gemäß den vereinbarten Produktionsbedingungen zu betreiben und bei jeder Änderung die Öffentlichkeit zu informieren (VDI-Nachrichten vom 21.4.1995). Der Konsens wurde hier möglich, als sich herausschälte, daß es beiden Parteien im Grunde nicht um den Einzelfall (Hirudin-Produktion) ging, sondern um die Frage, in welcher Weise ein Konzern mit der Öffentlichkeit umgeht, die hinsichtlich gentechnischer Anlagen Bedenken hat. Die Problemlage hatte sich verschoben.

In einem in Österreich durchgeführten Mediationsverfahren zu Ersatzbrennstoffen in der Zementindustrie kam es zu einer alle Seiten zufriedenstellenden Problemlösung. Die getroffenen Vereinbarungen betrafen die Sache selbst (z.B. Bestimmung von Maximalmengen bei der Verbrennung von Altreifen und Gummischnipseln), aber auch die Gestaltung künftiger Formen der Interaktion: Der Bürgerbeirat Gartenau blieb über das Mediationsverfahren hinaus bestehen und erhielt weitgehende Kontrollrechte wie das Betreten des Betriebsgeländes und die Beobachtung der Produktionsabläufe. Das Unternehmen verpflichtete sich zu einer offenen Informationspolitik und akzeptierte, sich in Streitfragen vor Einschalten eines Gerichts einem Schlichtungsverfahren zu unterziehen (Hittinger 1997).

Das Mediationsverfahren zum Abfallwirtschaftskonzept des Kreises Neuss endete mit einer Vereinbarung des Inhalts, die Entscheidung über den Bau oder Nicht-Bau der strittigen Müllverbrennungsanlage zu verschieben.

In allen drei Fällen bestand die Lösung in einer Reformulierung der Problemlage. Die Sachprobleme traten in den Hintergrund. Ins Zentrum rückten prozedurale Fragen: Wie gehen wir künftig mit dem Problem um? Müssen wir das Problem jetzt lösen?

Ob derartige Umstrukturierungen von Problemlagen möglich werden, ist nicht prognostizierbar. Mediationsverfahren unterliegen wie alle sozialen Interventionen der Reaktivität ihres Gegenstandes. Wenn wir wüßten, unter welchen Ausgangsbedingungen die Verfahren welche Effekte hervorbringen, wäre dieses Wissen auch den potentiell Verfahrensbeteiligten zugänglich. Sie könnten also von vornherein abschätzen, welche Effekte sich bei einer Mediation einstellen würden. Diese Annahme führt zu Paradoxien. Wenn man weiß, welches Ergebnis zu erwarten ist, wird ein Verfahren, das dazu dienen soll, eben dieses Ergebnis erst zu entwickeln, obsolet. Man könnte ohne Mediation gleich zur Tat schreiten. Je vorhersagbarer das Ergebnis des Verfahrens ist, desto überflüssiger wird das Verfahren selbst.

Der Versuch, die Wirksamkeit von Mediation quasi als ein Merkmal des Verfahrens zu bestimmen, ist der Problemlage nicht angemessen. Der Fehler besteht in dem Versuch, die Wirksamkeit über verschiedene Mediatoren, unterschiedliche Problemkontexte und unterschiedliche Teilnehmerkreise hinweg zu bestimmen. Das eigentlich Interessante aber sind die Varianz und die Verfügbarkeit von verschiedenen Problemlösungen.

> Ein Mensch, der mit einem Fuß in eiskaltem Wasser steht und mit dem anderen in kochendheißem, wird sich zu Recht kaum mit der Mittelwertaussage, im Durchschnitt seien beide Becken angenehm temperiert, anfreunden können.

> Wenn man sich mit seinem Partner streitet, ist nicht wichtig zu wissen, wie häufig solche Konflikte vorkommen und wie sie im Regelfall ausgehen. Die Beteiligten werden sich eher fragen, was sie tun können, um den Streit zu beenden.

Wenn man weiß, daß Mediation erfolgreich sein, aber auch scheitern kann, ist es nicht mehr wichtig zu wissen, in wieviel Prozent der Fälle sich ein solcher Erfolg bzw. Mißerfolg eingestellt hat. Viel wichtiger ist es zu verstehen, was erfolgreiche von nicht erfolgreichen Verfahren unterscheidet (Problemlage, Rahmenbedingungen des Verfahrens, .Verfahrensorganisation, Verhalten des

Mediators) und wie man die Erfolgswahrscheinlichkeiten für Mediation verbessert. Dieses Wissen würde es gestatten, Mediation gezielt einzusetzen und effektiver zu gestalten. Erforderlich ist hierzu der systematische Vergleich erfolgreicher und erfolgloser Verfahren. Aber noch mangelt es an ausführlichen Berichten über gescheiterte Verfahren – zumindest in der Umweltmediation.

Bei dem Versuch, den Prozeß der Mediation besser zu verstehen, sind wir weitgehend auf Analogieschlüsse angewiesen. Die Anleihen, die wir notwendigerweise machen müssen, entstammen der psychologischen Grundlagenforschung und den Erfahrungen aus Bereichen, in denen strukturähnliche Interventionen stattfinden (z.B. Psychotherapie, Organisationsentwicklung).

4. KONFLIKTE

4.1 Deutungsmuster

Konflikte sind Teil unserer alltäglichen Wirklichkeit: im privaten Leben, im beruflichen Alltag, in Politik, Wissenschaft usw. Der Konfliktbegriff fängt eine Vielzahl von Phänomenen ein und ist entsprechend unscharf. Wir sprechen von intrapsychischen Konflikten, wenn ein einzelner Mensch nicht genau weiß, wie er sich in einer konkreten Situation entscheiden soll: Soll er beispielsweise einen sicheren Arbeitsplatz, mit dem er unzufrieden ist, behalten, oder soll er das Wagnis eines Neuanfanges eingehen? Wir sagen, daß zwei Menschen miteinander einen Konflikt haben, wenn sie z.b. einen gemeinsamen Urlaub planen, aber sich nicht über das Ziel einigen können. Wir sprechen von politischen Konflikten, wenn unterschiedliche gesellschaftliche Akteure unterschiedliche Politikstrategien verfolgen. In sozialen Spannungssituationen kennzeichnen wir sehr verschiedenartige Verhaltensweisen als konflikthaft: körperliche und verbale Auseinandersetzungen, Drohungen, gerichtliche Formen der Interessendurchsetzung, Gremienentscheidungen usw.

Die Konfliktbeteiligten können über ein unterschiedliches Maß an Durchsetzungsmacht verfügen. Konflikte können problemspezifisch oder in vielfältige andere Spannungssituationen eingebunden sein. Die Spannungen können eine kurze oder lange Geschichte haben. Die Beteiligten können von der Erfahrung geprägt sein, daß man sich in Konfliktsituationen oft wieder zusammengerauft hat oder aber üblicherweise lange nachtragend miteinander umgeht. All dies wird die Art und Weise beeinflussen, wie Individuen sich in Konflikten verhalten, und die Formen der Konfliktbearbeitung bestimmen, die sie in der konkreten Situation wählen.

Wenn wir mit Mediation in soziale Konfliktsituationen eingreifen, benötigen wir ein Verständnis davon, worin der konkrete Konflikt besteht, mit dem wir umgehen, wie er entstanden und in welche Kontexte er eingebunden ist. Zunächst ist es wichtig, die Konfliktsituation zu verstehen und zu beschreiben. Hierbei gilt es sich klarzumachen, daß ein Konflikt nicht beobachtbar ist. Was wir beobachten und beschreiben können, sind Verhaltensweisen.

> Eine Bürgerinitiative opponiert gegen die Planung zum Ausbau eines Flughafens. Sie organisiert Demonstrationen, Unterschriftensammlungen, droht mit

33

rechtlichen Schritten. Die planende Landesregierung bestreitet die sachliche Richtigkeit der vorgetragenen Argumente. Es kommt zu heftigen Auseinandersetzungen in Bürgerversammlungen. Der Forderung der örtlichen Bürgerinitiative nach Lärm- und nach Naturschutz werden ökonomische Argumente entgegengestellt. Die Erweiterung des Flughafens schaffe Arbeitsplätze und sei für die Entwicklung einer Industrieregion unabweisbar. Im übrigen würden die von den Initiativen befürchteten Belastungen nicht richtig eingeschätzt: Vorgesehen sei, auf dem neuen Flughafen nur sehr lärmarme Flugzeuge einzusetzen und den Flächenverbrauch durch die Ausweisung von Ersatzflächen zu kompensieren.

Zur sprachlichen Vereinfachung fassen wir diese Verhaltensweisen unter dem Begriff „Konflikt" zusammen. Dies ist für eine schnelle Verständigung sinnvoll, sollte aber nicht dazu verführen, einen Konflikt für etwas zu halten, was wir in gleicher Weise beobachten können wie ein Haus, ein Auto oder ein laut vorgetragenes Argument. Mit dem Begriff „Konflikt" bezeichnen wir keinen Sachverhalt, sondern eine Beziehung zwischen Menschen, zwischen Gruppen oder Organisationen. Beziehungen lassen sich nicht beobachten; sie sind gedankliche, soziale Konstruktionen. Der Konstruktcharakter von Konflikten ist in besonderer Weise von Paul Watzlawick wissenschaftstheoretisch fundiert und in seinen psychologischen Auswirkungen beschrieben worden. Konflikte sind nicht „objektiv" gegeben; die Rede von „objektiven Konflikten" ist irreführend. Sie kennzeichnet lediglich eine Situation, von der sich im Grenzfall niemand vorstellen kann, daß Spannungen vermeidbar wären. Aber auch dies schließt den Irrtum nicht aus. Ob ein Konflikt zwischen Ökonomie und Ökologie unausweichlich ist oder ob sich die mit beiden Bereichen verbundenen Ziele prinzipiell oder in einem konkreten Fall vereinbaren lassen, kann nicht abschließend beurteilt werden. Entsprechende Einschätzungen beruhen auf subjektiven Urteilen, die mit der Möglichkeit des Irrtums belastet sind.

Konflikte sind in vielfältiger Weise Gegenstand psychologischer Forschung (vgl. die Überblicksarbeiten von de Dreu/van de Vliert 1997; Mitchell/Banks 1996 sowie Glasl 1999). Aus psychologischer Perspektive sind Konflikte Situationsinterpretationen, die Menschen (oder auch Gruppen) vornehmen. Mit dem Begriff „Konflikt" fassen wir eine Beziehung zusammen, in der unterschiedliche Akteure unterschiedliche Ziele verfolgen, von denen sie zu Recht oder zu Unrecht vermuten, daß sich diese nicht gemeinsam erreichen lassen, sondern in einem Widerspruch zueinander stehen.

Ob sich diese Spannungen auflösen lassen oder ob sich die beteiligten Akteure trotz bestehender unterschiedlicher Ziele und Sichtweisen zumindest pragmatisch auf ein gemeinsames Handeln verständigen können, ist die zentrale Frage, die sich durch eine Mediation zieht. Ein solcher Prozeß erfordert, daß man sich mit der Situation, mit den unterschiedlichen Sichtweisen und mit den Handlungsoptionen auseinandersetzt und nicht vor ihnen flieht, indem die „Lösung" des Konflikts an Dritte (z.B. Gerichte) übertragen oder beschlossen wird: „Mit denen reden wir nicht mehr!" Natürlich kann dieser Versuch scheitern, aber gerade in umweltrelevanten Planungsprozessen wird er oft gar nicht erst unternommen. Man vermeidet zumeist die direkte Kommunikation.

Veränderungen in einer Gesellschaft verlaufen nicht bruchlos. Einige vollziehen sich schneller, andere langsamer. Manche Menschen profitieren von Veränderungen, andere gehören zu den Verlierern. Manche suchen nach Neuem, manche haften am Gewohnten. Bei den einen ist der äußere Druck, sich zu verändern, größer, bei anderen ist er kleiner. All dies produziert unterschiedliche Problemsichtweisen und Interessenlagen. Diese müssen thematisiert, präzisiert und weiterentwickelt werden. Das wird oft als schmerzhaftes Geschehen erlebt. Man fühlt sich angegriffen und muß sich mit Menschen und Organisationen auseinandersetzen, von denen man sich lieber fernhalten will. Eigene (liebgewonnene) Denkmuster werden in Frage gestellt, die eigenen Überzeugungen treffen nicht auf positive Resonanz. Vielleicht wird man auch beleidigt und fühlt sich genötigt, selbst zu beleidigen. Das alles ist unangenehm, erscheint unproduktiv und zeitigt Abwehrreaktionen. Die Konfliktsituation muß schnell beendet werden. Man versucht, sie zu vermeiden.

Konflikte sind jedoch nichts Unproduktives. Sie sind Zeichen des Wandels, Zeichen dafür, daß eine Gesellschaft lebt. Sie sind der Motor der Anpassung an neue Verhältnisse. Der Wettstreit von Ideen, Zielen, Wertvorstellungen und Interessen manifestiert sich in Konflikten. Sie sind somit für die individuelle und gesellschaftliche Entwicklung notwendig. Natürlich sind daraus resultierende Spannungen im Erleben der Beteiligten mit Ärger, Belastungen usw. verbunden. Dies darf jedoch nicht dazu verleiten, Konflikte zu unerwünschten Phänomenen zu erklären. Ob es gelingt, das einem Konflikt innewohnende konstruktive Potential zu erkennen, hängt davon ab, wie wir den Konflikt interpretieren.

Konflikte sind in unterschiedlicher Weise klassifiziert worden (vgl. Glasl 1999). Für unsere Zwecke erscheint eine Klassifikation von Deutsch (1973) hilfreich. Deutsch unterscheidet sechs Konflikttypen (ebd., S. 12f.) und ordnet ihnen Ursachen zu. Diese sind im folgenden in einer Übersicht zusammengestellt und um die Spalte „Lösungen" ergänzt worden.

Diese idealtypischen Konfliktformen treten in real existierenden Konfliktsituationen jeweils anteilig auf. Eine Konfliktdiagnose des Einzelfalls erfordert, die unterschiedlichen Aspekte zu unterscheiden und entsprechend verschiedenartige Problemlösungen anzustreben. So kann es im Verlauf eines Mediationsverfahrens dazu kommen, daß neue Konfliktpartner identifiziert werden, daß latente Interessengegensätze deutlicher werden, daß sich Kompromisse heraus-

Abb. 2:   Konflikttypen

Typus	Ursache	Lösungen
Interessenkonflikt (veridical conflict)	Der Konflikt wird korrekt wahrgenommen.	Kompromiß, Kompensation
Wahrnehmungskonflikt (contingent conflict)	Der Konflikt ist abhängig von Umständen, die von den Konfliktparteien nicht wahrgenommen werden.	Veränderung von Urteilsstrukturen durch Information (über Randbedingungen)
Falsch umrissener Konflikt (displaced conflict)	Die Konfliktparteien streiten um die falsche Sache.	Neudefinition des Konfliktgegenstands
Falsch attribuierter Konflikt (misattributed conflict)	Der Konflikt existiert zwischen den falschen Parteien.	Identifikation von Konfliktparteien
Latenter Konflikt (latent conflict)	Ein existierender Konflikt, der aber nicht wahrgenommen bzw. verdrängt wird.	Transparenz über (z.B.) Interessengegensätze
Scheinkonflikt (false conflict)	Hat keinerlei Basis, beruht auf Mißverständnissen.	Auflösung

Quelle: in Anlehnung an Deutsch (1973)

bilden, daß Dinge in einem neuen Licht erscheinen, daß sich manche Konflikte als Scheinkonflikte entpuppen usw. Die Konfliktdiagnose ist ein dynamischer Prozeß, der sich durch das gesamte Mediationsverfahren hindurchzieht.

Im Umweltmediationsverfahren in Neuss (Fietkau/Weidner 1998) konnten bei den Beteiligten zwei Deutungsmuster der Konfliktstruktur empirisch nachgewiesen werden, die den beiden ersten der oben genannten Konfliktformen von Deutsch entsprechen (Fietkau 1996b). Die unterschiedlichen Interpretationen des Konflikts hatten erhebliche Auswirkungen auf die Erwartungen, die mit der Mediation verbunden wurden. Konfliktdeutungen und mit ihnen einhergehende Lösungserwartungen stellen ein komplexes Interpretationsmuster dar, dessen einzelne Elemente nicht unverbunden nebeneinander stehen, sondern eine in sich stimmige Gestalt haben.

Die Deutung des Konflikts als Interessengegensatz:

> Urteile und Handlungsweisen einzelner politischer Akteure sind durch das politische Gesamtgeschehen geprägt und nur aus ihm heraus verständlich. Dieses Geschehen kann durch Begriffe wie „Interesse" und „Interessenausgleich", „Kompensation" und „Verhandlung" beschrieben werden. In Mediationsverfahren wird zwischen unterschiedlichen Gruppen, die unterschiedliche Interessen vertreten, eine Entscheidung gesucht, die den Interessenlagen möglichst

vieler möglichst gerecht wird. Die Problemlösung liegt, soweit sich Interessengegensätze nicht auflösen lassen, in einem Kompromiß, oder sie wird durch
Mehrheiten bzw. Machtkonstellationen entschieden. Mit dem Mediationsverfahren verbindet sich in dieser Deutung weder die Erwartung noch die Hoffnung auf eine nachhaltige Veränderung der politischen Rahmenbedingungen
oder auch nur der sozialen Interaktionsformen der Beteiligten. Das Mediationsverfahren ist nur für kurze Frist eine „soziale Insel" im politischen All-
tagsgeschehen. Der politische Konflikt ist etwas Normales, es ist auch nur sehr
bedingt möglich, Interessengegensätze zu überbrücken. Politische Entscheidungen sind legitimerweise Mehrheitsentscheidungen, und Mehrheitsentscheidungen kann es ebenfalls in Mediationsverfahren geben. Sie können auch im
Anschluß an Mediation oder parallel zu ihr zustande kommen, und es liegt auf
der Hand, daß die Vertreter der Minderheitspositionen mit diesen Ergebnissen
dann unzufrieden sind und infolge dieser Unzufriedenheit auch Kritik am Verfahren – hier der Mediation – üben müssen, weil man das Verfahren nicht
einerseits für fair, sachlich usw. halten kann, wenn man andererseits seine
eigenen Positionen nicht durchsetzen konnte. Es erscheint legitim, daß die
unterlegene Seite auch nach Abschluß des Verfahrens weiter für ihre Positionen kämpft, und dies ist ohne eine zumindest partielle Diskreditierung des Verfahrens kaum vorstellbar. Die im Verfahren entstehenden persönlichen Beziehungen unter den Beteiligten sind zwar wünschenswert, aber nicht zentral. Die
wachsende persönliche Nähe kann und soll nicht darüber hinwegtäuschen, daß
hier Interessenvertreter und damit Träger einer bestimmten Rolle interagieren.
Ein Zuviel an Nähe, Verständnis, Einfühlung oder Rücksicht wäre für den
weiteren politischen Gang in der förmlichen Auseinandersetzung im Sinne
einer demokratischen Streitkultur eher kontraproduktiv und würde die gesellschaftlichen Widersprüche, die bestehen und ausgetragen werden müssen, ver-
kleistern.

Die Deutung des Konflikts als Wahrnehmungsproblem:

Sämtliches politische Geschehen erklärt sich aus dem Handeln einzelner Individuen, und auch Schriftliches (z.B. Verordnungen) ist im Grunde nichts anderes als geronnenes individuelles Verhalten. Der Mediationsprozeß kann aus
diesem Blickwinkel mit Begriffen wie „wechselseitige Vorurteile", „Lernpro-
zesse", „Veränderung von Einstellungen und Urteilsgewohnheiten" beschrieben werden. In Mediationsverfahren verändern sich Wahrnehmungs- und
Urteilsmuster. Eine realitätsgerechtere Einschätzung der Sachproblematik, aber
auch der politischen und rechtlichen Konstellationen sowie der handelnden
Personen ermöglicht intensivere Kooperation und öffnet den Blick für (neue)
sachangemessenere Problemlösungen. Das Wiederaufleben von Konflikten
nach einem Mediationsverfahren stellt einen Rückfall dar und ist Indiz für ein
Scheitern des Verfahrens. Ungelöste Streitfragen werden als Ausdruck nicht
hinreichender Reflexion und Diskursbemühungen interpretiert. Selbst wenn

eine Konfliktlösung ausbleiben sollte, hat man zumindest an die zukünftige Art und Weise des Umgangs der Konfliktbeteiligten die Anforderung, daß diese nicht in das übliche Taktieren zurückfallen. Eine Verbesserung des Informationsstandes, ein Abbau von Wahrnehmungs- und Urteilsverzerrungen sowie sozialer Vorurteile können und sollen einen gemeinsamen (gruppendynamischen) Lernprozeß in Gang setzen. Damit einher geht ein Zuwachs an Einsicht und Verantwortungsgefühl und eine Bindung der zu treffenden Entscheidung an vernünftige Maßstäbe, die von allen getragen werden können; im Ergebnis führt der Diskurs zu einem Konsens. Der Konsens generiert sich aus Einsicht; Mehrheitsbeschlüsse sind diesem gemeinsamen Entwicklungsprozeß wesensfremd. Es gibt eine richtige oder zumindest eine bestmögliche Lösung. Sollte ein Konsens nicht erzielt werden, liegt es daran, daß der konstruktive Prozeß des Sich-Näherns und des Gemeinsam-eine-Lösung-Suchens entweder falsch eingeleitet oder zu früh abgebrochen wurde. In diesem Falle breitet sich Enttäuschung aus, weil das für möglich Gehaltene eben nicht erreicht wurde.

Beide Sichtweisen haben ihre Berechtigung. Das erste Deutungsmuster trägt politischen Macht- und Legitimationskonstellationen sowie rechtlichen und administrativen Zwängen eher Rechnung als das zweite. Das zweite Deutungsmuster setzt auf die Überwindung dieser Zwänge und auf die positiv gestaltende Kraft des Arguments und der interpersonalen Kommunikation.

Im Verlauf einer Konfliktbearbeitung kann es zu Verschiebungen in der Art der Problemdeutung kommen. Das, was sich ursprünglich als Interessengegensatz darstellte, kann sich als Wahrnehmungsproblem herausstellen oder umgekehrt. In diesem Prozeß der Umdeutung steckt oftmals problemklärendes Potential, das in Mediationsverfahren genutzt werden kann.

4.2   Konfliktgewinne

Warum halten sich konflikthafte Auseinandersetzungen oft hartnäckig? Warum ist es auch in Mediationsverfahren häufig schwer, Problemlösungen zu finden, die im nachhinein offenkundig sind? Warum verweigern sich Konfliktbeteiligte oft beharrlich einer konstruktiven Problembearbeitung?

Eine Antwort lautet: Die handelnden Akteure profitieren von dem konflikthaften Geschehen. Der Konflikt ist für sie nützlich, sie haben einen Konfliktgewinn (Fietkau 1997). Unter einem Konfliktgewinn sollen nicht die möglichen Vorteile verstanden werden, die ein Akteur aus einem bestimmten Ausgang der Konfliktsituation für sich ziehen kann, sondern der Gewinn, den er aus der Existenz des Konfliktes selbst zieht.

Konflikte dürfen nicht zu schnell gelöst werden. Was sich über lange Zeit aufgebaut hat, kann auch durch einen noch so genialen Vermittlungsversuch nicht kurzfristig beendet werden. Der Konsens braucht seine Zeit. Die schnelle Lösung eines Konflikts durch einen äußeren Eingriff wie Mediation würde das Selbstwertgefühl der Beteiligten bedrohen. Eine Problemlösung muß die bisherigen Mühen rechtfertigen. Es muß sich zeigen, daß es auch für einen professionellen Konfliktlöser, den Mediator, schwierig ist, mit dem betreffenden Konflikt umzugehen. Alles andere würde die Beteiligten in die Situation bringen, unfähig zu erscheinen, ein einfaches Problem zu lösen. Deshalb muß das Problem zu einer Schwierigkeit stilisiert werden, deren Lösung auch dem Mediator Mühe bereitet.

Komplikationen in der Mediation, vielleicht auch ihr Scheitern, sind für die Beteiligten nicht unbedingt negativ, belegen sie doch, daß an einem so schwierigen Problem sich selbst professionelle Konfliktlöser die Zähne ausbeißen. Dies hilft, die eigene Identität zu stärken. Bürgerinitiativen können ihre Existenz rechtfertigen, die durch eine schnelle Problemlösung bedroht wäre. Die Vertreter von Wirtschaftsunternehmen und Wirtschaftsverbänden können zeigen, unter welch schwierigen Bedingungen sie ihre Aufgaben erfüllen. Politiker können deutlich machen, daß sie sich in einem hochgradig konfliktbehafteten Problemfeld bewegen, in dem Lösungen schwer zu erreichen sind.

> Eine Bürgerinitiative kann nur um den Preis des Verlustes der eigenen Identität einen Konflikt beenden. Die Position „Wir sind gegen das Vorhaben X" rechtfertigt ihr Weiterbestehen.

> Ein Unternehmen der Chemieindustrie hat Mitarbeiter eingestellt, die die Aufgabe haben, den Dialog mit der Öffentlichkeit über strittige Produktionstechniken oder Produkte des Unternehmens zu führen. Die Bedeutsamkeit, die diese Mitarbeiter innerbetrieblich erhalten, wird davon abhängen, ob die Aufgabe, die sie wahrnehmen, als wichtig und für das Unternehmen folgenschwer wahrgenommen wird. Ihr Interesse könnte es also sein, einen drohenden öffentlichen Konflikt zwar nicht ausbrechen zu lassen (dann hätten sie versagt), gleichzeitig aber dafür zu sorgen, daß er als latent äußerst gefährlich und nur sehr schwierig zu begrenzen erscheint.

Die These vom Konfliktgewinn birgt die Gefahr von Mißverständnissen. Ein Mißverständnis liegt darin, die Konfliktursache nun nicht mehr in der Sache, sondern in der Psychodynamik der Beteiligten zu sehen. Eine solche Psychologisierung einer Konfliktsituation ist jedoch lediglich eine mögliche Betrachtungsform, ein Aspekt der Problemlage. Diese Sicht ist komplementär – nicht alternativ – zu einer Analyse der Konfliktlage auf der reinen Sachebene. Einem weiteren möglichen Mißverständnis gilt es vorzubeugen. Die Sicht, daß Beteiligte aus einer Konfliktlage für sich auch Nutzen ziehen können, schmälert das moralisch begründbare und begründete Engagement dieser Akteure nicht. Handeln wird nicht dadurch moralisch, daß der Handelnde durch seine Aktivitäten keinen Nutzen erfährt. Wenn die Austragung gesellschaftlicher Konflikte erforderlich ist, dürfen die im Konflikt Handelnden nicht moralisch diskreditiert werden, auch dann nicht, wenn sie vom Konflikt profitieren. Konfliktgewinne sind vielleicht sogar notwendige Voraussetzungen dafür, daß Konflikte nicht voreilig „unter den Teppich gekehrt" werden.

4.3 Reflexhaftigkeit von Lösungsmustern

Mediation bietet ein neues Problemlösungsmuster an. Es ist aber sehr schwer, sich von den gewohnten und in vieler Hinsicht auch bewährten alten Formen zu trennen. Politischen Problemen begegnet man mit politiküblichen Verhaltensstrategien. So bleibt man z.B. bei Verhaltensweisen, die sich in politischen/parlamentarischen Prozessen eingeschliffen haben. Der politische Gegner wird attackiert, seine Argumente werden nicht aufgegriffen – allenfalls, um sie zu entkräften –, die Integrität des Gegenübers wird in Zweifel gezogen usw. Diese Verhaltensmuster sind im politischen Raum relativ unschädlich, ja vielleicht sogar konstitutiver Bestandteil des politischen Spiels. Politik wird durch solche Verhaltensmuster nicht entscheidungsunfähig. Trotz bestehender Differenzen und Diskreditierungen kann durch Mehrheiten entschieden werden. Im Umgang mit Umweltkonflikten haben sich diesem Muster entsprechend Verhaltensroutinen herausgebildet:

Eine Müllverbrennungsanlage soll gebaut werden. Die entsorgungspflichtige Gebietskörperschaft (z.B. ein Landkreis) plant diese Anlage, um ihrem Entsorgungsauftrag gerecht zu werden. Die Gemeinde, auf deren Land diese Anlage errichtet werden soll, wehrt sich dagegen. Es bilden sich Bürgerinitiativen; überregionale Naturschutzverbände beteiligen sich an der Diskussion, die politischen Parteien nehmen zu dem Vorhaben in unterschiedlicher Weise Stellung, wobei innerhalb der Parteien je nach örtlicher Ebene unterschiedliche Positionen vertreten werden. Die Argumente fächern sich aus: Luftbelastung, erhöhtes Verkehrsaufkommen durch anliefernde Lkws, Ausschöpfung der Einsparpotentiale, Verfügbarkeit technischer Alternativen, sinkende Grundstückspreise in der Umgebung usw. Hinter jedem Argument stehen immer neue Interessengruppen. Viele Argumente erfordern fachliche Stützung durch Experten: Gutachten werden erstellt und anschließend kontrovers debattiert. Es entsteht eine öffentliche Diskussion, die sich in den lokalen Medien niederschlägt. Vorwürfe und Unterstellungen machen sich breit. Die Beteiligten beginnen auf der juristischen Klaviatur der Planungs- und Genehmigungsverfahren zu spielen. Man trickst und droht. Die Dinge verzögern sich, der Kreis gerät unter Druck. Regierungspräsidium und Landesbehörden schalten sich ein und drängen auf eine schnelle Lösung. Aber das Drängen nützt nichts, im Gegenteil, neue rechtliche Schritte werden eingeleitet ...

Aus diesem Ritual versucht man auszubrechen und beginnt eine Mediation. Und was passiert? Die Beteiligten behalten ihre gewohnten Verhaltensmuster bei. Man gibt vorbereitete Statements ab, hört den anderen nicht zu, arbeitet mit Unterstellungen, verlangt nach einer Geschäftsordnung, die denen in Parlamenten ähnlich ist, verfertigt Sitzungsprotokolle, taktiert mit Verfahrensfragen usw. Kurzum: Man repliziert die gewohnten Spielregeln.

Mediation aber folgt anderen Regeln: Es zählt das Argument, entscheidend sind nicht die Macht oder die Mehrheiten, es geht um Zuhören, um die Entwicklung kreativer Problemlösungen, nicht um die Durchsetzung von Standpunkten usw. Es erwies sich in Umweltmediationsverfahren aber immer wieder als sehr schwierig, neue Spielregeln des Problemlösens zu etablieren. Offenkundig ist es nicht einfach, sich überhaupt vorzustellen, daß es in fast allen Konfliktsituationen unterschiedliche Möglichkeiten gibt, mit der Problemlage umzugehen.

Konflikte zwischen einzelnen Menschen, zwischen Gruppen, Gesellschaften oder Teilen einer Gesellschaft hat es immer gegeben, und es sind vielfältige, bewährte Formen der Problembearbeitung bekannt (vgl. de Bono 1987). Man kann sich durch Flucht entziehen, man kann nachgeben, kämpfen, kämpfen lassen, rituell kämpfen, Entscheidungen aussetzen oder an einen Richter delegieren bzw. einen Konfliktmittler hinzuziehen. Alle diese Möglichkeiten haben ihre spezifische Indikation.

Wenn Sie nächtens in einem einsamen Park von einem durchtrainiert wirkenden und mit einem Messer bewaffneten Menschen gebeten werden, ihm Ihre Geldbörse zu geben, erscheint es nicht unvernünftig, über Möglichkeiten nachzudenken, sich der Situation durch Flucht zu entziehen oder ersatzweise „Nachgeben" als Verhaltensoption zu erwägen. Wenn Sie sich kräftig fühlen, können Sie natürlich den Kampf aufnehmen. Vielleicht befindet sich Ihr Hund in Ihrer Begleitung, und Sie können die Angelegenheit an ihn delegieren. Vielleicht haben Sie zufällig selbst ein großes Messer dabei, das Sie Ihrem Gegner vorzeigen können, und er zieht es dann vor zu fliehen. Oder Sie einigen sich angesichts dieses Sachverhalts, bei der Auseinandersetzung zur Vermeidung unnötiger Risiken auf die Verwendung von Messern zu verzichten. Vielleicht können Sie auch glaubhaft machen, daß Sie derzeit über keine Börse verfügen und es für Ihren Konfliktpartner besser wäre, jemand anderen oder Sie zu einem anderen Zeitpunkt zu überfallen. Vielleicht ist Ihr Gegenüber auch der Auffassung, daß Sie ihm das geforderte Geld schulden und er nur eine – zumindest aus seiner Sicht – berechtigte Forderung einzutreiben versucht.

Vielleicht hatte er Ihnen vor einigen Tagen in einem Lokal Geld gegeben (er meint geborgt, Sie hielten es für eine Schenkung); er hatte Ihre Adresse nicht, hoffte vergeblich, Sie in dem Lokal wiederzusehen und meinte, als er Sie dort nicht mehr traf, Sie würden sich der Sache durch Flucht entziehen wollen. Nun können Sie versuchen, die unterschiedliche Problemeinschätzung mit Ihrem Partner zu erörtern, vielleicht können Sie auch erreichen, daß dies nicht im Park, sondern an einem belebteren Ort stattfindet, was die Wahrscheinlichkeit von Unbedachtsamkeiten beider Seiten mindern dürfte. Vielleicht, wenn sowohl Ihr Partner als auch Sie selbst meinen, im Recht zu sein, könnten Sie verabreden, die Angelegenheit einem Richter zur Entscheidung vorzulegen. Vielleicht halten Sie aber eine rechtsförmige Auseinandersetzung für zu aufwendig, oder die Herkunft des in Frage stehenden Geldes läßt eine rechtsförmige Streitbeilegung wenig angeraten erscheinen. Dann könnten Sie sich darauf verständigen, eine andere verfahrensorientierte Lösung zu suchen. Sie könnten sich darauf einigen, eine Person beiderseitigen Vertrauens zu bitten, als Vermittler tätig zu werden. Sollte eine solche Vermittlung nicht funktionieren, bleiben Ihnen natürlich alle vorab besprochenen Optionen weiterhin offen.

In einer komplexen Konfliktlage eine auch nur einigermaßen angemessene Situationsanalyse und Maßnahmenentwicklung durchzuführen, ist angesichts bestehender Entscheidungszwänge oft völlig unmöglich. Wir können nicht alle Optionen gedanklich durchspielen, sondern sind gezwungen, schnell und reflexhaft zu reagieren. Hierbei bedienen wir uns der Handlungsmuster, mit denen wir umzugehen wissen: Wir tun das Gewohnte. Das Gewohnte ist aber nicht immer das, was sich bewährt. Menschen sind in erstaunlichem Maße in der Lage, Dinge zu tun, bei denen sie wieder und wieder Mißerfolge haben (stets aufs neue scheiternde Versuche, die eigenen Kinder zu erziehen, immer wiederkehrende Formen krimineller Geldbeschaffung mit sich unmittelbar anschließender Einweisung in eine Strafanstalt usw.). Bezogen auf unser Beispiel heißt das, daß ziemlich unabhängig von der spezifischen Konfliktlage Menschen, die gewohnt sind, derartigen Situationen mit Flucht beizukommen, versuchen werden zu fliehen (auch dann, wenn sie gar nicht in der Lage sind, schneller zu rennen als der andere), und diejenigen, die dazu neigen, alle Konflikte auszudiskutieren, werden versuchen, eine diskursive Lösung herbeizuführen (auch dann, wenn der andere auf ein solches Verhalten zunehmend gereizt reagiert).

Die Handelnden tun sich schwer, ihre Verhaltensoptionen in Gänze zu erkennen. Ihre Verstrickung in die Situation macht sie zu Gefangenen ihrer Situationsdeutung, ihrer Handlungsgewohnheiten. In einer experimentellen Studie konnten wir zeigen (Fietkau/Trènel 1999), daß Gruppen aufgrund einer sehr schnell vorgenommenen Interpretation ihrer Problemlage Entscheidungen treffen können, die der Problemlage nicht angemessen sind. Die Interpretation der experimentellen Situation als Spiel löste ein komplexes Erwartungs- und Verhaltensmuster aus: Man spielte gegeneinander, man versuchte, mehr zu gewinnen als die anderen, man mußte taktieren, man stimmte das Entscheidungsverhalten nicht miteinander ab. All dies war weder instruiert noch im Kontext der Aufgabenstellung sinnvoll. Aber es entsprach der sehr schnell vollzogenen Situationsdeutung.

Mediation bietet die nicht leicht zu realisierende Chance, auf eine gegebene Problemsituation in neuer Weise zu regieren. Es geht um eine neue Interpretation der Problemlage und das Verändern gewohnter Verhaltensmuster. Dies aber ist mit Unsicherheiten verbunden.

5. WIDERSTÄNDE

5.1 Abwehr des Ungewissen

Mediation, so wie sie hier betrachtet wird, ist der Versuch, neues Denken zu fördern. Die Beteiligten sollen lernen, Probleme neu zu sehen, neue Fragestellungen zu entwickeln, unterschiedliche Sichtweisen als Folge divergierender Urteilskontexte zu begreifen, sich selbst und die Gruppe weiterzuentwickeln.

Das Neue, das hierbei entsteht, kann nicht einfach bestehenden Wissensbeständen hinzugefügt werden, vielmehr wird das neue Denken altes und in anderen Kontexten auch bewährtes Denken verändern. Eben dies macht einen solchen Prozeß schwierig. Das Sich-Einlassen auf eine neue Problemwahrnehmung und auf neue Denkmuster ist mit Ungewißheiten verbunden. Das Neue ist in statu nascendi nicht klar strukturiert, sondern nur schemenhaft gegeben, und seine Auswirkungen sind kaum vorhersehbar. Dem Impuls zur Veränderung tritt ein Impuls zur Beharrung, zum Festhalten am Bestehenden, entgegen, mit dem man vielleicht nicht gut, aber immerhin leben konnte.

Bei alltäglichen Situationen mit Ungewißheitscharakter gelingt es zumeist, Problemlösungen zu finden, die vor unangenehmen Überraschungen schützen.

> Ein Kommunalpolitiker, der nicht genau weiß, ob es besser ist, die Abfallentsorgung über Verbrennung oder über biologisch-mechanische Anlagen zu bewältigen, kann sich an die Technische Anleitung (TA) Siedlungsabfall halten und somit wenigstens dem Vorwurf entgehen, er habe sich gegen den „offiziellen" Sachverstand entschieden; er kann sein Handeln auch durch Sachverständigenanhörungen stützen, um seine Verantwortung zu teilen usw. Entscheidungen, die sich nachträglich als fehlerhaft herausstellen, lassen sich zumeist rechtfertigen: Dann ist zwischenzeitlich eben Unvorhersehbares eingetreten.

Solche oder ähnliche Handlungsroutinen schützen. Ein Kommunalpolitiker hingegen, der sich auf eine Mediation einläßt, begibt sich auf unsicheres Terrain. Er weiß nicht, wie sich die Dinge in der Mediation entwickeln werden, welche Ergebnisse die Mediation erbringen wird, wie die ganze Sache in den Medien aufgegriffen wird. Wenn er sich dennoch auf eine Mediation einläßt, wird er mit Sichtweisen konfrontiert, die seine Überzeugungen in Frage stellen, und muß sich mit Problemlösungen auseinandersetzen, die vielleicht noch neu und unerprobt sind und deren Folgen sich nur schwer abschätzen lassen. Er wird sich

wohl nur auf dieses Spiel einlassen, wenn er gewisse Zweifel hegt, ob seine bisherigen Handlungsmuster dazu führen, daß er seine Ziele erreichen kann. Neuen
Sichtweisen und Handlungsmustern wird man sich nur dann öffnen, wenn die
alten Formen sich mehr oder minder nachhaltig als untauglich erwiesen haben.
Dies kann dann eintreten, wenn sich die Problemlagen, auf die die alten Handlungsmuster eine adäquate Antwort waren, verschoben haben. Der Wandel von
Problemlagen hat unterschiedliche Geschwindigkeiten: Er vollzieht sich
manchmal schlagartig durch eine neue Information, oder er stellt sich allmählich
im Verlauf eines Lebens oder auch im Wechsel der Generationen ein.

Lübbe (1993, S. 31f.) hat die These vertreten, der gesellschaftliche Wandel
würde sich beschleunigen und die Anpassungsfähigkeit der Menschen stärker
als früher fordern, vielleicht überfordern. Was gestern noch galt, gilt – anders als
in vorangegangenen Zeiten – heute schon nicht mehr, und was morgen sein
wird, wird zunehmend offener. Dies führt zu „Erfahrungsverlusten", die Irritationen hervorrufen. Wenn diese These richtig ist, kann der Wandel gesellschaftlicher Handlungsmuster nicht mehr durch den natürlichen Generationenwechsel
bewältigt werden. Die Beschleunigung der Veränderung in der Problement-
wicklung und im Fortschreiten technischer Möglichkeiten der Problembewältigung läßt es nicht zu, darauf zu vertrauen, daß eine neue Generation die für neue
Problemlagen erforderlichen Antworten finden und umsetzen wird. Der einzelne
Mensch muß lernen, im Verlauf seines Lebens umzudenken und die damit verbundenen Irritationen zu ertragen. Mediation ist eine soziale Form des Umgangs
mit den Irritationen, die sich im Zusammenhang mit neuen Problemlösungsver-
suchen einstellen. Der beschleunigte technische und soziale Wandel macht es
notwendig, Formen zu finden, mit diesen „Bedrohungen" umzugehen. Aber
unser Denken wehrt sich. Die Prozeßhaftigkeit und Perspektivität der (sozialen)
Welt, in der wir leben, widerspricht dem Bedürfnis von Menschen und Organisationen nach festen Maßstäben der Orientierung.

Menschen benötigen relativ stabile, konsistente Welterklärungen. Wie wir zu
solchen Welterklärungen kommen, beschreibt die Attributionstheorie (Heider
1958; Herkner 1980). Erklärungen sind Zuschreibungen (Attributionen) von
Ursachen zu beobachteten Sachverhalten.

Wenn eine Kommune bei der Umsetzung ihrer Planungen scheitert, kann sie
dafür unterschiedliche Ursachen verantwortlich machen:

— Die Akteure können sich die Schuld selbst zuweisen und eingestehen, daß
   sie schlecht geplant haben (internale Attribution);
— sie können die Planungsschwierigkeiten auf die Böswilligkeit oder Dummheit der Planungsgegner zurückführen (externale Attribution); oder
— sie können widrige, unvorhersagbare Umstände geltend machen (Zufall).

Wo die „wahren" Ursachen liegen, ist nicht entscheidbar. Ursachenzuschreibungen sind, das wissen wir seit David Hume, immer Interpretationsleistungen. Ursachen lassen sich nicht beobachten. Wenn wir von wahren Ursachen sprechen, handelt es sich lediglich um die sprachliche Verkürzung des Sachverhalts, daß sich alle über die Ursachen einig sind. Aber auch Mehrheiten können sich irren. Gerade bei komplexen Sachverhalten, die unterschiedliche Sichtweisen zulassen, haben wir in den Ursachenzuschreibungen stets Wahlmöglichkeiten.

Aufgrund dieser Wahlmöglichkeiten können wir – wie im oben genannten Beispiel – zumeist vermeiden, uns unangenehmen Sichtweisen zu öffnen. Die beiden letztgenannten Ursachenzuschreibungen sind bei Fehlschlägen deshalb sehr beliebt. Sie stellen die eigenen Urteils- und Handlungsmuster nicht in Frage und vermeiden kognitive Irritationen.

Zur Abwehr kognitiver Irritation gibt es eine Reihe von Mechanismen. Diese Abwehrmechanismen dienen der Vermeidung von Unsicherheiten. Sie können sowohl psychodynamisch als auch unter einer entscheidungstheoretisch-ökonomischen Betrachtungsweise sinnvoll sein (vgl. Karpe 1996, S. 70ff.). Schon 1936 hat Anna Freud mehrere psychodynamisch bedeutsame Abwehrmechanismen in die Theorie der Psychoanalyse eingeführt (Greenson 1975). Drei dieser Formen sollen hier vorgestellt und an Beispielen verdeutlicht werden.

Fixierung: Festhalten an Situationen, in denen man sich geborgen fühlt

Wenn Spannungen in einer Mediation auftreten, neigen die Akteure zumeist nicht dazu, sich intensiver mit denen auseinanderzusetzen, zu denen sie ein gespanntes Verhältnis haben. Oft ist vielmehr zu beobachten, daß sie sich in ihre jeweiligen Gruppen zurückziehen, in denen sie sich dann wechselseitig bestätigen können.

Regression: Rückkehr zu primitiveren Reaktionsformen in schwierigen Situationen

Wenn ein Problem rational schwer lösbar erscheint, kann man sich den damit verbundenen Schwierigkeiten entziehen, indem man behauptet, die Fragen seien ausdiskutiert, nun müsse entschieden werden. Man bricht den rationalen Diskurs ab und kehrt zurück zu traditionellen Formen politischer Entscheidungsfindung. Wenn man unterliegt, ist man zumindest seiner Sicht der Dinge treu geblieben.

Agieren: Flüchten in sich wiederholende Handlungsmuster und Vermeiden des Überdenkens der aktuellen Situation

Wenn ein Mediator vorschlägt: „Wir sollten jetzt in Ruhe über das Problem nachdenken", tritt nur in seltenen Fälle auch Ruhe ein. Sogleich wird sich wieder jemand zu Wort melden, der seine Lösung vorträgt, und ebenso schnell wird sich jemand finden, der ihm widerspricht.

Zur Abwehr neuer Denkmuster haben wir neben spezifischen Attributionsmustern und sozialen Mechanismen auch implizite inhaltliche Vermutungen zur Verfügung, die alte Denk- und Handlungsmuster stabilisieren:

Die Welt wird morgen im großen und ganzen so aussehen wie heute.

Entwicklungen lassen sich linear beschreiben und in die Zukunft extrapolieren.

Handlungsstrategien, die sich bislang bewährt haben, werden sich auch in Zukunft bewähren.

Die eigene Erfahrung und Anschauung ist ein zuverlässiger Maßstab, der auch von anderen akzeptiert werden muß.

Wenn andere anders denken, liegt dies vermutlich daran, daß sie entweder keine Ahnung haben oder Interessen verfolgen, die meinen entgegenstehen.

Meine Ziele und Bedürfnisse sind gerechtfertigt und stabil.

Die Bedürfnisse, Ziele und Interessen meiner Mitmenschen kann ich gut beurteilen.

Der Glaube an Thesen dieser Art trägt erheblich zu einem gefestigten Weltbild bei. Hätte man sie nicht, wäre man in höherem Maße Unsicherheiten ausgesetzt, und die eigene Handlungsfähigkeit wäre möglicherweise in Frage gestellt. Eben dieses „In-Frage-Stellen" ist aber eine wesentliche Charakteristik von Mediation. Mit den damit verbundenen Spannungen, Aggressionen gegenüber dem Mediator, Ablehnungen des Verfahrens und unterschiedlichsten Fluchtversuchen muß man in der Mediation rechnen. Diese Abwehrreaktionen gehören dazu. Wenn alles „glatt" und ohne diese Begleiterscheinungen verläuft, könnte das ein Hinweis darauf sein, daß sich bei den Beteiligten nichts bewegt. Der Mediator muß fähig sein, Umbrüche im Denken zu provozieren, und in Kauf nehmen, daß er sich dadurch bei den Beteiligten unbeliebt macht.

Seine Aufgabe ist es, die Widerstände gegen ein neues Denken zu mindern. Er kann sich bemühen, eine Situation zu schaffen, die einen offeneren Umgang mit Problemlagen erleichtert, und er kann Impulse geben, Gewohntes zu überdenken. Von einem allerdings sollte sich der Mediator freimachen, nämlich dem Versuch, die Verfahrensbeteiligten durch irgendwelche Tricks zu etwas zu bringen, was diese im Grunde nicht wollen. Zwar gibt es eine Vielzahl von Techniken, mit denen man Menschen in dieser Weise manipulieren kann (Cialdini 1997), aber mit Tricks ist man meist nur einmal erfolgreich.

5.2 Abwehr von Freiheitsbegrenzungen

5.2.1 Begrenzung von Handlungsfreiheiten durch Mediation

Freiwilligkeit ist ein wesentliches Kennzeichen der Mediation. Gruppen oder Personen, die sich zu einer Mediation entschließen, tun das freiwillig, womit zumeist gemeint ist: ohne gesetzlichen Zwang. Die Entscheidungen, die sie treffen, und die Bindungen, die sie eingehen, können in diesem Sinne als freiwillig verstanden werden. Die Abwesenheit gesetzlichen Zwanges ist aber nur eine Möglichkeit, Freiwilligkeit zu definieren. Auch ohne gesetzliche Zwänge können Menschen und Organisationen zu Verhaltensweisen gedrängt werden, die sie nicht wollen.

> An einem Mediationsverfahren zu Abfallfragen in Berlin nahm eine Reihe von Organisationen teil, die dies eigentlich nicht als sinnvoll erachteten. Es lag ein Beschluß des Abgeordnetenhauses vor, der ein solches Mediationsverfahren vorsah. Dieser Beschluß hatte zwar weder für die Industrie noch für Umweltverbände oder Bürgerinitiativen eine bindende Wirkung, gleichwohl aber konnte sich kaum jemand, der im politischen Spiel bleiben wollte, dieser Empfehlung entziehen.

Dieses Muster setzt sich in der Mediation fort. Wenn man sich auf Mediation einläßt, geht man Bindungen ein. Bindungen aber begrenzen Handlungsfreiheiten. Diese Begrenzungen können in eingegangenen Verpflichtungen bestehen oder schlicht in bestimmten Handlungserwartungen, die mit Mediation verbunden sind.

Eine Bürgerinitiative, die in der Wahl der politischen Mittel zur Durchsetzung ihrer Ziele frei ist, verliert einen Teil dieser Freiheit, wenn sie sich entschließt, an einer Mediation teilzunehmen. Sie kann sich nicht gleichzeitig auf der einen Seite im Mediationsverfahren differenziert mit einer Problemlage auseinandersetzen und auf der anderen Seite durch öffentliche Maßnahmen wie Unterschriftensammlungen oder Protestveranstaltungen klar für oder gegen eine bestimmte Lösung eintreten. Angesichts dessen verwundert es nicht, wenn in Bürgerinitiativen und Umweltverbänden auch kritische Stimmen gegen Mediation laut geworden sind (Ditfurth 1997, S. 441-451).

Freiheitsbegrenzungen durch Mediation betreffen auch Verwaltungen. Haben sie z.B. in Planfeststellungsverfahren das Recht, im Rahmen der geltenden Regeln das Verfahren zu gestalten, teilen sie im Mediationsverfahren diese Zuständigkeit zwar nicht förmlich, aber zumindest in Teilen faktisch mit anderen. Die bei Umweltfragen fast immer unumgänglichen Gutachten, die in der Regel von der Administration oder von den Trägern der Projekte in Auftrag gegeben werden, werden in einer Mediation unter Mitwirkung vieler thematisch bestimmt und vergeben. Ohne Mediation wäre die Verwaltung frei, über die Vergabe selbst zu bestimmen.

Ebenso die Politik: Indem sie sich faktisch an die Ergebnisse eines Mediationsverfahrens bindet, teilt sie ihre Entscheidungsmacht und damit ihre Entscheidungsfreiheit.

Die Begrenzungen von Freiheiten müssen abgewogen werden gegen die Erweiterung von Einflußchancen, die Informationsgewinne, die Chance auf soziale Befriedung usw. Dieser Abwägungsprozeß ist schwierig. Er muß von den beteiligten Gruppen jeweils nach genauer Kenntnis dessen, was sie in der konkret geplanten Mediation erwartet, selbst vorgenommen werden (vorbereitende Mediationsplanung). Eine pauschale, schulmeisternde Hilfe von außen ist fehl am Platze; die eigentlich Beteiligten können die Situation am besten einschätzen.

5.2.2 Kognitive Umstrukturierung und Freiwilligkeit

Ein zentrales Ziel einer Mediation haben wir in kognitiven Umstrukturierungen gesehen. Es gibt gute Gründe für die Annahme, daß solche Umstrukturierungen leichter fallen und tragfähiger sind, wenn sie freiwillig erfolgen. Wie kann man freiwillige und unfreiwillige Handlungen psychologisch unterscheiden? Während es in den Anfängen der Psychologie selbstverständlich war, den freien Willen des Menschen (sein Wollen) zu thematisieren, war es später unter dem Einfluß des Behaviorismus verpönt, auf derartige Konstrukte Bezug zu nehmen. Mit der kognitiven Wende aber hielten in den sechziger Jahren Konzeptionen (wieder) Einzug in die Psychologie, die Themen wie der gedanklichen Verarbeitung von Stimuli sowie Handlungsabsichten Raum gaben. Auf Konzepte dieser Art konnte für die Erklärung menschlichen Handelns nicht verzichtet werden. Aber die mit der Willenspsychologie verbundenen Grundsatzprobleme blieben: Wenn es freie Willensentscheidungen gibt, die nicht determiniert sind, wie soll man sich dem empirisch, analytisch nähern? Entzieht sich dieses Phänomen, wenn es überhaupt existiert, nicht dem Zugriff einer nomologischen Wissenschaft? Diese Fragen wurden lange ausgeblendet. Inzwischen aber hat eine facettenreiche theoretische Debatte zu diesem Thema eingesetzt, deren Bandbreite von Cranach und Foppa (1996) dokumentiert haben. Die Vielfalt der Antworten kann hier nicht referiert werden. Lediglich auf die von Dörner (1996) im genannten Sammelband explizierte Betrachtung soll im weiteren verkürzend Bezug genommen werden.

Was meinen wir, wenn wir sagen, wir hätten etwas freiwillig getan, wir würden eine Handlung freiwillig ausführen? Würde man Beteiligte an einem Mediationsverfahren fragen, ob sie dies freiwillig tun, würden sie wahrscheinlich mit „Ja" antworten. Würde man sie weiter fragen, ob sie für ihre Teilnahme Gründe haben, würden sie diese Frage vermutlich ebenso bejahen. Ihre Entscheidung ist also begründet; Dörner nennt dies „determiniert". Die Freiwilligkeit einer Entscheidung und ihre gleichzeitige Determiniertheit widersprechen sich also nicht. Die freie Willensentscheidung ist keine Folge irgendwelcher Zufälle; im Gegenteil, gerade wenn sich Menschen freiwillig für etwas entscheiden, können sie die Gründe für ihre Entscheidung oft sehr gut benennen. „Man könnte fast behaupten, daß es nichts auf der Welt gibt, was so klar determiniert ist wie eine freie Willensentscheidung" (Dörner 1996, S. 128). Die Charakteristik freiwilliger Entscheidungen besteht nach Dörner darin, daß sie „redeterminierte" Entscheidungen sind. Man reagiert nicht einfach auf die Determinanten, sondern reflektiert den Determinationsprozeß, nimmt gegebenenfalls Einfluß auf die determinierenden Faktoren und verändert den Zusammenhang zwischen den Determinanten und den mit ihnen verbundenen Reaktionen. Man handelt auf einer Metaebene.

> Ein Umweltverband, der bislang auf bestimmte Planungen mit öffentlichem Protest reagiert hat, entschließt sich, dies in einer gegebenen Situation nicht zu tun und statt dessen an einer Mediation teilzunehmen. Das ansonsten fast reflexhaft ablaufende Handlungsmuster wird unterbrochen: redeterminiert. Die Entscheidung wird als freiwillig erlebt.

Wahrscheinlich erleben wir Handlungen auch dann als freiwillig, wenn wir zu Recht oder zu Unrecht meinen, wir hätten die Möglichkeit, ein Handlungsmuster zu redeterminieren. Wenn sich unsere Bürgerinitiative nach einschlägigen Überlegungen dafür entschieden hätte, nicht an der Mediation teilzunehmen, und weiterhin im alten Protestmuster handeln würde, hätten ihre Vertreter wahrscheinlich ebenfalls den Eindruck, dies freiwillig zu tun. Sie hatten zumindest die Option der Redetermination ihres Handlungsmusters. Die Möglichkeit der Beeinflussung der Regeln, nach denen wir handeln, ist Ausdruck dessen, was wir Freiwilligkeit nennen. Menschen, die unter sich verändernden Bedingungen nicht in der Lage sind, die Regeln ihres Handelns zu verändern, sind Spielball ihrer Automatismen.

Die gesellschaftliche Entscheidungsfindung kann nach sehr unterschiedlichen Spielregeln erfolgen. Es gibt das Parlamentsspiel, das Gerichtsspiel, das Medienspiel, das Sachverständigenspiel, das Intrigenspiel und natürlich auch das Mediationsspiel. Innerhalb dieser Spiele gibt es Unterspiele, die wiederum spezifischen Regeln gehorchen: Taktieren mit Geschäftsordnungen, Eingehen von Zweckbündnissen, Drohen, Bloßstellen usw. Wenn wir uns weder in der Vielzahl der Spielregeln verheddern noch unflexibel lediglich ein Regelsystem nutzen wollen, benötigen wir Metaregeln, d.h. Regeln, nach denen wir die Spielregeln wechseln oder verändern. Systeme, die nicht über Metaregeln zur Änderung ihrer Verhaltensmuster verfügen, bezeichnet Watzlawick (1992, S. 32) als „pathologisch".

Mediation kann in zweierlei Hinsicht als Instrument zur Redetermination politischen Handelns und Urteilens verstanden werden: zum einen im Hinblick auf die Einordnung des Verfahrens in das politische Geschehen („Wenn die bisherigen Formen der politischen Entscheidungsfindung nicht erfolgreich waren, kann man es ja mal mit Mediation versuchen."), zum anderen im Hinblick auf die kognitive Repräsentanz der Sachproblematik („Wenn die bisherigen Denkmuster nicht erfolgreich waren, können wir versuchen, unser Denken neu zu ordnen.").

Ist die Veränderung von Denk- und Handlungsmustern eine hinreichende Bedingung für das Erleben von Freiheit? Die Bürgerinitiative, die sich für eine Teilnahme an einer Mediation entschied und damit die Regeln veränderte, nach denen sie auf politische Zumutungen reagiert, war im Augenblick ihrer Entscheidung zwar nicht undeterminiert, aber frei in ihrer Entscheidung. Ist sie aber noch frei, nachdem sie sich für ein neues Handlungs- und Determinationsmuster entschieden hat? Die Antwort auf diese Frage hängt wohl davon ab, ob ihr die Möglichkeit bleibt, wieder zu den alten Formen der politischen Auseinandersetzung zurückzukehren. Sie erhält sich ihre Freiheit, wenn sie auch weiterhin die Option hat, zwischen den alten und den neuen Handlungsmustern zu wählen. Nicht die kognitive oder handlungsmäßige Neustrukturierung selbst führt zur Entscheidungs- und Handlungsfreiheit, sondern die Erweiterung der Wahlmöglichkeiten.

Das Aufrechterhalten oder Schaffen von Wahlmöglichkeiten ist in der Mediation auf zwei Ebenen relevant:

– Mediation ist eine mögliche Form politischer Entscheidungsfindung, kein neues Entscheidungsmuster, das alte Formen ablöst.
– Kognitive Umstrukturierung in der Mediation ist ein Denken in neuen Bezugssystemen, wobei die alten Bezugssysteme erhalten bleiben und in jenen Kontexten, in denen sie sich bewährt haben, reaktiviert werden können.

52

5.2.3 Bedrohung der Handlungsfreiheit und Reaktanz

Das Streben nach Handlungsfreiheit ist eines der wichtigsten menschlichen Handlungsmotive. Insbesondere die humanistischen Psychologen (Charlotte Bühler, Rollo May, Abraham Maslow, Carl Rogers) haben in unterschiedlicher Terminologie dieses Streben beschrieben. Am bekanntesten ist die Bedürfnishierarchie von Maslow (1954), derzufolge in hierarchischer Staffelung physiologische Bedürfnisse, Sicherheitsbedürfnisse, Zugehörigkeitsbedürfnisse, Statusbedürfnisse und Bedürfnisse nach Sinnerfüllung aufeinander aufbauen. Das Streben danach, jeweils höhere Formen der Bedürfnisbefriedigung zu erreichen, ist ein Streben nach Ausschöpfung der eigenen Potentiale. Es ist ein Streben nach Wahlfreiheit.

Wahlfreiheiten können bedroht werden. Dies gilt in besonderer Weise, wenn Einengungen von außen, von den jeweils anderen, kommen. Brehm hat 1966 die Theorie psychologischer Reaktanz vorgestellt. Er schließt an die Dissonanztheorie seines Lehrers Festinger (1957; neuerer Forschungsstand bei Frey/Gaska 1993) an. Als zentrales Motiv menschlichen Handelns wird in der Reaktanztheorie das Streben des Menschen nach freien Entscheidungen unterstellt. Immer dann, wenn seine Freiheit des Entscheidens bedroht wird, entwickelt der Mensch Widerstand (Reaktanz). Reaktanz „ist ein motivationaler Zustand, die verlorene oder bedrohte Freiheit wiederherzustellen. (...) Eine wesentliche Bedingung für

Abb. 3: Entwicklung von Reaktanz

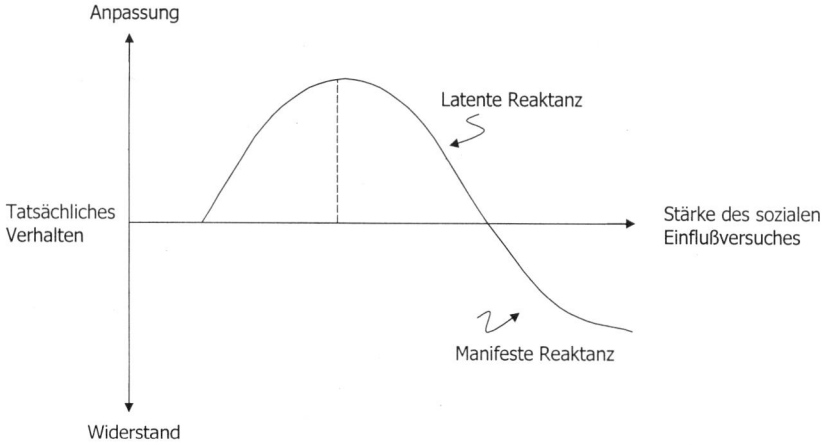

Quelle: nach Dickenberger et al. (1993, S. 251)

das Auftreten psychologischer Reaktanz bei Fremdeinengung liegt (...) darin, daß die Person die Freiheitseinengung als illegitim ansieht und sich ihr ausgeliefert fühlt." (Dickenberger et al. 1993, S. 244)

Die Reaktanzbildung vollzieht sich schrittweise (vgl. Abb. 3). Zunächst reagieren Personen auf Druck mit Anpassung, erst ab einer gewissen Schwelle treten Reaktanzen auf (Dickenberger et al. 1993). Reaktanzen können sich in unterschiedlichen Reaktionsformen manifestieren:

— Direkte Wiederherstellung der Freiheit: Eine Bürgerinitiative, die sich in ihren Handlungsmöglichkeiten durch die Mediation begrenzt sieht, entzieht sich der Mediation.

— Indirekte Wiederherstellung der Freiheit (Engagement in Handlungsfeldern, die den bedrohten ähnlich sind, oder in anderen Situationen): Jene Handlungsmuster, die durch Mediation bedroht sind, realisiert die Bürgerinitiative nun in Feldern, die in der Mediation nicht in Frage stehen.

— Attraktivitätsveränderungen: Die bedrohten Handlungsmuster werden als besonders attraktiv angesehen. Entsprechend starr wird an ihnen festgehalten. Kompromisse werden schwierig.

— Aggression: Man wendet sich gegen Situationen oder Personen, die man für die erlebte Freiheitsbegrenzung verantwortlich macht. Die Situation kann sich emotional polarisieren.

Die Reaktanzneigung variiert situativ. Insbesondere Situationen, in die eine Mediationsgruppe durch Interventionen von außen (z.B. durch den Mediator) gebracht wird („Nun wollen wir mal dieses oder jenes tun!"), sind reaktanzanfällig. Handlungsbegrenzungen, die man selbst vornimmt, sind eher erträglich. Eine Verwaltung z.B., die ein Mediationsverfahren initiieren will, muß deshalb die Verfahrensgestaltung mit den potentiell zu Beteiligenden gemeinsam vornehmen. Es wäre reaktanzauslösend, das Verfahren bis hin zur Auswahl des Mediators vorzubereiten und die anderen Parteien mit bereits festen Verfahrensvorstellungen zu konfrontieren.

Die Reaktanzneigung variiert auch interpersonell (Merz 1983). Auf Basis der Befunde von Merz kann erwartet werden, daß Reaktanzen eher von solchen Personen oder Gruppen gezeigt werden, die sich als schwächer oder unterlegener im Vergleich zu den anderen empfinden. Eine Stärkung dieser Gruppen kann dem entgegenwirken. Finanzschwache Gruppen können mit zusätzlichen Geldmitteln ausgestattet werden, die es ihnen erlauben, eigene Expertisen einzuholen. Gruppen, denen es schwerfällt, sich in einer expertenorientierten Diskussion zu behaupten, und die gewisse Hemmungen haben, sich zu artikulieren, könnten in Arbeitsgruppen personell stärker repräsentiert werden, um ihnen einen entsprechenden Rückhalt zu geben.

In Mediationsverfahren gibt es eine Reihe von Freiheitsbegrenzungen, die Anlaß für Reaktanzen sein können. Schlichte „Ich-will-Positionen" werden tabuiert, nur das sogenannte sachliche Argumentieren gilt als salonfähig, man hat sich einer Tagesordnung zu beugen, und auch der Mediator gestaltet die Sitzung nicht immer so, wie man es selbst für richtig hält. Die Verfahrensbeteiligten erkennen Alternativen, die nicht realisiert werden. Diese Alternativen werden aufgewertet. Gut und schön ist immer das, was man nicht hat. Auch die Erwartungen an bestimmte Kommunikationsformen, z.B. die mit Mediation explizit oder implizit verbundene Konsensorientierung, können Reaktanzen auslösen, wenn die Beteiligten damit eine Einengung ihrer Handlungsfreiheit verbinden.

Für jeden, der eine Gruppe leitet und damit zwangsläufig Einengungen von Handlungsfreiheiten bei den Gruppenmitgliedern vornimmt, ist es wichtig, sich möglicher Reaktanzen bewußt zu sein. Ein Mediator ist gut beraten, sich – gleichgültig, was er vorschlägt – auf mögliche Reaktanzreaktionen der Gruppe einzustellen. Das Ausmaß der Reaktanzbildung ist nicht davon abhängig, wie gut ein Vorschlag ist, sondern davon, in welchem Maße er Denk- oder Handlungsmuster einschränkt und wie wichtig diese für die Beteiligten sind. Anders als in förmlichen Entscheidungsverfahren können sich die Verfahrensbeteiligten in einer Mediation gegen Zumutungen dieser Art wehren. Sie können ihre Mitarbeit verweigern, sie können dem Mediator das Leben schwer machen, sie können die Sinnhaftigkeit von Mediation überhaupt in Frage stellen usw. Es ist Aufgabe des Mediators, die Handlungsautonomie der Verfahrensbeteiligten zu sichern. Diese kann nicht durch irgendwelche „Tricks" suggeriert werden, zumindest ist es in aller Regel nur einmal möglich, Tricks anzuwenden. Für die Zukunft scheiden sie dann aus und haben zudem Flurschaden hinterlassen, der ehrliche und offene Kooperation erschwert. Ein Mediator wird seiner Aufgabe nur gerecht, wenn er innerlich davon überzeugt ist, daß Gruppen die Kompetenz haben, ihre Belange selbst angemessen zu regeln, und aus dieser Haltung heraus seiner Gruppe Freiheiten gibt.

Mediation besteht somit nicht in der Anwendung einzelner Techniken. Mediation setzt Vertrauen in andere voraus. Das Vertrauen in die Problemlösungskompetenz derer, die Konflikte haben, ist ein Ansatz, der sich sehr bewährt hat (Psychotherapie, Organisationsentwicklung). Dieses Vertrauen bildet sich durch Erfahrung. Erfahrene Mediatoren verhalten sich weniger taktisch (Carnevale/Pegnetter 1985).

Es fällt leichter, Einengungen von Handlungsfreiheit hinzunehmen, wenn diese als gerecht erlebt werden. Menschen achten auf die Verteilungsgerechtigkeit von Geben und Nehmen (Homans 1961; Mikula 1993). Wenn also Mediation notwendigerweise Handlungsfreiheiten bei den Verfahrensbeteiligten begrenzt, muß dies in den Augen der Betroffenen wenigstens gerecht erfolgen.

Es ist für eine Bürgerinitiative leichter, auf bestimmte Formen politischen Protests zu verzichten, wenn sie erkennt, daß z.b. die planende Verwaltung im Gegenzug auf das Recht verzichtet, bestimmte Entscheidungen, wie gesetzlich vorgesehen, autonom zu fällen.

Oft aber wird der Verzicht auf Handlungsfreiheiten, den ein anderer leistet, nur schwer erkannt, weil man eben nicht wissen kann, was er noch tun könnte. Man sieht die eigenen Handlungsbegrenzungen, erkennt Ähnliches aber bei anderen weit weniger deutlich. Was als gerecht gilt, ist zumeist nicht einfach zu entscheiden. Es gibt, so betont Leo Montada (1997, S. 11), „grundsätzlich für jeden Fall konkurrierende Gerechtigkeitsprinzipien, die Geltung oder Berücksichtigung beanspruchen dürfen." Auch bei der Verfahrensgestaltung tauchen Gerechtigkeitsfragen auf, die nicht eindeutig entschieden werden können.

Wenn an einem Mediationsverfahren sehr viele Personen und Gruppen teilnehmen, wie es in der Umweltmediation oft der Fall ist, wird es sinnvoll, kleine Arbeitsausschüsse zu bilden. Diejenigen, die an ihnen beteiligt werden, haben mehr Einfluß auf den Gang der Dinge, als jene, die lediglich im Plenum sitzen. Welche Gruppen sollen aber mit wie vielen Personen beteiligt werden? Ist es gerecht, wenn die planende Administration mit einem Vertreter in den Ausschuß geht und die sieben opponierenden Bürgerinitiativen ebenfalls mit je einem Vertreter dabei sind – oder wäre es gerecht zu fordern, die sieben Bürgerinitiativen sollten sich auf einen gemeinsamen Sprecher einigen? Ist es gerecht, daß ein Gutachter zwei Stunden reden darf, während diejenigen, die sein Gutachten anzweifeln, sich lediglich in einer anschließenden Kurzdiskussion artikulieren können?

Solche und ähnliche Fragen können nicht in einem absoluten Sinne gerecht entschieden werden. Man kann nur dafür Sorge tragen, daß die Entscheidung in einem fairen Prozeß erfolgt. Unangenehme Entscheidungen werden eher ertragen, wenn der Prozeß, aus dem heraus sie entstanden sind, transparent und fair war (vgl. zur Verfahrensgerechtigkeit Bierhoff 1992).

Reaktanzen gegenüber Problemlösungen werden vermindert, wenn die Beteiligten die Verantwortung für die Lösung ihrer Probleme selbst übernehmen. Können Menschen und Gruppen dazu motiviert werden, eigenverantwortlich zu handeln? Kann man dafür Anreize schaffen? Alle Versuche, die darauf abzielen, sind mit einer Reihe von Fallstricken verbunden. Implizite oder explizite Aufforderungen wie „Übernimm selbst die Verantwortung!", „Entscheide dich frei!" sind wenig weiterführend, weil unerfüllbar. Würde sich jemand danach richten, wäre sein Handeln eben eine Folge dieser Aufforderungen und somit nicht frei und eigenverantwortlich. Jeder Versuch, andere zu eigenverantwortlichem Handeln aufzufordern, führt in diese Paradoxie. Sprenger (1992) spricht im Kontext der Mitarbeiterführung vom „Mythos Motivation":

— Jede Motivationstechnik kommuniziert ihre (manipulativen) Absichten mit.
— Motivierungsstrategien unterstellen bei den Beteiligten eine Verweigerungshaltung.
— Anreizsysteme verlagern die Aufmerksamkeit von der Sache auf sich selbst. Die Optimierung des Anreizsystems durch die Adressaten der Anreize entspricht nicht notwendig der Optimierung in der Sache.
— Sollten Anreize das erwünschte Verhalten dennoch erzeugen, wird daraus (unter Umständen sogar zutreffend) gefolgert, der Betreffende habe mit seinem Handeln nur auf Anreize reagiert, ohne vom Sinn der Sache, auf die sich die Anreize beziehen, überzeugt zu sein.

Sprenger (1995) stellt diesen aus seiner Sicht untauglichen Versuchen, andere zu etwas zu bewegen, das Prinzip „Selbstverantwortung" gegenüber. Menschen müssen nicht zu selbstverantwortlichem Handeln gebracht werden. Sie können gar nicht anders als selbstverantwortlich handeln. Jemand, der sich durch die Realisierung einer Planungsmaßnahme beeinträchtigt fühlt, hat vier Möglichkeiten, sich dieser Situation zu stellen:

— Er kann sich mit der Lage, so wie sie ist, abfinden und sich mit den Umständen anfreunden.
— Er kann der Situation entfliehen, indem er sich beispielsweise einen neuen Wohnort sucht.
— Er kann sich permanent ärgern und damit seine psychische und physische Gesundheit aufs Spiel setzen. Oder
— er kann versuchen die Dinge zu verändern, indem er sich z.B. in Bürgerbeteiligungsverfahren engagiert.

Wie immer ein Planungsbetroffener reagiert: Er hat sich frei entschieden. Wer in einer lärmbelasteten Straße wohnen bleibt, tut dies möglicherweise aus guten Gründen. Die Nachteile eines Umzuges werden gegen die Umweltbelastungen abgewogen, und es kommt zu der Entscheidung, nicht wegzuziehen. Auch wenn der Betroffene eine andere Option wählt, hat er eine Wahlentscheidung getroffen. Er wählt, hat aber das Gefühl, keine Wahl gehabt zu haben.

Die Eigenverantwortlichkeit muß nicht erzeugt werden, sie ist immer schon da. Das einzige, was zu tun bleibt, ist klarzumachen, daß dies so ist und daß es aus diesem Zwang, sich zu entscheiden, kein Entrinnen gibt. Der Mensch ist dazu verdammt, die Probleme, vor denen er steht, selbst in die Hand zu nehmen: Er muß wählen. Dies klarzumachen, ist ein schwieriger Prozeß. Es hat sich oft gezeigt, daß die These, jeder entschiede immer über alles selbstverantwortlich, als Zumutung erlebt wird. So denken wir eben nicht, und es klingt in der Radikalität der Formulierung leicht zynisch. Gleichwohl kann es hilfreich sein, Mediationsteilnehmer mit diesen Zumutungen zu konfrontieren und damit fatalistischen Situationsinterpretationen entgegenzuwirken. Ein Mensch, der seine Lebenswirklichkeit fatalistisch interpretiert, muß sich als unfrei erleben. Er verliert die Überzeugung, die Umstände seines Lebens unter Kontrolle zu haben.

6. KONSISTENZBEDÜRFNISSE

Menschen haben das Bedürfnis, sich in ihrem Denken und Handeln als konsistent zu erleben. Wenn jemand etwas gegen seine eigene Überzeugung tut, erzeugt dies innere Spannungen. Diese Spannungen müssen dann in irgendeiner Weise abgebaut werden. Solche Spannungen entstehen auch dann, wenn etwas als richtig Erachtetes in sich widersprüchlich ist. Eine auf kognitive Umstrukturierung ausgerichtete Mediation erzeugt derartige Spannungen fast zwangsläufig dadurch, daß sie das bisherige Denken der Verfahrensbeteiligten in Frage stellt. Dies bezieht sich sowohl auf die Beurteilung von Sachproblemen als auch auf die Einschätzung der sozialen Beziehungen.

Eine Bürgerinitiative, die bislang ein Industrieunternehmen als den Hort des Bösen gesehen hat und in der Mediation andere Erfahrungen macht, gerät in Widerspruch mit ihren Handlungsmustern. Oder: Neue gutachterliche Erkenntnisse zu abfallwirtschaftlichen Planungsdaten kollidieren mit den bisherigen Überzeugungen. Solche Inkonsistenzen werden insbesondere dann schwer erträglich, wenn sie als Gesichtsverlust angesehen werden, d.h. wenn die Betroffenen fürchten, von anderen nicht mehr als konsistent erlebt zu werden. Wenn dies eintritt, kann es zum Abbruch einer Mediation kommen. Die Beteiligten müssen ihr „Gesicht wahren" können (Pruitt 1981).

Die Reaktionen auf Inkonsistenzen werden in der Theorie der kognitiven Dissonanz beschrieben. Seit der klassischen Veröffentlichung von Festinger aus dem Jahre 1957 hat sie wie kaum eine andere psychologische Theorie die sozialpsychologische Forschung angeregt (vgl. hierzu Frey/Gaska 1993). Menschen tendieren dazu, kognitive Dissonanzen zu reduzieren. Dies kann durch eine Veränderung vorhandener Kognitionen, durch eine Veränderung des Verhaltens oder auch durch Hinzunahme neuer, die Differenz aufhebende Kognitionen erfolgen. Die Tendenz, kognitive Dissonanzen zu reduzieren, findet sich in Mediationsverfahren in vielfältiger Weise.

> In einer Mediation erhalte ich Informationen, die es vernünftig erscheinen lassen, eine Verbrennungsanlage zu bauen, engagiere mich aber in einer Bürgerinitiative, die den Bau einer Verbrennungsanlage in der unmittelbaren Nachbarschaft meiner Wohnung verhindern will. Wie kann ich mit dieser Widersprüchlichkeit umgehen? Ich habe drei Möglichkeiten:

1. Ich kann die neuen Informationen abwerten („Das Gutachten ist methodisch nicht sauber", oder: „Der Gutachter ist für seine mangelnde Sensibilität gegenüber Umweltbelangen bekannt."). Ich modifiziere dadurch die dissonanzerzeugenden Kognitionen.

2. Ich kann mein Verhalten ändern und aufhören, mit der Bürgerinitiative gegen die Anlage zu kämpfen (Verhaltensänderung).

3. Ich kann mit der Bürgerinitiative weiter gegen die Verbrennungsanlage kämpfen und gleichzeitig Müllverbrennung im Prinzip für richtig halten, wenn ich die zur Entscheidung anstehende Planung als einen Fall ansehe, in dem spezifische Gründe gegen den Bau sprechen (Hinzunahme neuer Kognitionen).

Mediationsverfahren müssen so gestaltet werden, daß es den Beteiligten möglich wird, entstehende Inkonsistenzen für gewisse Zeit auszuhalten und allmählich eine neue, konsistente gedankliche Ordnung zu entwickeln. Dies erfordert Sensibilität gegenüber den Selbstwertbedrohungen, die von erlebten Inkonsistenzen ausgehen. Diese können z.B. bereits dann auftreten, wenn Menschen dazu gezwungen werden, ihre eigenen Positionen zu begründen (Bosveld/Kooman 1996), aber nicht geübt sind im öffentlichen Argumentieren.

Das Akzeptieren neuer Kognitionen wird in besonderer Weise behindert, wenn es mit der Abwertung des alten Denkens einhergeht. Zur Reduzierung dieser Spannung kann es sehr hilfreich sein, bei den Verfahrensbeteiligten eine zusätzliche Kognition gedanklich zu verankern: Das alte Denken, auch wenn es nun als überholt erscheint, kann zu seiner Zeit richtig gewesen sein, wie auch das neue Denken aus der Perspektive künftigen Nachdenkens wahrscheinlich überholt erscheinen wird.

Es ist wahrscheinlich leichter, gedankliche Inkonsistenzen in Situationen zu ertragen, die nicht durch einen Handlungs- und Entscheidungsdruck oder auch durch permanente öffentliche Kontrolle belastet sind. Kognitive Umstrukturierungen werden in spielerischen Situationen bereitwilliger akzeptiert (Sellnow 1994).

Die Bedrohung der Selbstachtung durch Inkonsistenzen kann in einer Mediation besser als in einer nicht mediierten direkten Auseinandersetzung zwischen Konfliktparteien verhindert werden. Es ist leichter, gegenüber einem Mediator Konzessionen zu machen oder Irrtümer einzugestehen als gegenüber einer anderen Konfliktpartei. Der Mediator hat in gewisser Weise die Rolle des Sündenbocks. Er ist Projektionsfolie für Zugeständnisse. Diese Funktion führt nicht selten dazu, daß er Aggressionen auf sich zieht, sich den Vorwurf einhandelt, er würde die Dinge nicht richtig überblicken usw. Dies auszuhalten, gehört zu der Rolle eines Mediators. Er kann es leichter verkraften, wenn er sich eben dies klarmacht und von seiner Person trennt.

Der Mediator wird für die Beteiligten zur externen Ursache der erlebten Inkonsistenz (externale Attribuierung), die damit erträglicher wird. Auch der Verweis auf die Rahmenbedingungen des Verfahrens kann als externale Attribuierung kognitiver Dissonanzen herhalten: „Wenn die Gesetzeslage, die wir nicht verändern können, nicht so wäre, wie sie ist, könnten wir die Probleme viel besser lösen." Die Inkonsistenz, daß man Probleme lösen will, aber es nicht tut, wird auf diese Weise external attribuiert. Internale Attributionen wie „Wir sind eben dazu nicht in der Lage" wären für das Selbstwertgefühl zu bedrohlich. Externale Attribuierung durch Verweise auf Gesetzeslagen usw. kann aber auch dazu beitragen, Probleme pragmatisch zu lösen. Man stimmt einer Problemlösung zu, die man „eigentlich" nicht gut findet, und kann diese Dissonanz unter Berufung auf nicht beeinflußbare Randbedingungen rechtfertigen.

Konsistenz ist nicht notwendigerweise statisch; sie kann auch als Kennzeichen von Wachstum und Veränderung aufgefaßt werden. In diesem Sinne bleibe ich mir nicht dann treu, wenn ich unveränderlich das gleiche denke und den gleichen Handlungsschemata folge, sondern dann, wenn ich durchgängig bereit bin, mich neuen Tatsachen (z.B. auch wissenschaftlichen Einsichten) zu öffnen, diese für mich zulasse und permanent in mein Weltbild einbaue. Auch wenn bei einer Problemlage zwei Seelen in meiner Brust wohnen, kann ich mir meine Selbstachtung erhalten, indem ich fair und kompetent zwischen den konkurrierenden Interessen, Zielen und Sichtweisen abwäge. Die Kongruenz meines Denkens und Handelns liegt nicht darin, daß ich in immer gleicher Weise entscheide, sondern darin, daß ich stets überlegt entscheide und mir darin treu bleibe.

In dieser Sichtweise ist Konsistenz keine Eigenschaft eines Zustandes, sondern Merkmal eines Prozesses. Die Orientierung am Prozeß und damit verbunden die Bereitschaft, neue Denkinhalte zuzulassen und allmählich in ein neues Welt- und Selbstbild zu integrieren, ist vor allem von Vertretern der humanistischen Psychologie thematisiert worden (Rogers 1961/1972). Die (normative) Vorstellung eines sich permanent durch Lernen verändernden Menschen, der nicht nur Informationen additiv aufnimmt, sondern auch in der Lage ist, sein Weltbild ständig so zu verändern, daß es neue Einsichten integriert, ist sicher ein erstrebenswertes Ziel. Gleichwohl muß man sehen, daß es einfacher ist, statisch zu denken. Denkökonomische Erfordernisse verlangen, Erfahrungen in einfache Wirklichkeitsinterpretationen einzubauen. Das Zulassen dissonanzerzeugender Kognitionen verkompliziert das Denken. Die Vorstellung, daß jede Erkenntnis perspektivengebunden ist und damit unterschiedliche Sichtweisen in gewisser Weise dissonant nebeneinanderstehen können, läßt sich im Alltagsdenken auch dann nur schwer durchhalten, wenn man sie im Grundsatz akzeptiert.

Für das alltägliche Denken – und das schließt auch das Denken in politischen Kontexten ein – benötigen wir einfache Muster. Zu der Neigung, die Welt einfach zu sehen, gehört die Tendenz, Zusammenhänge und kausale Beziehungen auch dort zu vermuten, wo sie nicht existieren (Langer 1975). Eine Welt, die von Zufällen geprägt ist, in der der Gang der Dinge nicht einem einheitlichen Schema folgt, ist nur schwer zu verstehen und mit gedanklichen Brüchen und Inkonsistenzen belastet. Mit einfachen und allgemeingültigen Vorstellungen vermögen wir es, handlungsfähig zu bleiben.

Nur eine soziale und physische Welt, die wir in ihrer kausalen Struktur (zu) durchschauen (meinen), bietet tatsächliche oder vermeintliche Interventions- und Gestaltungsmöglichkeiten. Es wäre mit dem Selbstwertgefühl der Verfahrensbeteiligten schwer zu vereinbaren, daß sie sich in einer Mediation für die Gestaltung einer Zukunft engagieren, die sie selbst nicht in der Hand haben. Auch hier kann es leicht zu einer Überschätzung der Zwangsläufigkeit, Systematik, Gezieltheit des Geschehens kommen. Ähnliches gilt für die Beurteilung der sozialen Prozesse in der Mediation. Man muß damit rechnen, daß die Verfahrensbeteiligten, aber auch der Mediator, zufällig parallel auftretende Ereignisse in einen kausalen Zusammenhang bringen.

> Wenn in einer Umweltmediation z.B. Vertraulichkeit vereinbart wurde und gleichzeitig ein in der Mediation diskutierter Argumentationsstrang plötzlich in der Presse auftaucht, wird es nicht schwer sein, Vermutungen darüber anzustellen, wer sich nicht an die Verabredungen gehalten hat. Ein Bruch der Verabredungen muß nicht unbedingt stattgefunden haben. Es kann natürlich sein, daß andere, ohne Kenntnis der Argumentationsmuster in der Mediation, Gedanken entwickeln, die denen gleichen. Aber wer ist schon so naiv ...

> Stellen wir uns vor, der Mediator trifft sich zuerst mit der Gruppe A und geht erst dann zur Gruppe B. War das ein vielleicht terminbedingter Zufall? Natürlich nicht, dabei muß er sich doch etwas gedacht haben, vielleicht wollte er damit seine Einschätzung der Bedeutung der Gruppen zum Ausdruck bringen!

Bei der Gestaltung von Mediation müssen wir uns darüber klar sein, daß alles, was wir tun oder unterlassen, genau beobachtet wird und Deutungen unterliegt. In dieser Lage kann es helfen, zu fragen (sich selbst oder andere): Wie wird mein Handeln wirken, welche abwegigen Kausaldeutungen kann es geben? Die Antworten findet man vielleicht in Kooperation mit anderen (Supervision).

Die Stiftung kausaler Beziehungen vermindert das Gefühl, zufälligen Geschehnissen ausgeliefert zu sein. Sie ermöglicht Handlungen und befriedigt das Bedürfnis, eine Situation unter Kontrolle zu haben (Seligman 1979). Wenn die Zukunft als gestaltbar wahrgenommen werden soll, muß natürlich auch die Vergangenheit gestaltbar gewesen sein. Dem trägt die Annahme einer gerechten Welt („just world hypothesis" von Lerner 1980) Rechnung. Die Gerechte-Welt-

Hypothese besagt, daß Menschen den Glauben haben, gute Dinge würden eher guten Menschen widerfahren und schlechte Dinge schlechten Menschen. Allgemeiner formuliert: Jeder ist schuld an seinem Schicksal. Diese Zusammenhangsüberschätzung kann sich in einer Reihe mediationstypischer Argumentationsmuster niederschlagen:

„Sie (die Anwohner) hätten doch wissen müssen, daß in ihrer Wohnlage die Planung einer Durchgangsstraße auf sie zukommt. Wenn jetzt Belastungen auf sie zukommen, ist das angesichts der Tatsache, daß sie das hätten wissen können, als sie ihre Häuser kauften, nur gerecht".

„Sie (die planende Behörde) hätte den Protest der Bevölkerung doch vorhersehen müssen. Wenn sie jetzt Schwierigkeiten hat, ist es ihre eigene Schuld. Sie hätte die Bürger ja besser von Anfang an beteiligen können."

Auch die Erinnerung an die eigene Rolle in der Vergangenheit wird gestaltet. Verfahrensbeteiligte, Mediatoren, Gutachter und wissenschaftliche Begleiter tendieren dazu, sich selbst in ihrer Beurteilung der Sachlage über die Zeit hinweg als konsistent zu erleben, den eigenen Beitrag zur konstruktiven Entwicklung zu überschätzen und die eigene Destruktivität nicht zu sehen. Sie überschätzen die Bedeutung der eigenen Rolle und meinen, das als richtig Erkannte immer schon gewußt zu haben.

Man überschätzt das Ausmaß der eigenen positiven Eigenschaften, zudem werden jene Eigenschaften, die man an sich selbst als positiv wahrnimmt, höher gewichtet. Man erinnert sich eher an Dinge, die das Selbstwertgefühl stärken (Stahlberg et al. 1985). Diese Selbstüberschätzungen dienen dem Konsistenzbedürfnis der Mediationsbeteiligten, sie behindern aber das Beachten der Sichtweisen anderer. Wenn man in der Vergangenheit die Dinge so gut durchschaut hat und wenn das eigene Verhalten in der Vergangenheit so konstruktiv war, ist es naheliegend zu vermuten, daß dies auch in der Zukunft so sein wird. So haben wir, zwar psychodynamisch verständlich, aber oft ungerechtfertigt, zu wenig Vertrauen in die Sichtweisen und Kompetenzen anderer.

Vertrauen in die fachliche Kompetenz und die persönliche Integrität anderer gilt bei Mediationsverfahren als wesentliche Voraussetzung für einen konstruktiven Verfahrensverlauf. Ob wir anderen Menschen vertrauen, ist unter anderem auch davon abhängig, ob wir diese als in sich konsistent erleben. Politische Gegner können sich wechselseitig auch dann achten, wenn sie unterschiedliche Ziele verfolgen und unterschiedlichen Wertvorstellungen verpflichtet sind. Dieses Akzeptieren ist möglich, wenn man zu der Einschätzung gelangt, daß der andere im Einklang mit sich selbst handelt. Mißtrauen entsteht, wenn man andere in ihren Handlungsweisen und Urteilen nicht versteht. Dies öffnet Tür und Tor für Spekulationen.

Vertrauensbildung (Mayer et al. 1995; für Verhandlungssituationen vgl. Lewicki et al. 1994) ist seit den Sherifschen Experimenten aus den fünfziger Jahren als eine Funktion des persönlichen Sich-Kennens nachgewiesen; sie entwickelt sich aus praktischer Kooperation. Auf Vertrauen basierende Formen der Konfliktbewältigung scheinen durch persönliche Beziehungen zwischen den Konfliktbeteiligten erheblich begünstigt zu werden. In spieltheoretisch angelegten Experimenten (Gefangenendilemma) konnten Bohnet und Frey (1994) zeigen, daß kooperative Handlungsstrategien durch eine kurze Phase (zehn Minuten) des persönlichen Kennenlernens deutlich gefördert werden. Ohne die Kennenlernphase entschieden sich 12% der Versuchspersonen für kooperative Strategien, mit der Kennenlernphase 78%. Die Schnelligkeit, mit der sich in experimentellen Situationen Vertrauen aufgebaut hat und wirksam wurde, hängt möglicherweise damit zusammen, daß die am Experiment Beteiligten keine Vorerfahrungen miteinander hatten. Anders wird es sich in Situationen verhalten, in denen die Beteiligten eine lange und durch Mißtrauen geprägte gemeinsame Vorgeschichte haben. Hier gilt es zunächst, alte und verfestigte Ressentiments abzubauen, was – wenn überhaupt – nur sehr langsam gelingt.

Wie vollzieht sich der Prozeß der Vertrauensbildung? Vertrauen in Beziehungen, die – wie in einer Mediation – durch Professionalität und Rollengebundenheit gekennzeichnet sind, kann nach Lewicki et al. (1997) auf drei Grundlagen beruhen:

> *Vertrauen auf der Basis von Kalkulierbarkeit (CBT):* Das Vertrauen in andere basiert darauf, daß man erwarten kann, daß andere das tun werden, was sie sagen, weil sie sonst mit negativen Konsequenzen rechnen müßten.

> *Erfahrungsbasiertes Vertrauen (KBT):* Das Vertrauen in das Verhalten des anderen basiert auf der (langen) Kenntnis von dessen Verhaltensgewohnheiten, insbesondere auf der Erfahrung, daß der andere das zu tun pflegt, was er angekündigt hat.

> *Vertrauen auf der Basis von Identifikation (IBT):* Das Vertrauen beruht darauf, daß ich mit anderen Bedürfnisse, Ziele und Werte teile.

Der Prozeß der Vertrauensbildung erfolgt in drei Stufen. Zunächst wird Vertrauen auf der Basis von Kalkulierbarkeit und negativen Konsequenzen bei Vertrauensbruch entwickelt, dann auf der Basis von Erfahrungen und schließlich auf der Basis von Identifikation (vgl. Abb. 4).

Entscheidend für die Vertrauensbildung ist, daß der andere in seinem Handeln, Erleben und Reden als verläßlich erlebt wird (Phoenix/Champagne 1997). Der Eindruck der Verläßlichkeit wird davon abhängen, wie gut wir es vermögen, das Verhalten des anderen zu antizipieren. Dies wird nur dann gelingen, wenn wir die Randbedingungen, unter denen der andere handelt, verstehen. In

Abb. 4: The Stages of Trust Development

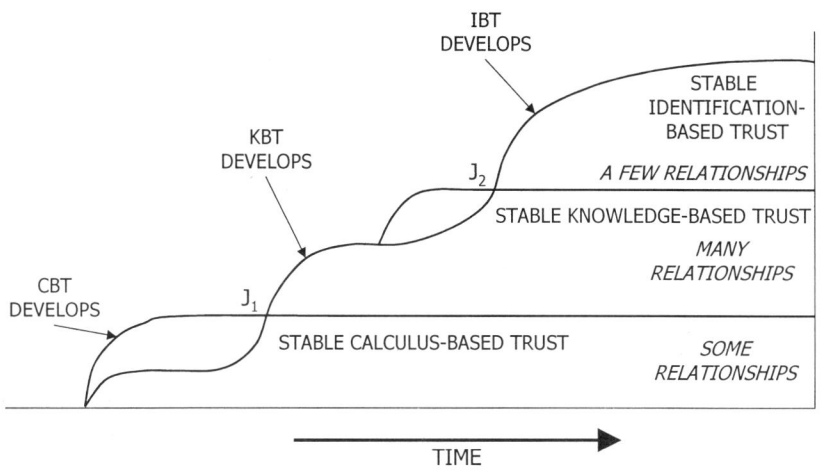

J₁ At this juncture, some CBT relationships become KBT relationships
J₂ At this juncture, a few KBT relationships where positive affect is present go on to becom IBT relationships

Quelle: Lewicki et al. (1997, Anhang)

Planungsverfahren wird Vertrauen in das Handeln einer Verwaltung nur dann entstehen können, wenn die anderen Beteiligten das Handeln der Verwaltung aus den (rechtlichen) Zwängen heraus, unter denen sie steht, begreifen. Dies kann dazu beitragen, den Eindruck abzubauen, ihr Handeln erkläre sich nur aus mangelndem Wohlwollen gegenüber einem bestimmten Anliegen.

Eine Standardschwierigkeit in kommunikativen Prozessen, die sich um Problemlösungsversuche ranken, scheint in der oft beobachtbaren Tendenz zu liegen, Verabredungen auf der Ebene der Kalkulierbarkeit als minderwertig anzusehen. Der Partner soll das Verabredete und der Sache Angemessene nicht nur deshalb tun, weil man eine entsprechende (sanktionierende) Verabredung hat; er soll darüber hinaus davon überzeugt sein, daß es richtig ist (Identifikation). Dieses Denken belastet Kompromisse. Man gibt sich mit ihnen nicht zufrieden und verlangt, daß sich alle auch mit ihnen identifizieren. Der Anspruch, daß Verabredungen immer auf Identifikation beruhen müssen, ist, wie Watzlawick (1992) sehr plastisch gezeigt hat, eine wesentliche Quelle der Entwicklung gestörter Beziehungen und neuer Probleme.

Das Prozeßmodell von Lewicki et al. sollte in Mediationsverfahren, in denen es ja zumeist um pragmatische Lösungen geht, nicht zu der Vorstellung führen, es müsse sich in der Mediation ein auf Identifikation mit der Problemlösung basierendes Vertrauen entwickeln. Es ist pragmatisch ausreichend, Probleme einer Lösung näherzubringen, gleichgültig aus welchen Motivlagen heraus die Beteiligten handeln. Diese Sichtweise entlastet von oft wenig weiterführenden Grundsatzdebatten und Wettbewerben darum, wer moralischer handelt oder – schlimmer noch – ist.

Pragmatische Lösungen, die nicht im Einklang mit Grundüberzeugungen stehen, verlangen es den Beteiligten ab, kognitive Inkonsistenzen zu ertragen. Dies macht Mediation schwierig und setzt sie der Kritik derer aus, die fundamentalistischer denken.

7. DENKBLOCKADEN

7.1 Alltagsheuristiken

Problemlösungen sind immer durch bestimmte Muster, Visionen, Daumenregeln oder – fachlich ausgedrückt – Heuristiken vorstrukturiert. Die Denkpsychologie (Selz 1913, 1922; Duncker 1935) hat bereits in ihren Anfängen für einfache Aufgabenstellungen deutlich gemacht, daß problemlösendes Denken durch vorweggenommene Vorstellungen über die Problemlösung bestimmt ist. Selz hat hierfür den Begriff der „determinierenden Tendenz" von Narziß Ach übernommen und den Begriff der „schematischen Komplexantizipation" eingeführt. Dies bedeutet: Wir benötigen für Problemlösungen Orientierungsrahmen, in die wir das Problem einordnen, und sehr grobe Vorstellungen darüber, wie die Problemlösung aussehen könnte. Denkfehler entstehen, wenn die Aufgaben in Muster eingeordnet werden, die ihnen nicht angemessen sind. Der Weg zu Problemlösungen besteht nicht in einem schrittweisen analytischen Vorgehen, sondern im Suchen nach neuen, häufig sehr anschaulichen Schemata, nach Mustern der Problemlösung, die sich bei anderen ähnlich erscheinenden Aufgaben bewährt haben (Heuristiken).

Wenn es darum geht, das Verkehrsaufkommen in einer Innenstadt zu reduzieren, kann man sich an sehr unterschiedlichen Heuristiken orientieren:

– Was einen stört, muß man verbieten.
– Wenn Menschen Unerwünschtes tun, muß man sie erziehen.
– Wenn etwas knapp ist, muß man mehr davon herstellen (neue Straßen).
– Probleme werden durch technische Innovationen bewältigt (z.B. Verkehrsleitsysteme).
– Was einen stört, muß man teuer machen.
– Die Zuteilung von Gütern (Verkehrsraum) regelt am besten der Markt.
– Die Konfliktparteien müssen miteinander reden (z.B. Mediation).

Obgleich in diesem Beispiel alle Problemlöser möglicherweise ähnliche Ziele verfolgen, können sie aufgrund unterschiedlicher Heuristiken zu unterschiedlichen Problemlösungen kommen. Diese werden dann schnell auch dazu benutzt, diejenigen, die andere Heuristiken verfolgen, zu diskreditieren (Fortschrittsfeinde, Technikfetischisten, Sozialhanseln, Neoliberale usw.). Derartige Etikettierungen sind es, die Konflikte aufbauen. Es könnte für Mediation sehr hilfreich sein, wenn die Konfliktbeteiligten ihre unterschiedlichen Auffassungen daraufhin prüften, ob es sich um unterschiedliche Gewohnheiten der Problembearbeitung handelt oder ob tatsächliche Interessengegensätze vorliegen.

Einem konfliktfreieren und sachangesseneren Umgang mit Problemsituationen könnte es dienlich sein, die Einseitigkeiten der Problemlösungsmuster (auch der eigenen) zu erkennen. Dies aber ist nicht ganz einfach, insbesondere dann nicht, wenn sich die eigenen Heuristiken im Alltag bewährt haben, wenn man sich mit ihnen sicher fühlt und wenn man in seiner Sichtweise durch ein soziales Umfeld bestärkt wird.

Wir haben offenbar Schwierigkeiten zu unterscheiden, welchen Problemlagen wir mit angemessenen Heuristiken begegnen und in welchen Fällen wir besser unserer Intuition mißtrauen sollten (Kahnemann et al. 1982/1986). Dies betrifft nicht nur gesellschaftlich relevante und konflikthafte Problemstellungen, es gilt auch für neutrale Sachfragen. Auch hier kann unser Denken versagen, weil die Problemstellungen in einer Weise gesehen und gelöst werden, die sich in anderen Kontexten als alltagstauglich erwiesen hat.

Unser Alltagsdenken ist, ohne daß es uns auffällt, in vielfältiger Weise falsch (Poundstone 1995; Piattelli-Palmarini 1997). Wenn wir versuchen, fachlich korrekt zu denken, versagt unsere Intuition gelegentlich. Es gibt offenkundig Phänomene, die wir kognitiv nicht angemessen repräsentieren können. Solche Wahrnehmungs- und Denkfallen speisen die unüberschaubare Zahl von Rätseln und Denksportaufgaben, die alle davon leben, daß es ihnen gelingt, unser Urteilen in die Irre zu führen (Gardner 1982, 1984; Krämer 1994, 1995; Rumler 1984; Poundstone 1995; von Randow 1992). Es könnte für den Umgang mit fachlich geprägten Versuchen einer Konfliktregelung, wie sie in der Mediation stattfinden, sehr hilfreich sein, die Grenzen und Fallstricke von Alltagsheuristiken besser zu verstehen und insbesondere zu begreifen, warum es uns so schwerfällt, wenig erfolgreiche Heuristiken aufzugeben. Die Denkmuster, die im alltäglichen Leben außerordentlich nützlich sind, können sich bei komplexeren Problemlagen oder auch bei zwar einfach strukturierten, aber erfahrungsfernen, wissenschaftlich abstrakten Fragestellungen, wie wir sie in der Umweltmediation vorfinden, als Denkblockaden erweisen.

7.2 Die Schwierigkeit, aus Fehlern zu lernen

Wir neigen dazu, in nachträglicher Betrachtung die Strategien und Heuristiken, die wir in der Vergangenheit verfolgt haben, in ihrem Erfolg zu überschätzen. Dies erschwert es, aus gemachten Fehlern und fehlerhaften Situationsbeurteilungen zu lernen. Wir überschätzen den Erfolg der Heuristiken, die wir zu benutzen gewohnt sind. Dieses Phänomen ist als „hindsight bias" bekannt. Der Hindsight Bias (auch „knew-it-all-along effect") beschreibt den Tatbestand, daß Menschen ihre Erinnerung an ihre eigenen fehlerhaften Urteile in der Vergangenheit korrigieren, nachdem sie den richtigen Sachverhalt erfahren haben (Fischhoff 1975; Mangelsdorff 1995; Thiele 1983). Sie sind tendenziell der Auffassung, sie hätten schon immer richtig geurteilt. Menschen haben weiter die Tendenz, im Rückblick den Gang von Ereignissen in ihrer Zwangsläufigkeit ebenso zu überschätzen wie die eigene Rolle in diesem Prozeß (Pott 1992). Der Hindsight Bias hat sich in experimentellen Untersuchungen als außerordentlich stabil gegenüber Manipulationen erwiesen (Hell et al. 1988). Für das Phänomen werden zwei Erklärungen diskutiert. Erstens: Menschen versuchen, wissend zu erscheinen (motivationale Erklärung); und zweitens: der Effekt ist Folge einer vernünftigen Informationsverarbeitung.

Hell et al. (ebd.) fanden, daß Fehler, die durch den Hindsight Bias entstehen, durch Motivation (materielle Anreize, Wettbewerbssituationen) nicht vermindert werden. Dies stützt eher die zweite Deutungsvariante. In eine ähnliche Richtung weist die Erklärung von Bröder und Erdfelder (1996), die darin besteht, daß wir in unserem Alltagsleben nur sehr selten nach früheren Überzeugungen gefragt werden. Es ist für uns somit nicht wichtig, uns korrekt an vergangene Fehlurteile zu erinnern. Wichtiger ist es, das kognitiv präsent zu haben, was sich als richtig erwiesen hat. Die empirischen Untersuchungen scheinen also eher für eine kognitive Determination zu sprechen. Dieser Befund kann jedoch insofern methodenbedingt sein, als in den typischen experimentellen Situationen die einschlägigen Motivationslagen wie Vermeidung von Gesichtsverlusten usw. nicht in ähnlicher Weise aufgebaut werden können wie in Realsituationen (vgl. Christensen-Szalanski/Jay 1991). Die Frage, ob der Bias eher kognitiv oder eher motivational determiniert ist, kann derzeit nicht abschließend geklärt werden und muß es vielleicht auch nicht, weil in konkreten Situationen beide Effekte existieren und sich vermengen können.

Es gibt Hinweise darauf, daß der Hindsight Bias in Gruppen geringer ausgeprägt ist als bei einzelnen. Gruppen haben genauere Erinnerungen an ihre tatsächlich getroffenen (auch fehlerhaften) Entscheidungen als Individuen, weil sie mehr Zeit auf die Findung ihrer (Gruppen-)Entscheidungen verwandt haben. Wenn sich Gruppen allerdings schlecht erinnern können, nehmen sie die Outcome-Information durchaus als Anker für Urteile (Stahlberg et al. 1995 auf der Basis von zwei experimentellen Studien), d.h. die Erinnerung an ihre Handlungen wird durch den Erfolg oder Mißerfolg dieser Handlungen geprägt. Die einschlägigen Untersuchungen machen aber insgesamt deutlich, daß es sowohl für einzelne als auch für Gruppen schwierig ist, aus Fehlern der Vergangenheit zu lernen und damit die eigenen Urteilsmuster und Handlungsstrategien in Frage zu stellen. Dies hängt auch damit zusammen, daß wir bei der Analyse von Problemen bevorzugt auf Informationen achten bzw. Informationen suchen, die unsere Hypothese bestätigen.

Wie überprüfen Menschen ihre Vermutungen? Diese Frage ist mit Hilfe der Selektionsaufgabe von Wason ausgiebig untersucht worden (Oswald/Gadenne 1995, S. 679):

> Die Versuchsperson (Vp) hat als Reizvorlage vier doppelseitig bedruckte Karten mit Symbolen darauf, P, Q, Non-P, Non-Q. Sie erhält die Aufgabe zu überprüfen, ob die Regel erfüllt ist: Wenn auf der einen Seite einer Karte P ist, dann ist auf der anderen Seite ein Q. Nur diejenigen Karten sollen umgedreht werden, die man zur Prüfung der Regel benötigt. Die richtige Lösung besteht darin, die Karten P und Non-Q umzudrehen, denn nur diese können eine Rückseite haben, die die Regel verletzt. Die meisten Personen wählen jedoch das in der Hypothese Thematisierte, nämlich P und Q.

Wir suchen nach dem, was wir für wichtig halten, und wir halten das für wichtig und der Analyse wert, was in der Frage, die wir uns stellen, thematisiert ist. Wichtiges und Unwichtiges sind in einer Figur-Hintergrund-Struktur präsent, wie wir es aus den Wahrnehmungsexperimenten der Gestaltpsychologen kennen. Wenn wir einen Gegenstand wahrnehmen, fokussiert sich unsere Aufmerksamkeit auf ihn in der Weise, daß wir nur ihn deutlich sehen und alle anderen optischen Reize nur noch als Umfeld, Hintergrund erscheinen. Wenn wir eine Melodie hören, verschwinden in gewisser Weise alle anderen Begleitgeräusche. Dies aber kann sich schlagartig verändern, wenn plötzlich das Telefon klingelt. Nun ist die Melodie der Hintergrund des Telefongesprächs.

In Problemlösungen werden die Aspekte eines Problems in der Terminologie der Gestaltpsychologie zur Figur, die in der Problemstellung thematisiert ist.

– Die These, unter Streß würden bestimmte Krankheitssymptome auftreten, richtet die Aufmerksamkeit stärker auf streßhaltige und weniger auf streßfreie Situationen. Wir neigen infolgedessen dazu, eher Streßsituationen zu untersuchen als streßfreie Situationen, obgleich das Verständnis beider Situationen für die Fragestellung relevant ist.

– Wenn wir uns mit konflikthaften Umweltentscheidungen befassen, rücken diese ins Blickfeld und nicht die vielen Fälle, die konfliktfrei verlaufen.

– Wenn wir uns für den Erfolg von Mediation interessieren, blicken wir auf erfolgreiche Fälle und nicht auf fehlgeschlagene.

– Eine Mediation, die sich mit der Lösung von Problemen beschäftigt, verstellt den Blick für erreichte Gemeinsamkeiten.

Die prüfstrategische Tendenz, die Aufmerksamkeit auf das in der Hypothese Vermutete zu richten, macht Bestätigungen von Vermutungen wahrscheinlicher. Allerdings, so zeigen Oswald und Gadenne (1995), sind Menschen auch in der Lage, andere, zuverlässigere und aufwendigere Prüfstrategien zu realisieren. Sie gehen davon aus, daß Menschen einen Abwägungsprozeß zwischen dem Prinzip der Anstrengungsminimierung und dem jeweiligen Bedürfnis nach Urteilssicherheit vornehmen. Hohe Belohnungen für die richtige Problemlösung führen nicht zwangsläufig zu aufwendigeren Prüfstrategien. Wovon aber hängt es nun ab, ob jemand eine aufwendigere, fehlerminimierende Strategie wählt?

Es scheint so zu sein, daß es in vielen Problemsituationen schwierig ist, richtige oder angemessene Problemlösungsstrategien zu entwickeln, weil wir relativ reflexhaft Probleme mit Heuristiken angehen, die für das Problem zwar ungeeignet sind, aber gleichwohl eine hohe Evidenz haben. Ein besseres Verständnis von Denkblockaden kann dazu beitragen, mit schnellen Urteilen in einem Problemfeld vorsichtiger zu werden und skeptischer gegenüber Problemlösungen zu sein, die man persönlich für selbstverständlich hält.

Unser intuitives Denken versagt in besonderer Weise gegenüber Problemstellungen, die mit statistischen Fragen zu tun haben (Beck-Bornholdt/Dubben 1997; Kahneman et al. 1986; Krämer 1995; von Randow 1992). Dies gilt sowohl für das Alltagsdenken als auch für den Umgang mit Statistik in der Wissenschaft. Beck-Bornholdt und Dubben haben typische Formen fehlerhaften Umgangs mit Statistik dargestellt und berichten über nicht seltene Fehleinschätzungen in der medizinischen Forschung aufgrund statistischer Mängel (ebd., S. 64). Der von ihnen kritisierte schlampige Umgang mit Statistik beschränkt sich wohl kaum auf die medizinische Forschung, in der im Vergleich zu manch anderen Disziplinen noch vergleichsweise hohe Prüfstandards gelten.

7.3 Beliebte Denkfallen

7.3.1 Unterschätzung der Base-Rate und Überbewertung unmittelbarer Erfahrungen

Schon die „normale" induktive, schlußfolgernde Statistik (Überprüfung allgemeiner Aussagen) bereitet dem intuitiven Denken oft Schwierigkeiten. Es ist nicht einfach, Laien die hinter den einschlägigen statistischen Verfahren stehende Logik zu verdeutlichen. Die Bayessche Statistik (Überprüfung von einzelfallbezogenen Aussagen; Winkler 1972) ist noch in weitaus stärkerem Maße kon-

traintuitiv. Ein in diesem Zusammenhang auftretender Fehler ist die Unterschätzung der Base-Rate (Gigerenzer 1988). Zur Verdeutlichung ein Alltagsbeispiel:

Vor zwei Jahren habe ich einen Mann mit folgenden Eigenschaften kennengelernt. Er hat schwarze Haare, geht gerne chinesisch essen, ist von kleiner, zier-
licher Gestalt und hat seinen letzten Urlaub in Peking verbracht. Handelt es
sich bei meinem Bekannten mutmaßlich eher um einen Psychologen oder um
einen Sinologen? Die Antwort sollte völlig klar sein: Es ist wesentlich wahrscheinlicher, daß es sich um einen Psychologen handelt: Erstens gibt es sehr
viel mehr Psychologen als Sinologen, und zweitens besteht ein großer Teil
meines Bekanntenkreises – wie Sie vermuten können – aus Berufskollegen,
also Psychologen (Base-Rate). Wenn Sie Sinologe dachten, haben Sie die
Base-Rate (die Grundgesamtheiten) vernachlässigt und statt dessen relativ
irrelevante Einzelfallinformationen herangezogen.

Einer Unterschätzung der Base-Rate unterliegen oft auch Experten. Die Vernachlässigung der Base-Rate ist ein häufiger und bekannter Fehler bei medizinischen Diagnosestellungen (Gigerenzer 1988).

Ein Patient hat die Vermutung, daß er unter einer seltenen (Base-Rate) Krankheit leidet. Der Labortest bestätigt die Vermutung, allerdings ist dieser Test mit
einem Fehler behaftet, d.h. es kann durchaus möglich sein, daß der Test die
Vermutung irrtümlich bestätigt. Um das Zutreffen der Vermutung im Einzelfall
nach Kenntnis des Testergebnisses abzuschätzen, muß neben anderen Kenn-
größen, die hier nicht im einzelnen dargestellt sind, berücksichtigt werden, wie
wahrscheinlich das Auftreten dieser Krankheit in der Population überhaupt ist,
der der Patient angehört. Wie wird der Arzt diagnostizieren? Natürlich wird er
seinem Test glauben, und zwar auch dann, wenn es bei Berücksichtigung des
Testergebnisses, des Diagnosefehlers und der Base-Rate auf Basis der hier einschlägigen Bayesschen Logik sehr viel wahrscheinlicher sein kann, daß der
Patient trotz des positiven Testergebnisses nicht an dieser Krankheit leidet.

Für Bayessche Problematiken kann mit Fug und Recht behauptet werden, daß
kaum jemand in seinen intuitiven Heuristiken problemangemessen vorgeht. Sie
sind jedoch für Mediationsverfahren in besonderer Weise einschlägig. Es geht in
Mediationsverfahren zumeist darum, Ableitungen aus allgemeinen Sätzen (und
das sind oft Wahrscheinlichkeitsaussagen) für ein in Frage stehendes Einzel-
projekt zu ziehen, z.B. zu den Fragen, wie wahrscheinlich das Auftreten eines
Störfalles in einem Chemieunternehmen ist oder ob ein bestimmtes elektro-
magnetisches Feld ein Kind hat erkranken lassen. Hierbei ist es irrational, sich
lediglich auf die Analysen des Einzelfalls zu verlassen. Aber eigene und unmittelbare Erfahrungen scheinen uns im Zweifel vertrauenswürdiger als systematisch aufbereitete erlebnisfernere Daten („heuristic bias" oder „Verfügbarkeitsheuristik"; vgl. Tversky/Kahnemann 1973).

Ein Autokäufer sucht nach einem neuen Auto. Er möchte einen zuverlässigen und sicheren Wagen. Er liest den Testbericht einer Fachzeitschrift, die eine Rangreihe von Fahrzeugen auf der Basis von Kundenbefragungen erstellt hat: 100 Befragungen pro Automarke. Bei dieser Erhebung schnitt ein schwedisches Fabrikat besonders gut ab. Unser Verbraucher entscheidet sich, ein solches Fahrzeug zu kaufen. Am Vorabend des Kaufs trifft er einen Bekannten, der auch solch ein Fahrzeug fährt. Dieser rät vom Kauf ab und schildert plastisch seine leidvollen Erfahrungen. Unser Verbraucher entscheidet sich nun doch für ein anderes Modell. Dieses Entscheidungsverhalten ist natürlich irrational. Die Basis, auf die er seine Informationen gründet, hat sich lediglich von 100 Befragten auf 101 Befragte erhöht, und das Ergebnis hat sich damit nur marginal verändert. Es findet eine Überbewertung der eigenen Erfahrung gegenüber systematischen Fremderfahrungen statt.

Solche Bewertungsfehler unterlaufen Mediationsbeteiligten fortwährend. So könnten sie z.B. wissen, daß sich Herr X über Jahre hinweg als zuverlässig und integer erwiesen hat. Gleichwohl fällt das alles nicht mehr ins Gewicht, wenn er sich nur einmal in einer Sitzung mißverständlich äußert. Diese unmittelbare konkrete Erfahrung wiegt dann mehr als alles systematische Wissen. Oder: Eine bildhafte Schilderung der Lärmbelastung einer Straße kann in einer Mediation einen stärkeren Eindruck hinterlassen als differenzierte Schallmessungen.

7.3.2 Vernachlässigung der statistischen Regression

Unter statistischer Regression versteht man folgendes Phänomen: Wird in einer Erhebung eine Teilstichprobe selegiert, die extreme Werte aufweist, wird diese bei einer Wiederholungsmessung allein aufgrund der Zufallsschwankungen der Meßwerte einen Mittelwert annehmen, der sich in Richtung auf den Mittelwert der Gesamtstichprobe verschoben hat. Dies ist Folge systematischer Fehlerschwankungen in der Messung. Je größer der Meßfehler ist, desto größer ist auch dieser Effekt.

Nehmen wir an, eine Großstadt würde bei allen Bürgern die Zufriedenheit mit ihrem Wohnumfeld erheben. Es zeigt sich, daß die Bewohner eines bestimmten Quartiers besonders unzufrieden sind. Die Kommune beschließt, nun etwas zur Verbesserung der Wohnumfeldbedingungen in diesem Quartier zu tun. Sie pflanzt z.B. Bäume und verändert für viel Geld die Infrastruktureinrichtungen. Einige Jahre später wird die Erhebung wiederholt, und es zeigt sich, daß die Bewohner dieses Quartiers nun nicht mehr das Schlußlicht in der Statistik bilden. Also, so die Folgerung, war die Maßnahme wirkungsvoll. Diese Folgerung ist aber nicht zwingend. Es kann sich hierbei auch um einen Regressionseffekt handeln. Wäre das so, hätte die Kommune ihr Geld nicht gut eingesetzt.

Man kann sich den Effekt klarmachen, wenn man als Extremfall unterstellt, daß die Meßwerte vollständig zufällig zustande kamen. Auch dann wird es Teilgruppen geben, die per Zufall höhere bzw. niedrigere Werte aufweisen. Bei einer Wiederholungsmessung allerdings wäre das so nicht replizierbar.

Natürlich gibt es Untersuchungsplanungen und statistische Methoden, mit deren Hilfe solche Effekte abschätzbar werden. Diese finden aber in Feldstudien kaum Anwendung, obwohl sie gerade bei oft sehr stark fehlerbelasteten psychologischen und soziologischen Erhebungen erforderlich wären.

Der Regressionseffekt kann durch den Placebo-Effekt verstärkt werden. Das vermeintlich in besonderer Weise belastete Quartier erfährt besondere Aufmerksamkeit und Zuwendung durch die Kommune. Dies kann – ebenfalls unabhängig von der spezifischen Maßnahme – zu Urteilsveränderungen führen, die in die gleiche Richtung weisen.

Artefakte, die auf Regressions- und Placebo-Effekte rückführbar sind, können auch in der Bewertung von Mediationsverfahren insgesamt oder bei der Bewertung spezifischer Interventionsstrategien in den Verfahren ein große Rolle spielen:

> Wenn Mediationsverfahren in besonders schwierig erscheinenden Situationen durchgeführt werden, kann aufgrund der genannten Effekte ihre Wirksamkeit überschätzt werden.

> Ein Mediator, der in einer kritischen Situation eine Maßnahme ergreift und im Anschluß eine Entspannung der Situation feststellt, kann dem gleichen Irrtum in der Bewertung dieser Intervention unterliegen.

Zeigt eine Person oder eine Gruppe sowohl konstruktive als auch destruktive Verhaltensweisen und reagiert der Mediator mit positiven bzw. negativen Feedbacks darauf, so kann er sich in der spezifischen Wirksamkeit seiner Interventionen leicht täuschen, wenn die Verhaltensschwankungen zufällig erfolgen oder von nicht kontrollierbaren Außenbedingungen abhängen.

Interveniert er im Schwankungszyklus relativ spät, wird er die Erfahrung machen, daß auf seine positiven Feedbacks kurz darauf negative Folgen eintreten, auf negative Feedbacks hingegen relativ bald positive Verhaltensweisen (vgl. Abb. 5).

Er wird die Effektivität seiner negativen Feedbacks entsprechend hoch einschätzen. Interveniert er sehr frühzeitig im Schwankungszyklus des Verhaltens, wird er die genau umgekehrte Erfahrung machen: Er wird seine positiven Feedbacks für wirkungsvoll halten, die negativen hingegen für kontraproduktiv.

In beiden Fällen aber irrt er sich. Das Verhalten war völlig unabhängig von seinen Interventionen. Aber wer gesteht sich das gern ein?

Abb. 5: Überschätzung negativer Feedbacks

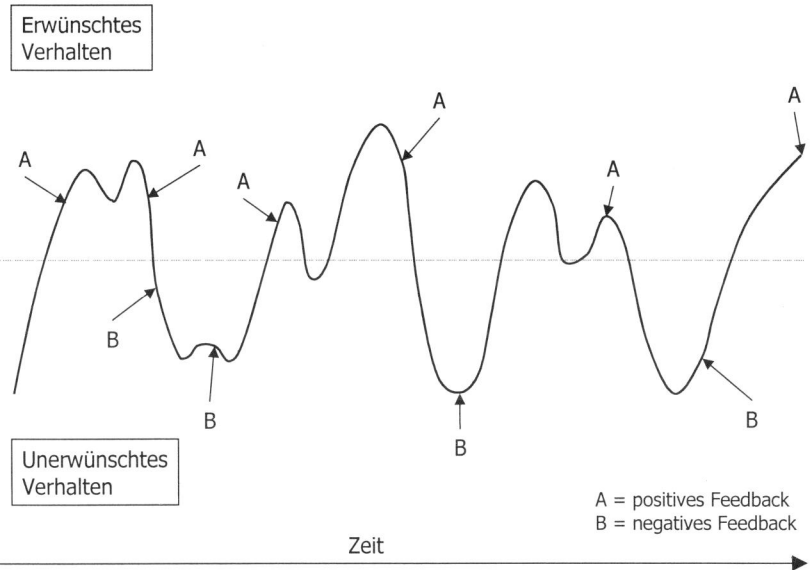

7.3.3 Der texanische Scharfschütze

In komplexen statistischen Untersuchungen ist ein Fehler sehr verbreitet, der als Problem des texanischen Scharfschützen bezeichnet wird (Beck-Bornhold/Dubben 1997, S. 38):

> Ein Schütze schießt auf eine Tür. Nach einigen Schüssen trifft er sie. Anschließend geht er zu dem Einschußloch und malt konzentrische Kreise um den Einschuß. Hurra, ruft er dann, ich habe ins Zentrum getroffen!

Die gleiche Grundstruktur findet man gelegentlich auch in Gutachten, die in Umweltmediationsverfahren relevant werden. Schrotschußartig wird eine Unzahl von Variablen erhoben. Irgendwann findet man selbstredend eine „bedeutsame" Variable. Solche „Funde" ergeben sich ebenso zufällig, wie man zufällig richtige Zahlen im Lotto tippen kann. Sie haben also möglicherweise nichts zu bedeuten.

> In einer epidemiologischen Studie werden 20 medizinische Parameter mit zehn Umweltbelastungsparametern in Verbindung gebracht. Es ergaben sich 200 Zusammenhangsmaße (Korrelationen). Wenn sich nun z.B. sechs Korrelatio-

75

nen auf einem 5%-Niveau als signifikant erweisen, muß das nichts bedeuten. Auch bei Zufallszahlen würden wir zehn signifikante Zusammenhänge erwarten können. Erscheinen nun aber die ermittelten Zusammenhänge irgendwie plausibel, werden sie sehr leicht zum Faktum, das politikprägend werden kann.

7.3.4 Problemlösungsrahmen

Was wir wie beurteilen, hängt von den Bezugsrahmen (Frames) ab, in denen wir denken (Beckmann/Mattenklott 1985). Dies macht die folgende, immer wieder herangezogene bildhafte Metapher deutlich: Neun Punkte sollen mit vier geraden Linien verbunden werden, ohne abzusetzen.

Abb. 6: Das 9-Punkte-Problem

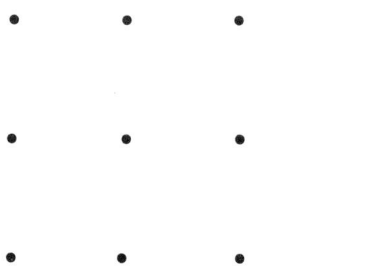

Aufgabe: Verbinden Sie die 9 Punkte mit
4 geraden Linien, ohne abzusetzen.

Eine Lösung des Problems ist erst dann möglich, wenn der Raum, der durch die neun Punkte abgesteckt ist, verlassen wird. Die vorgegebene Definition des Problems behindert Lösungen, die außerhalb des Problemlösungsrahmens liegen (vgl. Abb. 7).

Bezugsrahmen richten unsere Phantasie auf bestimmte Arten der Problemlösung und blenden andere aus. Wir bemühen uns, Problemlösungen zu finden, die mit unserem jeweils gegebenen Bezugsrahmen konsistent sind. Hierzu ein Beispiel aus dem Bereich der Entwicklung sozialer Strategien:

> Der Personalleiter eines Bezirksamts hat die Anweisung erhalten, das Image des Bezirks durch Einflußnahme auf das Verhalten der Mitarbeiter zu fördern. In einer Studie hatte sich nämlich ergeben, daß die Bezirksverwaltungen im Vergleich zu den Hauptverwaltungen einen schlechten Ruf genießen. Dieses Gefälle soll nun beseitigt werden. Der Personalleiter ruft also seine Mitarbeiter

Abb. 7: Lösung des 9-Punkte-Problems

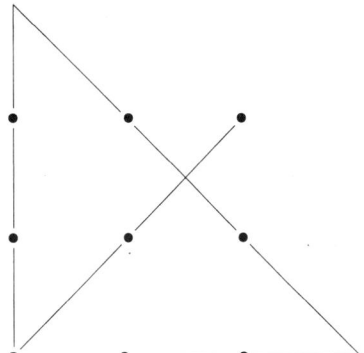

zusammen und erklärt ihnen: „Wenn man z.B. auf der Straße eine Frau trifft, die gebrechlich ist und darum bittet, man möge ihr doch helfen, die Straße zu überqueren, könnte man dies sehr freundlich tun und anschließend kurz bemerken, daß man im Bezirksamt X arbeitet." Da meldet sich ein jüngerer Mitarbeiter und schlägt statt dessen vor: „Man kann doch auch sagen: Sieh doch zu, wie Du über die Straße kommst, Du alte Schnepfe, und ... übrigens: Ich arbeite in der Hauptverwaltung."

Obgleich die zweite vorgeschlagene Handlungsoption wahrscheinlich gut geeignet wäre, das Imagegefälle zwischen Haupt- und Bezirksverwaltung zu mindern, kommt sie einem normalerweise kaum in den Sinn, erscheint abwegig und hat wenig Chancen auf Realisierung. Dies vermutlich deshalb, weil sie mit üblichen Normen sozialen Handelns, die hier als Bezugsrahmen dienen, schwer vereinbar ist.

Bezugsrahmen strukturieren („framen") die Ausprägung quantitativer Urteile. Ostrom (1970) ließ in einer klassischen Untersuchung Versuchspersonen das Strafmaß für eine Person festlegen, die in einem Kaufhaus eine Bombe gelegt hat. Das Strafmaß fiel deutlich höher aus, wenn den Testpersonen gesagt wurde, der Strafrahmen liege zwischen einem und 30 Jahren im Vergleich zu einer anderen Gruppe, der gesagt wurde, er bewege sich zwischen einem und fünf Jahren. In der Umweltmediation spielen ähnliche Bezugsgrößen eine wichtige Rolle: Wie gehen andere Kommunen mit ihrem Müll um? Wo liegen Grenzwerte? Wie sind die derzeitigen Belastungswerte? Ohne derartige Bezugsgrößen sind hier Beurteilungen und Entscheidungen kaum möglich, aber: Sie beeinflussen die Urteilsfindung.

„Framing" hat entscheidenden Einfluß auch auf die Bewertung einer Mediation. Man kann Kompromisse positiv oder negativ framen (Bazerman 1983), man kann das thematisieren, was bereits erreicht wurde, oder auf noch offene Probleme fokussieren. Je nach Framing kann ein bestimmter Diskussionsstand im Mediationsverfahren als zufriedenstellend oder indiskutabel erlebt werden und zur Weiterführung bzw. zum Abbruch des Verfahrens beitragen.

Framing-Prozesse gibt es bereits in der Frühphase einer Mediation bei der Definition dessen, was als Problem angesehen werden soll, was in die Problembearbeitung einbezogen oder ausgeblendet wird. Da, wie inzwischen alle wissen, alles mit allem zu tun hat, man in einer konkreten Problemsituation aber nicht alle Probleme lösen kann, sondern lediglich einige (wenn es gutgeht), müssen Problemgrenzen gezogen werden. Diese Grenzen sind künstlich, aber man kommt ohne sie nicht aus. Es muß ein Bezugsrahmen abgesteckt werden, in dem das Problem behandelt wird.

> In der Umweltmediation treffen in aller Regel Politik, Verwaltungen, Industrie, Bürgerinitiativen und Umweltverbände aufeinander. Sie diskutieren z.B. die Erweiterungsplanung eines Flughafens. Diese Planung hat jedoch Auswirkungen, die durch die Zusammensetzung der Runde in ihren Interessen nicht repräsentiert sind. Die Erweiterung würde möglicherweise Arbeitsplätze schaffen. Warum sollte man nicht die Arbeitsämter oder auch Selbsthilfegruppen von Arbeitslosen mit einbeziehen? Die Planung tangiert andere Verkehrsträger. Warum also sollten nicht auch Vertreter der Bahn oder des ADAC teilnehmen? Das würde ausufern. Irgendwo muß man offensichtlich eine Grenze ziehen, die das Problem umschließt, ihm einen Rahmen gibt. Aber wo? Hier scheinen soziale Konventionen eine große Rolle zu spielen, die festlegen, was zu dem Problem gehört und was nicht.

Möglicherweise wurden in einer Konfliktlage die Grenzen bislang so gezogen, daß das Problem nicht lösbar war. Gelegentlich zwingt das Problem auch einen Problemlösungsrahmen auf, der erst gedanklich gesprengt werden muß. Mediation bietet hier die Chance, einen neuen Zuschnitt der Problemlage zu kreieren und damit Problemlösungen durch kognitive Neustrukturierung eine Chance zu geben.

7.3.5 Berücksichtigung irrelevanter Informationen bei gleichwertigen Alternativen

Manchmal muß man auch dann Entscheidungen treffen, wenn man eine Situation nicht hinreichend durchschaut. Man könnte – im Grenzfall, wenn man nichts über die Folgen der Handlungsalternativen weiß oder deren Auswirkungen vergleichbar sind – zwischen den Möglichkeiten losen. Aber dagegen sträubt sich unser Inneres. Wir wollen Gründe für unsere Entscheidungen haben. Wenn es keine gibt, suchen wir sie oder ziehen Informationen zur Entscheidung heran, die irrelevant sind.

Ellsbergs Paradoxon: Versuchen Sie, aus einer Urne eine rote Kugel zu ziehen. Sie haben zwei zur Auswahl. In der einen befinden sich 50% rote und 50% schwarze Kugeln, in der zweiten befinden sich auch rote und schwarze Kugeln, Sie wissen aber nicht, in welchem Mischungsverhältnis. Aus welcher Urne würden Sie lieber eine Kugel ziehen?

Abb. 8: Ellsbergs Paradoxon

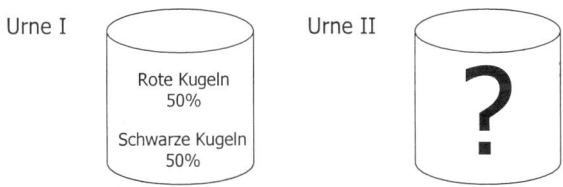

Urne I: p (rot) = .5/p (schwarz) = .5
Urne II: p (rot) = .5/p (schwarz) = .5

Die meisten Menschen bevorzugen die erste. Hier fühlt man sich sicherer. Tatsächlich jedoch ist es gleichgültig, in welche Urne man greift. Die Chancen, eine rote Kugel zu ziehen, sind immer gleich, nämlich 50:50. Unser Denken allerdings wehrt sich gegen diese Beliebigkeit.

Wir suchen irrelevante Theorien, Gründe und Informationen, um vor uns selbst und vor anderen unsere Entscheidungen zu rechtfertigen. Menschen und Gruppen versuchen, eine Situation oft auch dann durch rationale Bewertungen unter Kontrolle zu halten, wenn ein solches Vorgehen lediglich zeitraubend ist.

In den USA hat sich folgendes Verfahren zur Auswahl eines Mediators eingebürgert: Den Streitparteien wird eine (lange) Liste möglicher Mediatoren vorgelegt. Diese sind über die entsprechenden Fachgesellschaften leicht zu finden. Die Verfahrensbeteiligten streichen nun abwechselnd die Mediatoren von der Liste, die sie nicht wollen. Niemand muß seine Entscheidungen begründen. Wer übrigbleibt, wird es. Als wir ein entsprechendes Vorgehen in einem Mediationsverfahren in Deutschland vorschlugen, regte sich Widerstand. Das erschien zu willkürlich. Man diskutierte, setzte einen Ausschuß ein, vertagte sich und stimmte schließlich ab. Damit fühlte man sich erheblich wohler, obgleich dieses

Vorgehen gegenüber dem schematischen Streichen erhebliche Nachteile hat. Es ist sehr viel aufwendiger, Minderheiten kommen weniger zum Tragen, die vorgebrachten Argumente sind für die meisten schwer überprüfbar.

Ähnlich verhält es sich mit dem Wunsch, alle Aspekte einer Entscheidung ausdiskutieren zu wollen. Bei der Entscheidung für einen von zwei möglichen Standorten einer Anlage, die niemand in seiner Nachbarschaft haben will, könnte man losen, wenn die Standorte hinsichtlich aller relevanten Maßstäbe, die sinnvollerweise vorab definiert werden, vergleichbar sind. Das tut aber niemand, viel lieber beginnt man dann, über alle möglichen Nebenaspekte zu debattieren und nach langem Diskurs abzustimmen, ohne zu erkennen, daß dies nicht mehr zu einer rationalen Entscheidung beiträgt, sondern vielmehr die Gefahr besteht, daß nebensächliche Maßstäbe relevante zu überlagern drohen.

7.3.6 Informationsasymmetrien

Welche Auswirkungen es auf Verhandlungsstrategien hat, wenn unterschiedlichen Akteuren unterschiedliche Informationen zur Verfügung stehen, ist oft schwierig einzuschätzen.

> Ein Gegenstand hat einen Wert zwischen 0 und 100 DM: Jeder Wert ist gleich wahrscheinlich. Für einen Käufer, der sich für diesen Gegenstand interessiert, hat er einen Wert, der den oben genannten Wert um 50% überschreitet, so daß (ihm) eine Transaktion sinnvoll erscheint. Der Verkäufer kennt den Wert des Gegenstandes genau und wird einem Verkauf nur zustimmen, wenn der Kaufpreis mindestens diesem entspricht. Der Käufer kennt den Wert des Gegenstandes nicht. Frage: Wieviel DM darf der Käufer bieten, ohne daß er ein schlechtes Geschäft macht? Antwort: Bei jedem Kauf, der auf sein Angebot zustande kommt, ist die Wahrscheinlichkeit größer, daß er ein schlechtes Geschäft macht, als die Chance, daß ein Geschäft zustande kommt, das für ihn akzeptabel ist. Nehmen wir an, der Käufer hätte 20 DM geboten und der Verkäufer hätte diesen Preis akzeptiert. Da der Verkäufer nur in den Verkauf einwilligt, wenn der gebotene Preis dem Wert des Gegenstandes entspricht oder höher ist, hat der Gegenstand einen Wert zwischen 0 und 20 DM. Da alle Werte gleich wahrscheinlich sind, sind 10 DM die beste Schätzung für den Wert des Gegenstandes. Für den Käufer hat der Gegenstand einen Wert, der um 50% den Wert übersteigt, den dieser Gegenstand für den Verkäufer hat. Legt man die beste Schätzung für den Wert des Gegenstandes zugrunde und rechnet diese 50% hinzu, kommt man auf einen Wert von 15 DM, der die beste Schätzung für den Wert des Gegenstandes für den Käufer darstellt. Da er aber 20 DM bezahlt, wird er ein schlechtes Geschäft machen. Eine analoge Struktur würde sich bei jedem anderen Gebot auch ergeben. Die Informationsasymme-

trie zwischen Verkäufer und Käufer führt zu einem unvermeidlichen Verhandlungsvorteil des Verkäufers, der auf jeden Fall verhindert, daß der Verkäufer Verluste macht, bei welchem Preis auch immer. Der Informationsnachteil des Käufers wird auch nicht dadurch aufgewogen, daß er ein größeres Interesse an dem Gegenstand hat als der Verkäufer. Unter der Randbedingung der Informationsasymmetrie sind für den Käufer schlechte Geschäfte immer wahrscheinlicher als gute.

Informationsasymmetrien haben in Sonderheit dann nachteilige Auswirkungen auf den schlechter Informierten, wenn es sich wie im obigen Beispiel um (1) Nullsummenspiele handelt, bei denen (2) der besser Informierte jede Lösung ablehnen kann, die für ihn erkenntlich von Nachteil ist. Jedes Verhandlungsergebnis liegt dann im Gewinnbereich des besser Informierten. Der schlechter Informierte kann nur mehr oder weniger verlieren. Das Verhandlungsergebnis kann nur dann für beide günstig sein, wenn die Verhandlung den Charakter des Nullsummenspiels verliert. Dies wird möglich, wenn der Verhandlungsbereich ausgeweitet wird. Wird über mehrere Dinge im Verbund verhandelt, können beide Verhandlungspartner profitieren, wenn für sie das zur Verhandlung Stehende unterschiedlichen Wert besitzt. Konstruktive Verhandlungsprozesse in Mediationsverfahren setzen somit zweierlei voraus: den Abbau von Informationsdefiziten und die Ausweitung der Verhandlungsgegenstände. Mediation bietet die Chance zu beidem. Man muß sie nur nutzen. Wer in Situationen verhandeln will, die Nullsummenspielen ähneln, und es mit besser informierten Partnern zu tun hat, darf nicht darauf vertrauen, daß er solides Wissen durch geschicktes Verhandeln ersetzen kann.

7.3.7 Überbewertung von Erstinformationen

Wir urteilen oft schnell. Manchmal zu schnell.

Versuchspersonen werden gebeten, eine Multiplikationsaufgabe zu lösen. Die eine Gruppe erhält die Aufgabe: 8 x 7 x 6 x 5 x 4 x 3 x 2 x 1, eine zweite Gruppe die Aufgabe 1 x 2 x 3 x 4 x 5 x 6 x 7 x 8. Beide Gruppen haben fünf Sekunden Zeit, um das Ergebnis zu schätzen. Im Mittel schätzt die erste Gruppe den Wert 2.250 und die zweite Gruppe den Wert 512 (der wahre Wert beträgt 40.320) (nach Kahnemann et al. 1986, S. 15).

Zwei Urteilstendenzen können festgehalten werden: (1) Multiplikative Verknüpfungen werden numerisch unterschätzt (vgl. auch das bekannte Beispiel des Schachspielers, der sich als Prämie für seinen Sieg Reiskörner wünscht: eines auf dem ersten Feld, zwei auf dem zweiten, vier auf dem dritten, acht auf dem vierten, 16 auf dem fünften usf. bis zum 64. Feld, auf dem die Reismenge die

Welternten vieler Jahre deutlich überschreitet). (2) Die Abfolge, in der die Aufgabe gelöst wird, beeinflußt das Ergebnis. Die Urteilsbildung erfolgt anhand der ersten Multiplikationsschritte.

Dies gilt nicht nur für mathematische Aufgaben, sondern auch für alltagsnahe Schlußfolgerungen.

> Ein Kommissar soll entscheiden, ob sich ein Zeuge geirrt hat. Der Kommissar hat folgende Informationen:
>
> Version 1: Entweder ist der Verbrecher mit dem Wagen gekommen, oder der Zeuge hat sich geirrt. Hatte der Verbrecher einen Komplizen, dann ist er mit dem Wagen gekommen. Der Verbrecher hatte keinen Komplizen und hatte den Schlüssel nicht, oder er hatte einen Komplizen, und er hatte den Schlüssel. Der Verbrecher hatte den Schlüssel.
>
> Version 2: Der Verbrecher hatte den Schlüssel. Der Verbrecher hatte keinen Komplizen und hatte den Schlüssel nicht, oder er hatte einen Komplizen, und er hatte den Schlüssel. Hatte der Verbrecher einen Komplizen, dann ist er mit dem Wagen gekommen. Entweder ist der Verbrecher mit dem Wagen gekommen, oder der Zeuge hat sich geirrt.

Version 1 und Version 2 unterscheiden sich lediglich in der Abfolge der Informationen. Bei Version 2 ist es wesentlich leichter, eine zutreffende Schlußfolgerung zu ziehen (der Zeuge hat sich nicht geirrt). Gute Informationsabfolgen ermöglichen richtige Schlüsse (nach Berrondo 1989, S. 51).

Auch das allgemeine, alltagsnahe schlußfolgernde Denken wird von Erstinformationen geprägt. Wenn diese aber anderen logisch nachgeordnet sind, kann es schwierig werden, die Struktur eines Problems zu erkennen. Die Abfolge, in der wir Informationen aufnehmen oder anbieten, entscheidet oft mit, ob wir ein Problem lösen können bzw. wie wir es lösen. Erstinformationen strukturieren den Analyserahmen auch in der Mediation. Sie prägen die Urteile, die über das Verfahren, den Mediator und den Problemrahmen abgegeben werden, und sie sind nur noch schwer zu korrigieren. Aber was ist eine gute Informationsabfolge?

— Die Informationen müssen aufeinander aufbauen.
— Allgemeinere Problemanalysen haben zeitlich Vorrang vor speziellen Fragen.
— Es darf nicht eine Problemsichtweise dadurch bevorzugt werden, daß ihr das Privileg zukommt, immer als erste präsentiert zu werden, und die Vertreter der anderen Sichtweise dann nur in dem vorgeprägten Rahmen argumentieren (können).

Die prägende Kraft der Erstinformation gilt ebenso für die Implementierung eines der Mediation dienlichen sozialen Umgangs. Die schlimmsten Fehler kann ein Mediator also am Anfang machen. Es ist falsch zu denken, alles werde sich schon allmählich richten; die Weichenstellungen müssen, wie schon Macciavelli wußte, am Anfang erfolgen, unter Umständen auch dann, wenn es hart ist. Bei Beginn einer Mediation kann der Mediator relativ leicht ein Setting durchsetzen, das der Mediation dienlich ist. Später, wenn sich erst anderes eingespielt hat, wird er sich damit schwerer tun.

7.3.8 Vernachlässigung relevanter Informationen aus vorangegangenen Prozeßschritten

Gelegentlich ist es wichtig zu wissen, wie eine Situation entstanden ist. Erst die Betrachtung des Prozesses gestattet eine richtige Lösung.

In einem Ratespiel kann man das gewinnen, was sich hinter einer von drei Türen verbirgt, indem man auf diese Tür zeigt. Hinter zwei Türen verbirgt sich je eine Ziege, hinter einer ein Ferrari. Unterstellen wir eine wenig ökologisch geprägte Präferenzstruktur und nehmen an, Sie wollten gern den Ferrari gewinnen. Ein Spielleiter, der weiß, was sich hinter welcher Tür verbirgt, führt Sie durch das Spiel. Er bittet Sie, auf eine der drei Türen zu zeigen. Nachdem Sie das getan haben, öffnet der Spielleiter eine der verbleibenden Türen und zeigt Ihnen, daß sich hinter dieser Tür eine Ziege befindet. Nun sind noch zwei Türen verschlossen. Der Spielleiter fragt Sie, ob Sie bei Ihrer ersten Wahlentscheidung bleiben wollen oder ob Sie sich für die andere noch verschlossene Tür umentscheiden wollen.

Wenn Sie sich sagen, daß die Chancen bei zwei verbleibenden Türen 50:50 sind und es also gleichgültig ist, ob Sie sich umentscheiden oder nicht, und Sie deshalb bei der alten Entscheidung bleiben, befinden Sie sich in guter Gesellschaft. Allerdings haben Sie einen Fehler gemacht. Würden Sie sich umentscheiden, hätten Sie Ihre Chancen, einen Ferrari zu gewinnen, verdoppelt. Warum? Ursprünglich haben Sie sich für eine von drei Möglichkeiten entschieden. Ihre Gewinnchancen waren also ein Drittel. Zwei Drittel der Chancen lagen bei den beiden anderen Türen. Nachdem nun eine der anderen Türen geöffnet wurde und sich hinter dieser eine Ziege verbarg, ist die Chance, daß sich der Ferrari hinter der Tür, auf die Sie ursprünglich gezeigt haben, befindet, unverändert bei einem Drittel geblieben. Die Chance, daß sich hinter der nun noch geschlossenen Tür der Ferrari verbirgt, hat sich auf zwei Drittel erhöht. Sie verdoppeln also Ihre Gewinnchance, wenn Sie sich bei der Frage, ob Sie wechseln wollen, umentscheiden. Sollten Sie das nicht einsehen, würden Sie sich auch in guter Gesellschaft durch Fachverstand Berufener befinden; aber vielleicht lesen Sie auch das Buch von Gero von Randow (1992).

Was macht es so schwer, die richtige Lösung (Wechseln) einzusehen? Vielleicht ist es folgender Grund: Der zweite Schritt wird kognitiv vom ersten getrennt. Die zurückliegenden Informationen des ersten Schrittes können nicht mit der neuen Entscheidungssituation verknüpft werden. Das wird zu kompliziert, und man „vergißt" das Vergangene. Ein neues Spiel, ein neues Glück! Die Berücksichtigung von Prozessen ist zu kompliziert.

Wie gehen wir in der Umweltdiskussion mit Prozessen um? Vielleicht ist es bei manchen Problemstellungen günstig, sich zu vergegenwärtigen, wie es zu etwas kam, welche Entwicklung dem Status quo zugrunde liegt oder welchen Schwankungen Trends unterliegen, also nicht nur auf die aktuelle Situation zu blicken.

Für das Verständnis einer Konfliktsituation ist es wichtig zu verstehen, wie dieser Konflikt entstanden ist, welchen Verlauf er genommen hat und welche Maßnahmen sich bislang als wenig weiterführend erwiesen haben. Zum Verständnis von Fakten muß man wissen, wie sie zu Fakten wurden, welche Erfahrungen oder Erhebungsmethoden ihnen zugrunde liegen usw.

7.3.9 Der „lost-cost error"

Die Orientierung an der Vergangenheit kann jedoch auch zu Fehlurteilen führen. Ein Fehler dieser Art, der in besonderer Weise für Mediation interessant ist, ist der „lost-cost error". Dieser „Irrtum der verlorenen Kosten" beschreibt das folgende Phänomen: Wenn Menschen bereits in eine Handlungsstrategie investiert haben (Zeit, Geld, Ansehen), ist es schwer für sie, diese Strategie zu verändern. Sie glauben, mit einem Strategiewechsel wäre ein Verlust der bereits getätigten Investitionen verbunden (vgl. z.B. die von Keck 1984 beschriebene Geschichte des Schnellen Brüters).

In Mediationsverfahren zu umweltrelevanten Projekten trifft man sich in aller Regel, nachdem die Konfliktparteien bereits viel in das in Frage stehende Projekt investiert haben (Zeit, Geld, Emotionen, Reputation). So wird denjenigen, die für die Nichtrealisierung des Vorhabens plädieren, regelmäßig entgegengehalten, daß dann die bereits angefallenen Kosten abgeschrieben werden müßten.

Aus einer ökonomischen bzw. spieltheoretischen Betrachtung heraus ist dieses Verhalten irrational (Pott 1992): In der Argumentation wird übersehen, daß bereits getätigte Investitionen auf keinen Fall zurückgeholt werden können. Rational wäre es, diese Kosten nicht zu berücksichtigen und von der jetzt gegebenen Situation ausgehend zu entscheiden.

7.3.10 Beibehalten von Handlungsmustern

Menschen wehren sich auch unabhängig von Kosten-Nutzen-Kalkulationen gegen Veränderungen (Veränderungswiderstand). Wir neigen dazu – so diese Deutung –, etablierte Handlungsmuster aufrechtzuerhalten, und wehren uns gegen Störungen und Unterbrechungen dieser Muster.

Das folgende Beispiel macht deutlich, wie sich die Schwierigkeit, bestimmte Situationen gedanklich zu durchdringen, mit der Tendenz verbindet, von einmal eingeschlagenen Wegen, Denkgewohnheiten oder Handlungsvornahmen nicht abzuweichen.

> Die verlorenen Theaterkarten: Stellen Sie sich vor, Sie sind Student und haben sich eine Theaterkarte gekauft. Die Karte hat 50 DM gekostet. Das war für Sie viel Geld. Sie stellen vor Betreten des Theaters fest, (I) daß Sie die Karte verloren haben. Was tun Sie? Sie haben zwei Möglichkeiten: (a) Sie gehen nach Hause, (b) Sie kaufen sich einen neue Karte, die wiederum 50 DM kostet. In einer zweiten Situation (II) stellen Sie kurz vor dem Theater fest, daß Sie aus Ihrer Hosentasche 50 DM verloren haben. Was tun Sie nun? Auch jetzt haben Sie wieder zwei Möglichkeiten: (a) Sie verkaufen Ihre Karte an einen Interessenten für 50 DM und gehen nach Hause, oder (b) Sie gehen ins Theater.

Die Problemlösungen Ia und IIa sind ökonomisch äquivalent. In beiden Fällen sieht man das Theaterstück nicht und hat einen Verlust von 50 DM zu beklagen. Ebenfalls äquivalent sind die Lösungen Ib und IIb. Bei diesen Lösungen sieht man das Theaterstück und muß mit Kosten von 100 DM leben. Trotz dieser Äquivalenz verhalten sich Versuchspersonen in den beiden Situationen völlig unterschiedlich. In der Situation I gehen die meisten nach Hause, in der Situation II gehen die meisten ins Theater. Was ist hier stärker als die ökonomische Rationalität? In den beiden jeweils nicht präferierten Handlungsmöglichkeiten (Ib, IIa) ist die Aufnahme einer neuen Handlung erforderlich (Kauf einer neuen Karte, Verkauf der Karte), während die präferierten Handlungsweisen den Abschluß der gegebenen Handlungskette ermöglichen. Man bringt das Unangenehme gewissermaßen hinter sich. Das Beibehalten eines Handlungsmusters kann ein so starker Impuls sein, daß es auch trotz dagegensprechender Rationalität präferiert wird. Die fatalen Folgen, die dies in Gruppenprozessen wie Mediation haben kann, werden in Kap. 9.3 näher erörtert.

7.4   Umgang mit Komplexität

Mediationsverfahren haben es in aller Regel mit komplexen Problemlagen zu tun. Die Komplexität eines Problemfeldes ist nicht per se gegeben. Komplexität ist eine Eigenschaft unserer Problemsicht, unserer Theorien über Realität. Über die Komplexität der Realität selbst können wir nichts sagen. Wir können immer nur über unsere Vorstellungen von Realität reden, und diese sind oft vielfältig und kontrovers. Es hat keinen Sinn, über die Komplexität von Alltagsrealität zu reden (Herrmann 1979, S. 79). Komplexität ist keine Eigenschaft eines Problems, sondern seiner Erscheinungsform. Wie komplex eine Sache erscheint, ist Folge des Auflösungsgrades, mit dem wir ein Problem betrachten. Mit einem Wechsel des Standorts aber kann dieser verändert werden. Ist man vom Wald weit entfernt, kann man die einzelnen Bäume, Pflanzen usw. nicht sehen. Der Komplexitätsgrad des Waldes ist relativ gering. Man könnte auch sagen, wir betrachten den Wald mit geringem Auflösungsgrad. Ist man im Wald, erkennt man die Bäume, vermag aber nicht mehr – wie der Volksmund weiß – den Wald zu sehen. Die folgende Abbildung erschließt sich dem Blick erst dann als Abraham Lincoln, wenn man sie hinreichend weit vom Auge entfernt.

Abb. 9:   Abraham Lincoln

Distanz zu einem Problemfeld kann Voraussetzung für kreative Lösungen sein. Diese Distanz kann Experten fehlen, die sich auf Details eines Problemfeldes spezialisiert haben. Hier stellt sich eine Aufgabe für im positiven Sinne halbgebildete „Laien". Ihre Denkmuster sind nicht schlechter als die der Fachleute, sie sind nur anders: Es sind Denkmuster, die im Vergleich zu Fachleuten das Problem in anderer Weise auflösen; das Problem wird aus einer anderen Perspektive gesehen.

Die These, daß alle Dinge, seien es nun physische Gegenstände oder soziale bzw. psychische Prozesse, an Komplexität gewinnen, wenn man sie aus der Nähe betrachtet, ist nicht unplausibel. Das weit Entfernte, das Fremde, erscheint uns einfach strukturiert. So kann ein Experte über Umweltmediation kaum das ihm wesentlich Erscheinende in einer Stunde sagen. Für einen Außenstehenden ist dies ohne weiteres in fünf Minuten möglich, ohne daß er den Eindruck hat, Wichtiges nicht erwähnt zu haben. Für einen Laien ist es relativ einfach und klar, wie wir unsere Müllprobleme lösen können. Für den Fachmann verbindet sich damit ein kaum übersehbares Feld von Fakten, Techniken und Bewertungsmaßstäben. Nun ist keine der Problemsichtweisen a priori privilegiert gegenüber der anderen Sichtweise, sofern diese in sich konsistent ist. Daraus folgt eine große Chance für Mediation: das Pendeln zwischen den unterschiedlichen Auflösungsgraden einer komplexen Problematik. Der Experte muß sich auf holzschnittartige Laienbetrachtungen einlassen, und die Laien müssen die komplizierten Gedankengänge der Fachleute nachvollziehen. Hierbei können beide lernen.

Das problemlösende Lernen, um das es in einer Mediation geht, richtet sich auf die Möglichkeiten, zielführend in komplexe Systeme einzugreifen. Diese sind durch eine Vielzahl von Variablen, Vernetztheit, Eigendynamik, Intransparenz, Polytelie, Offenheit der Zielsituation und Neuartigkeit gekennzeichnet (Dörner et al. 1983; Dörner 1992; Dörner/Schaub 1995). Dörner und seine Mitarbeiter haben in ihren kognitionspsychologischen Untersuchungen zum Problemlösen mit variablenreichen computersimulierten Aufgaben gearbeitet, die keine eindeutig richtige, sondern allenfalls bessere und schlechtere Lösungen möglich machten. Es handelte sich um Aufgaben, in denen unterschiedliche Zielparameter zu berücksichtigen waren, die unterschiedliche Problemlösungswege ermöglichten und den Versuchspersonen einen iterativen Entscheidungsprozeß abforderten. Das Handeln in solchen Problembereichen stellt die Handelnden vor Schwierigkeiten. Es ist überraschend, wie schlecht die Probleme oft bearbeitet wurden. Woran lag das?

Eine Ursache lag in der Inkompatibilität der Handlungsziele. Nicht alle Ziele ließen sich gleichzeitig verfolgen. Auch in einer Mediation haben wir es in aller Regel damit zu tun, daß es eine Vielzahl von Handlungszielen und Teilproblemen gibt, die es zu präzisieren gilt, die gegeneinander gewichtet werden müssen und deren Bearbeitung der Festlegung einer Reihenfolge bedarf. Wir kann man mit einer solchen Situation umgehen? In einer Mediation könnte man zunächst versuchen, zwischen dringlichen und wichtigen Zielen des Verfahrens zu unterscheiden. Es kann sehr wichtig sein, Grundsatzentscheidungen zu treffen. Dringlicher kann es sein, ein konkretes Problemdetail, das wenig strittig ist, zu entscheiden. Es ist in einer solchen Situation oft vernünftig, dringliche Probleme vorab zu entscheiden. Oft aber kann man erleben, daß ein solches Vorgehen durch das Argument konterkariert wird, es gäbe doch Wichtigeres zu diskutieren, und die Details könne man doch zurückstellen. Das mag zwar richtig sein, ist aber unter Umständen nicht zielführend. Gruppendynamisch ist es vernünftig, zunächst das zu lösen, was man lösen kann. Dadurch kann wechselseitiges Vertrauen langsam aufgebaut werden, und das braucht man später wahrscheinlich bei den wichtigen Fragen.

Wir müssen Problemlagen und Problemlösungsstrategien vereinfachen, um mit ihnen umgehen zu können. Dies gilt in Sonderheit für politische Strategien, die sowohl Politikern als auch ihrer Wählerschaft einleuchten sollen.

> Ein die Öffentlichkeit bewegendes Thema ist die Einführung einer Energiesteuer, die insbesondere mit Blick auf die Besteuerung des Benzinpreises diskutiert wird. Der Benzinpreis soll erhöht werden, so die gängige Argumentation, um die Entwicklung und den Verkauf benzinsparender Pkws und Fahrten mit dem öffentlichen Personennahverkehr (ÖPNV) zu fördern und um die Mehreinnahmen für steuerliche Entlastungen von Arbeit kompensierend einzusetzen. Umweltziele verbinden sich mit dem Ziel steuerlicher Mehreinnahmen. In diesem Fall aber sind beide Ziele offenkundig miteinander nicht so verknüpft, daß das Erreichen des einen auch das Erreichen des anderen in jedem Fall begünstigt. Nehmen wir an, die Maßnahme hätte tatsächlich den gewünschten ökologischen Erfolg (die Menschen würden benzinsparende Pkws kaufen und mit ihnen auch noch weniger fahren). Dies würde die steuerlichen Ziele der Maßnahme konterkarieren. Die Steuereinnahmen würden gleich bleiben, bei großem Erfolg auf der ökologischen Seite vielleicht sogar sinken.

Die Realität ist manchmal nicht so, daß wir alles Wünschbare gleichzeitig erreichen können. Wir müssen diesen Sachverhalt zunächst erkennen, um mit ihm umgehen zu können. Gelegentlich hilft es weiter, wenn die Ziele präzisiert werden. Was will man in unserem Beispiel eigentlich, den Schadstoffausstoß der Pkws verringern, den Benzinverbrauch pro Pkw oder die Gesamtheit der Pkws herabsetzen, den ÖPNV fördern, industriepolitische Innovationen anregen, den Stau in den Städten vermindern, die allgemeinen Steuereinnahmen erhöhen, um Lohnnebenkosten zu mindern, das Steueraufkommen des Staates (Staatsquote) herabsetzen? Alle diese Ziele werden im Zusammenhang mit der benannten Strategie irgendwie verfolgt. Die Strategie könnte klarer ausfallen, wenn deutlicher würde, was eigentlich angestrebt wird. Sie wäre dann aber im Ansatz kleinteiliger, und es ist natürlich reizvoller, Strategien zu entwerfen, die allen Zielen, die man berechtigterweise haben kann, gerecht werden. Dies ist eine große Verlockung, die jedoch durch Unschärfen, Widersprüchlichkeiten usw. erkauft wird und endlosen Debatten Tür und Tor öffnet, weil es oft für jedes Argument ein Gegenargument gibt und man sich im politischen Diskurs wunderbar im Kreise drehen kann. Wenn das ganze Projekt dann scheitert, darf sich jeder als Sieger fühlen. Die einen können berechtigt in Anspruch nehmen, Schlimmes verhindert zu haben, die anderen sind auf jeden Fall die moralischen Sieger, die bei der Durchsetzung des Guten durch den politischen Gegner behindert wurden.

Gerade für Umweltmediation ist es wichtig, mit Zielinkompatibilitäten umzugehen. Oft ist das ein schwieriger Lernprozeß. Natürlich sind wir alle für Umweltschutz: Was aber, wenn eine Umweltschutzmaßnahme sowohl positive als auch negative Effekte hat, so z.B. die Verwendung von Einweg- bzw. Pfandflaschen: Allgemein gilt die Pfandflasche als die umweltfreundlichere Variante. Aber die Dinge sind nicht ganz so einfach. Mit der Pfandflasche ist eine Energieeinsparung verbunden. Das immer neue Herstellen von Einwegflaschen ist energieintensiv. Weiter entlasten Pfandflaschen das Müllaufkommen. Andererseits müssen Pfandflaschen zum Werk zurücktransportiert und dort mit Laugen gespült werden. Dies sind mithin umweltbelastende Aspekte der Pfandflasche. Wie soll man die Vor- und Nachteile gegeneinander abwägen?

In einer Mediation wäre es zunächst einmal wichtig zu betonen, daß es nicht die eindeutig gute oder schlechte Lösung gibt. Man muß sich über seine Handlungsziele klarwerden und deren (partielle) Imkompatibilität akzeptieren. Dies ist im Regelfall nicht leicht, zumal deshalb nicht, weil mit der Aufgabe einfacher Freund/Feind-Bilder liebgewordene Weltanschauungen und gesellschaftlich organisierte Konfliktlinien obsolet werden.

In der Umweltmediation will man oft Umweltverträglichkeit, wirtschaftlichen Nutzen, Arbeitsplätze und gerechte Risikoverteilung gleichzeitig erreichen. Man tendiert zu der Annahme, daß sich unterschiedliche positiv bewertete Zielvorstellungen gemeinsam realisieren lassen. Man übersieht, daß das Erreichen des einen Zieles das Nichterreichen eines anderen Zieles zur Konsequenz haben kann. Menschen unterschätzen die Unvereinbarkeit von Zielen (Dörner 1992). Diese simplifizierende Sicht einer Problemlage führt zu Überschätzungen der konstruktiven Folgen der eigenen Problemlösung. Das In-Frage-Stellen der einfachen Lösung eines Problems ist eine psychische Herausforderung, aber auch eine Chance in der Mediation.

7.5 Wie kann man sich vor Denkfallen in Mediationsverfahren schützen?

Sich vor Denkfallen zu schützen, ist schwierig. Es reicht nicht, es sich vorzunehmen. Einen gewissen Schutz bietet vielleicht das Wissen um typische Irrtümer, denen man selbst unterliegen kann, die aber auch von anderen begangen werden können. Skepsis ist angebracht sowohl gegenüber dem, was man selbst spontan für richtig hält, als auch gegenüber dem, was andere meinen als gesicherte Einsicht zu vermitteln.

Wie kann man seine eigene Urteilsfähigkeit bewahren, und wie kann man von anderen lernen? Für praktische Zwecke geben Hammond et al. (1998) Hinweise:

— Sei Dir der Denkfallen bewußt!
— Versuche, ein Problem von verschiedenen Seiten zu sehen!
— Denke selbst über das Problem nach, bevor Du es mit anderen diskutierst und in deren Sichtweise hineingezwungen wirst!
— Vermeide es, Deine Berater zu beeinflussen. Sage ihnen zunächst so wenig wie möglich darüber, was Du denkst!
— Suche nicht nach Gründen, nichts zu verändern, wie z.B. „Möglicherweise überdenke ich meine Position später" – aber später ist nie!
— Versuche herauszufinden, welche Aspekte der gegenwärtigen Situation Dich daran hindern, Deine Ziele zu erreichen!
— Glaube nie, daß der Status quo Deine einzige Option ist!
— Frage Dich, ob Du den Status quo wählen würdest, wenn es nicht der Status quo wäre!
— Bedenke, daß der Status quo in Zukunft für Dich vielleicht nicht mehr wünschenswert ist!
— Schiebe Entscheidungen nicht auf, nur weil es Dir zur Zeit zu aufwendig erscheint, Entscheidungen zu treffen!
— Achte sorgfältig auf Sichtweisen von Personen, die mit der Ursprungsentscheidung nichts zu tun haben!
— Untersuche, warum Dich das Festhalten an einer getroffenen Entscheidung belastet. Mache Dir klar, daß auch Entscheidungen, die gut waren, schlechte Konsequenzen haben können!
— Arbeite an einer fehlerfreundlichen Kultur!
— Suche Dir jemanden, den Du achtest und der den advocatus diaboli spielt!
— Sei hinsichtlich Deiner Motive ehrlich Dir selbst gegenüber!
— Wenn Du erlebst, daß Deine Berater immer Deiner Meinung sind, wechsele Deine Berater!

8. DER SCHWIERIGE UMGANG MIT DEM RISIKO

8.1 Formen der Risikobestimmung

Mediationsverfahren zu umweltrelevanten großtechnischen Planungen haben unter anderem die Umweltfolgen dieser Maßnahmen zum Thema. Zumeist kennt man die Folgen umweltrelevanter Entscheidungen nicht genau, d.h. man weiß nicht, was alles aus ihnen folgt, und man weiß noch weniger, ob und, wenn ja, wie sicher man mit dem Eintreten dieser Folgen rechnen kann. Es handelt sich bei Mediationsverfahren um einen Diskurs über unsichere Entscheidungsfolgen.

Die Beschäftigung mit Unsicherheiten und Risiken ist zu einem wichtigen Thema der Sozialwissenschaften geworden (Bayerische Rück 1993; Beck 1987; Fritzsche 1987; Luhmann 1991; Preuss 1997). Die Auseinandersetzung mit Risiken und Unsicherheiten hat in unterschiedlichen Bereichen der Wissenschaft Konjunktur. Aber auch im Alltag hat eine selbstverständliche Verwendung des Risikobegriffs Eingang in das Denken und in die Sprache gefunden. Im Umgang mit dem Risikokonzept kommt es immer wieder – auch in Mediationsverfahren – zu Mißverständnissen. Ein Teil der Problematik gründet in uneindeutigen Bestimmungen dessen, was eigentlich unter Begriffen wie Unsicherheit, Wahrscheinlichkeit, Risiko usw. zu verstehen ist. Der gedankliche Umgang mit Wahrscheinlichkeiten und Risiken ist kein leichtes Unterfangen.

> Der Präsident des deutschen Hotel- und Gaststättenverbandes: „Wer Wirt wird, hat es besonders schwer. Er arbeitet samstags und sonntags und stirbt früher. Jeder dritte Wirt erreicht nicht das durchschnittliche Lebensalter." (Wirtschaftswoche, Nr. 11 vom 11.3.1994)

Hinter dem Begriff „Risiko" können sich unterschiedliche Vorstellungen verbergen, die sich in einem Risikodiskurs leicht vermengen; sie entstammen unterschiedlichen Theorie- und Erfahrungskontexten. Zunächst ist es wichtig zu unterscheiden, ob Risiken deduktive oder induktive Wahrscheinlichkeitsaussagen zugrunde liegen (Carnap 1970; Reichenbach 1970). Deduktive Wahrscheinlichkeiten sind logische Folgerungen, die sich aus der vollständigen Kenntnis eines (in der Regel konstruierten) Systems ergeben. So läßt sich die Frage, wie wahrscheinlich es ist, mit einem Würfel eine bestimmte Zahl (z.B. die Zwei) zu würfeln, deduktiv beantworten. Unter der Annahme, daß der Würfel aus einem homogenen Material besteht, daß er geometrisch ein Würfel ist und daß durch das Würfeln keine systematischen Effekte einfließen, kann man ohne jede Empirie sagen, daß die Wahrscheinlichkeit, auf diese Weise eine bestimmte Zahl zu würfeln, ein Sechstel beträgt. Eine andere Einschätzung wäre schlicht ein Fehler. Solche Schätzfehler treten bei komplexeren deduktiven Wahrscheinlichkeiten regelmäßig und systematisch in unserem Alltagsdenken auf (Kahneman et al. 1986; Piattelli-Palmarini 1997).

Derartige deduktive Risikobestimmungen finden wir z.B. auch in Störfallanalysen. Ein Experte berechnet die Auftrittswahrscheinlichkeit eines Störfalles. Für das Eintreten dieses Ereignisses müssen zwei voneinander unabhängige technische Systeme gleichzeitig ausfallen. Für jedes System sei bekannt, wie oft es dazu neigt auszufallen. Indem der Experte nun beide Wahrscheinlichkeiten miteinander multipliziert, bestimmt er die Wahrscheinlichkeit dieses Störfalles. Diese Art der Berechnung mag im Ergebnis kontraintuitiv sein, ist aber gleichwohl richtig.

Die auf diese Weise vorgenommene Wahrscheinlichkeitsberechnung ist nicht durch Unsicherheiten belastet. Ob die ihr zugrundeliegenden Schätzungen darüber, wie oft die Teilsysteme dazu neigen auszufallen, richtig sind, ist im Gegensatz zu der mathematischen Operation selbst eine empirische Frage. Ihre Beantwortung folgt jedoch der Logik des induktiven Schließens. Induktive Wahrscheinlichkeiten sind Folgerungen, die wir anhand erhobener Daten für allgemeine Aussagen ziehen. Diese Schlüsse sind nie sicher, sondern lediglich wahrscheinlich.

Induktive Wahrscheinlichkeitsschätzungen von Laien und von Experten können voneinander abweichen (vgl. neben vielen anderen Studien z.B. Slovic 1987). Beide ziehen unterschiedliche Arten von Erfahrung heran.

> Zur Abschätzung der Frage, wie hoch das Risiko von Anwohnern einer stark lärmbelasteten Straße ist, im Vergleich zu Anwohnern ruhiger Straßen Schlafstörungen zu entwickeln: Ein Gutachter wird vorliegende Forschungsarbeiten heranziehen, eventuell eine eigene empirische Untersuchung mit bestimmten Erhebungs- und Auswertungsverfahren vornehmen und auf dieser Basis seine Schlüsse ziehen. Die betroffenen Anwohner werden anders vorgehen: Sie werden sich eher auf ihre unmittelbaren Erfahrungen verlassen.

Sich möglicherweise ergebende Differenzen zwischen Experten- und Laienurteilen basieren, anders als bei deduktiv bewältigbaren Problemlagen, nicht notwendigerweise auf fehlerhaften Kalkulationen der Laien. Vielmehr haben Laien und Experten oft ein anderes Risikoverständnis sowie unterschiedliche Erfahrungshintergründe, die sie zur Beurteilung heranziehen. Die Risikobeurteilung im Alltag umfaßt in der Regel mehr Einflußgrößen, als in der technisch-naturwissenschaftlichen Risikomodellierung (Risiko = Eintrittswahrscheinlichkeit mal Schadenshöhe) eingefangen werden.

Die Abweichungen zwischen Experten und Laien bei der Risikobeurteilung werden durch die Experten häufig so gelöst, daß die Laienurteile ignoriert werden, sie gelten als schlicht falsch (Sandman 1988). Diese Haltung wird durch die begriffliche Unterscheidung in „subjektive" und „objektive" Risiken unterstützt. Doch diese Terminologie ist irreführend. Häufig findet man den Begriff „objektive Risiken" als Metapher für wahre Risiken, von denen dann andere Risikobeurteilungen wertend abgegrenzt werden. Diese Unterscheidung impliziert, daß objektive Risiken so etwas wie erkenntnisunabhängige Risikobeurteilungen sind, von denen subjektive Risikobewertungen abgehoben werden können. Dies ist erkenntnislogisch unhaltbar. Untersucht man näher, wie ein „objektives Risiko" zustande kommt, stellt man fest: Bei sogenannten „objektiven Risiken" handelt es sich um Urteile, die von Experten im Problemfeld getroffen werden, welche ihre Einschätzungen auf der Basis des verfügbaren Fachwissens abgeben; bei sogenannten „subjektiven Risiken" handelt es sich um Urteile, die Laien als Risikoabschätzungen vornehmen. Es handelt sich somit um eine Unterscheidung zwischen Expertenurteilen und Laienurteilen, nicht um eine Trennung in objektiv und subjektiv oder gar richtig und falsch.

Für die alltägliche Abschätzung von Risiken durch Laien hat sich auch der Begriff „Risikowahrnehmung" eingebürgert. Diese Begrifflichkeit ist ebenfalls irreführend: Risiken können nicht wahrgenommen werden. Risiken kann man beurteilen oder schätzen. Statt wie meist üblich von subjektiven oder objektiven Risikowahrnehmungen zu sprechen, scheint es angemessener, von Risikoabschätzungen (oder -beurteilungen) zu reden, die von Experten bzw. Laien vorgenommen werden.

Die Abschätzung von Risiken im alltäglichen Leben unterliegt wohlbekannten Einflüssen (vgl. z.B. Jungermann/Slovic 1993; Slovic et al. 1979). Im folgenden werden die in der einschlägigen Forschung nachgewiesenen und oft berichteten subjektiven Einflußfaktoren zusammengestellt, die alltägliche Risikoabschätzungen prägen:

Freiwilligkeit: Risiken, denen man sich freiwillig aussetzt, werden geringer bewertet. Zum Beispiel wird man hinter einer Planung eher stehen können, wenn man diese mitgestaltet und mitentschieden hat.

Kontrolle: Ereignisse, von denen man meint, sie durch eigene Aufmerksamkeit und eigenes Handeln kontrollieren zu können, werden als weniger gefährlich wahrgenommen. Anlagen, die man selbst mitkontrollieren kann, werden als weniger bedrohlich wahrgenommen als Anlagen, in die man keine Einsicht hat.

Vertrautheit: Risiken, mit denen man vertraut ist, werden in ihrem Gefährdungspotential vergleichsweise unterschätzt. So ist insbesondere bei Techniken, die neu sind, darauf zu achten, daß zur besseren Beurteilung solcher Verfahren erfahrbare Vertrautheit gewonnen werden kann.

Fairneß: Risiken werden dann eher akzeptiert, wenn die potentiellen Nutzen auch denen zugute kommen, die die Risiken tragen. Dies ist in der Umweltmediation oft nicht gegeben. Hier kann über Kompensationen nachgedacht werden.

Katastrophenpotential: Ein Schadensfall mit vielen Betroffenen wird als Ausdruck eines größeren Risikos aufgefaßt als viele Schadensfälle mit wenigen Betroffenen. Merke: Auch schleichende Risiken stellen Gefährdungen dar.

Verfügbarkeitsheuristik: Wir neigen dazu, nicht sämtliche Fälle eines Phänomens zu überprüfen, sondern eine Situation mit Rückgriff auf den am ehesten verfügbaren Fall (eigene unmittelbare Erfahrung) zu beurteilen (Tversky/Kahnemann 1973). Es ist wichtig sich klarzumachen, daß statistische Informationen und persönliche konkrete Erfahrungen gleichermaßen als Entscheidungsbasis herangezogen werden können. Oft werden durch punktuelle Einzelerfahrungen Urteilsbildungen verzerrt.

Unterschätzung der Base-Rate: Im Vergleich zum Einzelfall wird die Base-Rate in Bayesschen Entscheidungssituationen unterschätzt.

Verbundene Wahrscheinlichkeiten: Das gleichzeitige Auftreten von zwei Fehlern, z.B. in einer technischen Anlage, die nicht ursächlich verknüpft sind, wird tendenziell überschätzt. Überschätzt wird jedoch auch die Unverbundenheit der Fehlerquellen selbst, etwa wenn in einer Steuerwarte beide Sicherheitssysteme von einer Operatorgruppe kontrolliert werden.

Distanz zur Risikoquelle: Je entfernter Menschen etwa von einem Kraftwerk leben, desto geringer schätzen sie die mit diesem Kraftwerk verbundenen Risiken ein. Allerdings nehmen diejenigen, die sehr dicht an einem Kraftwerk leben, dessen Risiken ebenfalls als sehr gering wahr (Maderthaner et al. 1978).

Handeln vs. Unterlassen (Omission Bias): Man ist eher bereit, Risiken als Folge von Nichthandeln zu akzeptieren denn als Folge einer aktiven Handlung (Ritov/Baron 1990). Dies führt zu der Haltung: „Am besten lassen wir alles, wie es ist, auch wenn es nicht gut ist. Wer weiß, was passiert, wenn ...“ Das Unangenehme an Risiken, die infolge einer aktiven Handlung auftreten, ist, daß man für die Folgen verantwortlich gemacht werden könnte.

Diese Größen beeinflussen den Umgang mit Risiken. Zum Beispiel wird die Bereitschaft zur Akzeptanz größer sein, wenn die Beteiligten den Risiken nicht zustimmen, sondern sie lediglich nicht ablehnen müssen. Entsprechende Gestaltungen von Beschlußlagen sind fast immer möglich. Ähnlich verhält es sich mit der Freiwilligkeit der Risikoübernahme, mit dem Einfluß unmittelbarer Erfahrungen usw. Man kann befürchten, daß die Gestaltungsmöglichkeiten, die sich aus der Kenntnis dieser Einflußgrößen ergeben, manipulativ genutzt werden können; jedes Wissen ist auch mißbräuchlich nutzbar. Der beste Schutz besteht wohl darin, sich derartiger Einflüsse und damit verbundener Mißbräuche bewußt zu sein.

Alltägliche Risikobeurteilungen sind komplexer konstituiert als wissenschaftlich-technische Risikobestimmungen, und sie schließen emotionale Reaktionen ein. In unserer Wissenschafts- und Technikkultur neigen wir zu einer mystifizierenden Überschätzung rationaler Problemanalysestrategien. Aber intuitive, gefühlsmäßige Risikobewertungen können ebenfalls als relevante Gefährdungsindikatoren aufgefaßt werden. Dörner (1988) faßt Gefühle als eine Form auf, Globalbewertungen einer Situation vorzunehmen. Möglicherweise stellen derartige Globalbewertungen wichtige Ergänzungen, vielleicht auch notwendige Grundlagen für rationale Problemanalysen dar (vgl. auch Slovic 1987). Sie sind zwar weniger gut formalisierbar und weniger leicht zu kommunizieren, aber sie haben auch Vorteile: Sie erstrecken sich im Vergleich zu den formalisierten Risikoberechnungen auf ein größeres Feld von Realitätsaspekten. Analog zu dem in der Wissenschaftstheorie bekannten Bandbreite-Genauigkeits-Dilemma betonen rationale Problemanalysen den Genauigkeitsaspekt, während gefühlsmäßige Reaktionen eine größere Bandbreite von Phänomenen einbeziehen. Es gibt Formen des Wirklichkeitszugangs, die außerhalb des wissenschaftlichen Bezugsrahmens liegen und gleichwohl wichtige Einsichten liefern (vgl. Dürr 1981). Außerwissenschaftliche Einsichten haben sich ebenso wie wissenschaftliche an der Realität zu bewähren. Sie sind a priori nicht besser oder schlechter als wissenschaftlich generierte Einsichten, sie sind allenfalls – und dies sei ohne jede Wertung verstanden – lediglich unwissenschaftlich. Auch wenn wissenschaftliche Expertise im Vergleich zu Laieneinschätzungen im allgemeinen als zuverlässiger gilt, darf die politische Wirksamkeit der Alltagsvernunft nicht unterschätzt werden.

Obwohl in Mediationsverfahren die Experten mit ihren Abschätzungen im Fokus der Aufmerksamkeit stehen, muß davon ausgegangen werden, daß sich in politischen Entscheidungen wieder die Alltagsüberzeugungen durchsetzen können. Alltägliche Risikobeurteilungen sind politisch oft folgenreicher als Expertenbewertungen. Die Budgetverteilungen der US-amerikanischen Environmental Protection Agency (EPA) korrelieren stärker mit den Perzeptionen der Öffentlichkeit als mit Umwelt- und Gesundheitsrisiken, die Experten feststellten (Sandman 1988). Dies kann man auf zweierlei Weise erklären: Zum einen steht zu vermuten, daß Politiker in ihren Prioritätensetzungen die Stimmungen der Öffentlichkeit spiegeln wollen, zum anderen kann man davon ausgehen, daß Alltagserfahrungen eben auch für Politiker prägend sind.

Die Quantifizierung von Risiken ist mit Fallstricken verbunden. Risiken werden üblicherweise in Wahrscheinlichkeiten (Maßzahl p) ausgedrückt. Worauf basiert diese Zahl, und was besagt sie? Die Wahrscheinlichkeitsangabe p als

Maß für ein Risiko ist eine andere Ausdrucksform für einen Prozentwert. Dieser kennzeichnet den Anteil einer bestimmten Ereignisklasse an der Gesamtheit der Ereignisse: z.B. den Anteil der Autofahrten, die mit einem Unfall enden, an der Gesamtheit der Fahrakte. Nehmen wir an, dieser betrage 1%, dann würde dies einer Wahrscheinlichkeitsangabe von p = .01 als Unfallrisiko für einen Fahrakt entsprechen. Auf die Transformation von Prozenten in Wahrscheinlichkeiten kann jedoch durchaus verzichtet werden (Carnap et al. 1929/1975). Wenn nämlich Wahrscheinlichkeit nichts anderes ist als die lineare Transformation eines Prozentwertes (man teile ihn durch 100) in eine Wahrscheinlichkeitsangabe, wird dadurch keine neue Information hinzugefügt; es handelt sich lediglich um eine andere Maßeinheit: genauso, wie man Entfernungen sowohl im Metern als auch in Zentimetern ausdrücken kann. Diese Transformation wird dann irreführend, wenn es sich um Risikoabschätzungen von Einzelfällen handelt. In der Transformation wird nämlich zumeist unzutreffenderweise unterstellt, daß sich – um in unserem Unfallbeispiel zu bleiben – die Unfallerwartungen gleichmäßig auf alle Fahrer und Fahrumstände verteilen, d.h. der einzelne Fahrakt bekommt einen Kennwert quasi als Eigenschaft zugeschrieben. Dies aber ist aus zwei Gründen problematisch:

1. Was legitimiert eigentlich die Unterstellung, daß alle Fahrakte die gleiche Unfallchance haben? Die Umrechnung der statistischen Unfallhäufigkeit auf die Unfallchance eines einzelnen Fahrakts widerspricht auch gut begründeten Vermutungen über Unfallursachen. Die Chance, einen Unfall zu verursachen, ist bei einem ungeübten und alkoholisierten Fahrer, der sich mit einem defekten Fahrzeug in schwierigen Verkehrslagen bewegt, ungleich größer als bei einem geübten Fahrer, der ausgeruht und nüchtern mit einem verkehrstauglichen Fahrzeug auf einer relativ freien Landstraße fährt. Die Gleichsetzung aller Fahrakte in dem Umrechnungsvorgang ist lediglich Ausdruck unseres Nichtwissens um die konkreten Umstände des Einzelfalls; oder anders ausgedrückt: Die Kenntnis der Aggregatzahlen sagt über den Einzelfall möglicherweise wenig oder nichts aus.

2. Wahrscheinlichkeitszuschreibungen zum Einzelfall lassen sich empirisch nicht bestätigen. Entweder kam es im Prognosezeitraum zu einem Unfall oder nicht. Beides aber würde nichts zur Beurteilung der a priori getroffenen Wahrscheinlichkeitsaussage beitragen.

Das Beispiel mit den Fahrunfällen läßt sich ohne weiteres auf Risikoschätzungen für umweltrelevante Störfälle von Chemieanlagen oder auf gesundheitliche Schädigungen durch Kraftwerksemissionen verallgemeinern. Auch hier haben wir es in der Grundstruktur mit der gleichen Logik und mit den gleichen Schwierigkeiten zu tun. Die Aggregatzahlen sagen kaum etwas über den Einzelfall aus. Warum aber nehmen wir dann solche Transformationen vor?

Aus kognitionspsychologischer Sicht würde man wohl sagen, daß wir schlicht nicht in der Lage sind, gedanklich angemessen mit Wahrscheinlichkeiten umzugehen. Aus motivationspsychologischer Sicht könnte man argumentieren, daß dieses Vorgehen hilft, subjektiv empfundene Unsicherheiten zu mindern: Wenn wir weder die ökologischen Folgewirkungen eines Störfalls in einem Chemieunternehmen noch dessen denkbare Entstehungsgeschichte kennen, neigen wir dazu, nach jedem noch so dürren Strohhalm zu greifen, auch wenn er die Sicherheit, die er vorgaukelt, nicht bieten kann. Es handelt sich um die Abwehr des unerträglich Ungewissen.

Was bleibt als Möglichkeit für den praktischen Umgang mit Gefährdungspotentialen bei einzelfallbezogenen Entscheidungen? Wie können wir angesichts dieser Schwierigkeiten angemessen über Folgen von Technik- und Planungsentscheidungen diskutieren? Hierzu gibt es zwei Lösungsansätze:

1. Die Einbeziehung Bayesscher Statistik: In Konfliktlagen, in denen es um einzelfallbezogene Entscheidungen und deren Folgenabschätzung geht, scheint es für den statistischen Umgang mit diesen Fragen angemessen, die Bayessche Statistik zu berücksichtigen (Winkler 1972). Diese wird in den üblichen Risikobeurteilungen zumeist nicht beachtet. Allerdings wird man dann bei einer Vielzahl von Fragen feststellen müssen, daß die Bayesschen Gleichungen mangels hinreichender Informationen über die Sachlage nicht berechenbar sind. Es handelt sich also um eine mathematische Möglichkeit, die man in Erwägung ziehen kann, die jedoch praktisch selten umzusetzen ist.

2. Die Orientierung an Möglichkeiten statt an Wahrscheinlichkeiten: Pragmatisch handhabbarer scheint eine Unterscheidung zwischen Möglichkeiten und Wahrscheinlichkeiten, wie sie in der Fuzzi-Logik vorgenommen wird (Drösser 1994, S. 77ff.). Das Denken in Möglichkeiten entspricht weit eher als das Denken in Wahrscheinlichkeiten unserem Alltagsverstand.

> *Beispiel 1:* Ich werde auf dem Flur im Wissenschaftszentrum gefragt, ob ich wüßte, ob Herr X in seinem Büro ist. Ich kann diese Frage nicht sicher beantworten. Nun werde ich nicht beginnen, wahrscheinlichkeitstheoretisch zu kombinieren. Ich werde nicht überlegen: Wie oft war Herr X in der Vergangenheit um 14.00 Uhr an einem Montag in seinem Büro; wie oft war er in der letzten Zeit krank usw. Ich werde etwas ganz anderes tun. Wenn nichts konkret dagegen spricht, daß er da ist, werde ich seine Anwesenheit für möglich halten. Genauso werde ich antworten: Es kann sein, daß er da ist.

Auch im wissenschaftlichen Umgang mit unsicheren Hypothesen kann es sinnvoll sein, statt in Wahrscheinlichkeiten in Möglichkeiten zu denken.

> *Beispiel 2:* Nehmen wir an, ein Wissenschaftler hätte die Vermutung, daß es keinen Menschen gibt, der eine Folge von 500 Ziffern korrekt wiedergeben kann, nachdem man sie ihm einmal vorgelesen hat. Nun beginnt er seine

Untersuchung. Nach der üblichen induktiven Logik würde eine Versuchsperson, die sich 500 Ziffern merken kann, seine Hypothese falsifizieren und jeder, der an dieser Aufgabe scheitert, die Richtigkeit seiner Hypothese wahrscheinlicher machen. Nach der Überprüfung von 1000 Versuchspersonen ist sich unser Forscher schon ziemlich sicher, daß er recht hat. Seine 1001. Versuchsperson kann sich nun auffallend viel, nämlich 498 Ziffern, merken. Nach der herkömmlichen Logik wäre auch dieser Fall eine Bestätigung seiner These. Man kann die Dinge aber auch anders sehen: Nachdem sich jemand 498 Ziffern merken konnte, scheint es nicht mehr unmöglich, daß sich jemand auch 500 Ziffern merken kann. Wahrscheinlichkeitsrechnung und Möglichkeitsbewertung klaffen auseinander.

Das zweite Beispiel läßt sich gut auf technische Risiken übertragen. Nehmen wir an, noch nie wäre ein Flugzeug unfreiwillig auf einem Kraftwerk gelandet. Jeder weitere Flug wäre nun eine Bestätigung dieser These – auch der Flug, bei dem sich ein solches Ereignis gerade noch einmal mit viel Glück abwenden ließ. Wahrscheinlichkeitstheoretisch ändert ein solcher Flug nichts. Gleichwohl rückt eine solche Bedrohung in den Bereich des Möglichen.

Für die Abschätzung von Gefährdungen, wie sie in Mediationsverfahren für einzelne Vorhaben vorgenommen wird, kann es sinnvoll sein, statt auf Wahrscheinlichkeiten auf Möglichkeiten Bezug zu nehmen.

8.2 Risikokommunikation

Der Begriff „Risikokommunikation" hat sich in der sozialwissenschaftlichen Forschungslandschaft eingebürgert und markiert ein seit den achtziger Jahren wachsendes wissenschaftliches Interesse insbesondere der kognitiven Psychologie (Jungermann et al. 1988).

In der öffentlichen Diskussion z.B. über technische Planungen findet kaum eine Auseinandersetzung über quantitative Risikobestimmungen statt, wie sie seitens der Naturwissenschaften und der Ökonomie in ihren jeweiligen theoretischen Kontexten vorgenommen wird. Diese Auseinandersetzungen bleiben wissenschaftsimmanent. Die öffentliche Debatte richtet sich auf quantitativ meist nicht näher bestimmte Gefährdungen, wobei die naturwissenschaftlich-ökonomischen Risikobestimmungen zwar herangezogen werden, aber nicht Gegenstand der Erörterung sind. Risikokommunikation ist, wenn man damit den öffentlichen Diskurs meint, eine Kommunikation über Gefährdungen, die sich des Risikomodells bedient, nicht aber eine Kommunikation über die Risikobestimmungen innerhalb dieses Modells. Der öffentliche und der wissenschaftliche Risikodiskurs beziehen sich somit auf Unterschiedliches und werden aus unter-

Abb. 10: Ursachen von Kommunikationsschwierigkeiten

Akteure	Risikoverständnis	Beziehungsprobleme	Verständigungsprobleme
Experten	enger quantitativer Risikobegriff	Ablehnung anderer Formen der Risikowahrnehmung als „irrational"	Fachsprache, Komplexität probabilistischer Risikoabschätzungen
Öffentlichkeit	ganzheitlicher qualitativer Risikobegriff	Mißtrauen gegenüber Experten, Behörden, Politikern	widersprüchliche Informationsbedürfnisse und mangelndes Verständnis von Risiko-Informationen
Medien	Präferenz für Krisen und Störfälle	Tendenz zu Politisierung von Kontroversen	mangelndes Verständnis von Risiko-Information und einseitige Darstellung bei der Übermittlung an die Öffentlichkeit
Behörden/ Politiker	Dilemma der Entscheidung zwischen Risikobegriff der Laien und der Experten	Legitimation von Entscheidungen gegenüber Öffentlichkeit auf der einen Seite und gegenüber geltendem Recht auf der anderen	mangelndes Verständnis von Risiko-Information

Quelle: Wiedemann/Hennen (1989, S. 3)

schiedlichen Urteilsperspektiven geführt. Es kann also nicht darum gehen, das eine am anderen zu messen, sondern beide Perspektiven in ihrer jeweiligen Eigenart und Legitimität einander gegenüberzustellen. Das Erfordernis perspektivischen Denkens in der Risikokommunikation ist Quelle einer Reihe von Kommunikationsschwierigkeiten.

Die öffentlichen Risikodebatten richten sich fast immer auf Risiken, die mit Planungen verbunden sind. Das Neue, nicht das Bestehende macht uns Sorgen. Wir haben Angst, etwas Gravierendes falsch zu machen. Was jedoch als gravierend erlebt wird, ist immer auch eine Frage der Darstellung, wie man anhand des folgenden Beispiels sehen kann.

Zwei Programme gegen den Ausbruch einer Seuche, die 600 Menschen töten würde, stehen zur Verfügung. Welches würden Sie wählen?

Formulierungsvariante 1
Programm A: 200 Menschen werden gerettet.
Programm B: Es gibt eine Eindrittelwahrscheinlichkeit, daß alle gerettet werden, und eine Zweidrittelwahrscheinlichkeit, daß keiner gerettet wird.

Dies kann man auch anders formulieren:

Formulierungsvariante 2

Programm A: 400 Menschen werden sterben.

Programm B: Es gibt eine Eindrittelwahrscheinlichkeit, daß keiner sterben
                wird, und eine Zweidrittelwahrscheinlichkeit, daß 600 sterben.

Beide Formulierungsvarianten sind sachlich identisch. Bei der ersten Formulierungsvariante wählen 76% A und 24% B, bei der zweiten 13% A und 87% B
(Tversky/Kahnemann 1981).

Erfolge und Verluste, die in einem mathematisch formalisierten Risikovergleich gleich groß sind, haben für Menschen eine unterschiedliche Gewichtigkeit: Nehmen wir an, ich besitze 1.000 DM und brauche dieses Geld unbedingt
für mein Überleben. In einer solchen Situation ist für mich eine Wette, bei der
ich mit 50% Wahrscheinlichkeit die 1.000 DM verliere bzw. mit gleich großer
Wahrscheinlichkeit zusätzliche 1.000 DM gewinne, nicht annehmbar. Der Verlust würde meine Existenz bedrohen, und dies kann durch einen vergleichbaren
Gewinn nicht ausgeglichen werden. Formale Entscheidungsmodelle stellen dies
meist nicht in Rechnung. Zum Glück orientieren sich Menschen alltagspraktisch
nicht an solchen „rationalen" Modellen. Wäre es anders, würden wohl weit mehr
Menschen in Spielbanken gehen und ihr gesamtes Vermögen auf eine 50:50-
Chance setzen.

Es geht in der Risikokommunikation nicht darum, die Laien durch die Fachleute zu überzeugen, sondern darum, der Laieninterpretation der Situation einen
angemessenen Stellenwert zu geben. Hance et al. (1988) haben eine Handanweisung zur Risikokommunikation für das „New Jersey Department of Environmental Protection" entwickelt. Regierungsstellen sollen damit befähigt werden,
mit der Öffentlichkeit effektiver über Risiken zu kommunizieren. „Effektiv"
bedeutet hierbei nicht, eine schlechte Politik durch gute Kommunikation zu verkaufen. Eine effektive Kommunikation soll und kann dabei helfen, die öffentliche Wahrnehmung von Risiken besser zu verstehen und die Reaktionen der
Öffentlichkeit zuverlässiger einzuschätzen, das Risikomanagement zu verbessern und durch eine Beteiligung der betroffenen Bevölkerung den Dialog zu fördern. Unfruchtbare Spannungen zwischen Regierungseinrichtungen und Öffentlichkeit sollen vermindert, Risiken effizienter erklärt und den Bürgern geholfen
werden, mit Risiken vorsichtig und produktiv umzugehen. Das normative Credo
lautet: Richte genauso viel Aufmerksamkeit auf die Sorgen und Ängste der
Öffentlichkeit wie auf wissenschaftliche Erkenntnisse und vermeide es gleichzeitig, die Fähigkeit der Öffentlichkeit zu unterschätzen, wissenschaftliche
Erkenntnisse zu verstehen. Die Einzelhinweise lassen sich gut in das theoretische Raster der personenzentrierten Interventionstechnik (Rogers 1961/1972)
einordnen, das in der folgenden Darstellung als Ordnungsrahmen für die Hinweise dient.

Hinweise zur Risikokommunikation nach Hance et al. (1998) in eigener Gliederung und Zusammenstellung

Eingehen auf den inneren Bezugsrahmen des anderen:

— Akzeptiere den anderen als Menschen.
— Höre gut zu, was der andere zu sagen hat.
— Versuche, den anderen in seinen Sorgen zu verstehen.
— Nimm die Ängste des anderen ernst.
— Gib diesen Ängsten ein Forum.
— Die Sorgen von Menschen sind genauso wichtig wie wissenschaftliche Risikoabschätzungen.
— Verwechsle Verstehen nicht mit Akzeptieren.
— Finde heraus, wie sich der andere an Deinen Entscheidungen beteiligen will und kann.
— Beziehe den anderen in Deine Entscheidungsfindungen ein.

Offenheit:

— Vermeide Geheimtreffen und Geheimabsprachen.
— Organisiere kleine informelle Treffen.
— Triff Dich mit allen Akteuren zu solchen informellen Begegnungen vor offiziellen Meetings.
— Versuche, Dein Handeln verständlich zu machen.
— Beziehe andere frühzeitig in Deine Risikoabschätzungen ein.
— Versuche, schneller zu informieren als die Massenmedien.
— Erläutere die wissenschaftlichen Unsicherheiten, die in Deinen Aussagen stecken.
— Betone auch die positiven Aspekte von Sichtweisen, die Du nicht teilst.

Kongruenz:

— Kommuniziere als Person, nicht als Träger einer Rolle.
— Mache Deinen eigenen Hintergrund transparent.
— Lasse Deine eigenen Werte sichtbar werden.
— Wenn Du Schwierigkeiten hast, Dich selbst einzubringen, übe so lange, bis es Dir gelingt, oder lasse einen anderen mit der Öffentlichkeit kommunizieren.
— Achte darauf, daß Du als Informant glaubwürdig bist.
— Mache nur Zusagen, die Du auch einhalten kannst.

- Vermeide es, in einem laufenden Informationsverfahren die Person zu wechseln, die die Informationen gibt.

Konkretheit:

- Drücke Dich verständlich aus.
- Stelle Vergleiche zu anderen Risiken her, achte aber darauf, daß es sich um vergleichbare Situationen, Techniken bzw. Substanzen handelt.
- Versuche denen, mit denen Du redest, Handlungskontrolle zu geben, die sie befähigt, sich auch in unsicheren Situationen verantwortlich zu verhalten.
- Vermeide Konfusionen, die durch Koordination Deiner Informationen mit denen von anderen entstehen können.

Prozeßorientierung:

- Erkläre den Analyseprozeß, bevor Du Zahlen zur Risikoabschätzung nennst. Falls die Sachlage unklar ist, informiere nicht über vorläufige Befunde, berichte statt dessen, was Du tun wirst, um den Informationsstand zu verbessern.

Risikodialoge könnten produktiv gestaltet werden, wenn es gelingt, die mit den vermuteten Risiken verbundenen Fragen aufzudifferenzieren (Vaughan/Seifert 1992). Es geht um die Art der Fragen und nicht (nur) um die Art der Antworten. Konheim (1988, S. 369) stellt auf Basis einer Auswertung von mehr als 20 Standortkonflikten bei risikobehafteten Techniken zehn Gruppen von Fragen zusammen, die regelmäßig aufgeworfen wurden und im Prozeß einer Risikokommunikation beantwortet werden müssen.

1. Was sind die besonderen Risiken und Nutzen dieses Projekts? Sind die Risiken die Nutzen wert? Was sind die Nutzen und Risiken von Alternativen? Was sind die Risiken und Nutzen einer Nullösung?
2. Wie sind die Risiken berechnet worden? Gibt es hier eine Standardmethode oder unterschiedliche Möglichkeiten? Gibt es in der Wissenschaft hinreichenden Konsens über die Basisfakten? Gibt es bedeutsame Gegenmeinungen?
3. Basieren die Berechnungen auf Erfahrungen mit bestehenden Anlagen oder sind sie theoretischer Natur?

4. Wenn die Berechnungen auf Erfahrungen mit bestehenden Anlagen beruhen: Sind diese mit dem Vorhaben vergleichbar? Wenn nicht, was ergibt sich aus den Abweichungen?
5. Werden bei der Planung der Anlage die Risiken so gering wie möglich gehalten? Läßt sich die Anlage später verändern, wenn neue Möglichkeiten der Risikominimierung entwickelt wurden?
6. Wer trägt die Risiken? Sind Ältere, Jüngere oder Kranke besonders betroffen?
7. Wie hoch ist die Wahrscheinlichkeit eines ernsten Unfalls? Wenn ein solcher Unfall passiert, was sind die schlimmstenfalls zu erwartenden Schäden? Wie oft kommt es in vergleichbaren Anlagen zu Unfällen? Steigt die Unfallwahrscheinlichkeit mit der Zeit? Wie schwerwiegend sind die Schäden? Sind die Folgen eines Unfalls irreversibel? Welche Vorkehrungen gibt es für den Krisenfall?
8. Können Risiken erkannt werden? Wer überwacht den Zustand der Anlage? Können Risiken reduziert werden?
9. Können die Planung und der Betrieb durch die Öffentlichkeit kontrolliert werden?
10. Bedeutet eine Zustimmung zu dem Vorhaben, daß zukünftige, risikoärmere Optionen behindert werden?

Diese Art von Fragen, die einen Risikodiskurs leiten könnten, erfordert eine sehr intensive Auseinandersetzung mit der Problematik. Eine solche scheint in der Mediation möglich, und darin liegt ihr Vorteil gegenüber einer Auseinandersetzung, die durch Verkürzungen in den Medien und durch Polarisierungen in der Politik gekennzeichnet ist. Ein Mediationsverfahren bietet die Chance, unterschiedliche Aspekte von Gefährdungen und unterschiedliche Beurteilungsperspektiven in einem kontinuierlichen Kommunikationsprozeß abzuwägen.

Der Laie – und das schließt auch den Politiker oder den Verwaltungsbeamten, der entscheiden muß, ein – wird sein Urteilen und Handeln weitgehend an der Frage ausrichten: „Welchen Experten vertraue ich?" Bei der Beantwortung dieser Frage spielt die vermutete Ähnlichkeit in den Grundüberzeugungen sicher eine große Rolle. Von großer Bedeutung ist auch die Einschätzung der Zuverlässigkeit wissenschaftlicher Expertisen. Soll ich Hochschullehrer und Gutachter als vertrauenswürdige Experten ansehen – oder sind es vielleicht (auch) diejenigen, die mit den in Frage stehenden Techniken alltäglich arbeitend umgehen, denen ich vertrauen kann? Es handelt sich hierbei um für die Risikobeurteilung folgenreiche Perspektivenpräferenzen, wie im folgenden anhand der Bewertung technischer Störfallsituationen dargestellt werden soll.

8.2.1 Störfälle

Bei der Risikobeurteilung konkreter großtechnischer Planungen rankt sich die Diskussion nicht allein um die Gefährdungen, die im Normalbetrieb einer Anlage zu erwarten sind, sondern oft auch um Gefährdungen, die bei möglichen Störfällen entstehen können.

Technisch-naturwissenschaftliche Risikoanalysen stellen Anwendungen mathematischer Modelle (z.B. Multiplikationstheorem von Wahrscheinlichkeiten) und naturwissenschaftlicher Gesetzmäßigkeiten (z.B. Dehnungskoeffizient von Eisen) für eine konkrete technische Anlage dar. Aus einer möglichst genauen Kenntnis des Zustandes der Anlage und der kausalen Abfolge möglicher Ereignisketten soll eine Prognose über die Wahrscheinlichkeit von Störfällen erfolgen. Derartige Analysen können nur solche Ereignisse berücksichtigen, die von vornherein als mögliche kausale Ereignisabfolgen in den Blick genommen wurden. Der Urteilshorizont dieses Blicks ist durch die Grenzen naturwissenschaftlicher und technischer Kenntnis und durch die Vorstellungskraft des Analytikers begrenzt. Die Durchsicht von Großunfällen hat immer wieder gezeigt, daß die Ursachen von Störfällen oft in Ereignisketten bestehen, die in den Sicherheitsanalysen nicht bedacht wurden.

Das rationale Modell einer Technik ist nicht die Technik selbst, sondern eben nur ein vereinfachtes Abbild. Im Zuge der zwangsläufig notwendigen Abstraktionsvorgänge können Realitätsbereiche vernachlässigt werden, die für die Störfallsituation eine ursächliche Rolle spielen. Ebenso wie wissenschaftliche Theorien kein 1:1-Abbild der Realität sind, auf die sie sich beziehen, sondern allenfalls die zu einem jeweiligen wissenschaftshistorischen Zeitpunkt besten Realitätsabbildungen wiedergeben, stellen Sicherheitsanalysen technischer Systeme bestenfalls die zu einem gegebenen Zeitpunkt und unter gegebenen Erfahrungen beste, auf rationalen Methoden basierende Sicherheitsabschätzung dar.

Diese kann deduktiv vorgenommen werden, indem aus der Fehlerwahrscheinlichkeit von Teilsystemen (z.B. das Platzen einer Heißwasserleitung, ein Stromausfall, ein Computerabsturz) auf die Wahrscheinlichkeit eines komplexeren Störfalls (der mehrere Fehlerquellen gleichzeitig zur Voraussetzung hat) geschlossen wird. Dieses Verfahren setzt eine meist nicht gegebene genaue Kenntnis des Verhaltens der Teilsysteme und ihrer Interaktionsmuster voraus. Geringe Unsicherheiten in den hierzu erforderlichen komplexen Annahmen können sich leicht zur Unvorhersehbarkeit hochschaukeln. Dieses Verfahren ist allenfalls für einfach strukturierte Störfalltypen geeignet. Für komplexere Strukturen ist man auf Induktionsschlüsse angewiesen, d.h. man zieht aus Störfallerfahrungen mit vergleichbaren Anlagen Rückschlüsse auf die Störfallwahrscheinlichkeit der in Frage stehenden Anlage. Bei dieser Art der Risikoabschätzung stehen sich dann zwei Grundmuster der Argumentation gegenüber. Die einen sagen:

> „Da es bislang zu unvorhergesehenen und vielleicht unvorhersehbaren Störfällen in vergleichbaren Anlagen gekommen ist, sind solche oder ähnliche Störfälle wohl auch bei der geplanten Anlage zu erwarten."

Die anderen sagen:

> „Die bisherigen Störfälle sind in ihren Abläufen analysiert worden, und man hat Konsequenzen gezogen, die einen künftigen Fehler dieser Art ausschließen."

In der ersten Argumentation wird die Anlage als Ganzes gesehen (Makroperspektive); Störfälle werden als typische Systemeigenschaft interpretiert (Turner 1978; Perrow 1987). Die zweite Sichtweise interpretiert die Anlage als Einzelfall und richtet die Aufmerksamkeit auf die Detailbedingungen (Mikroperspektive) der Störfallgenese. Dies ist eine eher ingenieurwissenschaftliche Perspektive bzw. eine Perspektive derer, die konkret an der Anlage arbeiten.

Perrow (1987) hat mit seinem Buch über „Normale Katastrophen" weit über die Fachöffentlichkeit hinaus Aufmerksamkeit erregt. Die Ursachen der Katastrophenereignisse, die er untersucht, sieht er nicht im Versagen einzelner Systemkomponenten, sondern in der spezifischen Struktur bestimmter Hochrisikosysteme, z.B. der Kernenergie. Die Komplexität dieser Systeme und die enge Koppelung der Systemkomponenten führen aus seiner Sicht dazu, daß sich die im Prinzip unvermeidlichen Störungen in Teilsystemen nicht mehr eingrenzen lassen, sondern das Gesamtsystem lahmgelegt wird und ein Systemunfall eintritt (Perrow 1987, S. 385). Solche technischen Systeme hält Perrow für prinzipiell nicht beherrschbar und fordert ihre Abschaffung. Diese Folgerung Perrows ist abhängig von der gewählten Analyseebene. Betrachtet man großtechnische Systeme wie die Kernenergie, die Raumfahrt oder die Seeschiffahrt als Ganzes, so geraten die Handlungsweisen einzelner Akteure aus dem Blick, sie erscheinen als unwesentlich, austauschbar, und sie versprechen keine Verbesserung der Gesamtsituation. Aus dieser Akzentuierung der Aufmerksamkeit auf die Makroebene des Systems ergeben sich notwendig Einseitigkeiten in der Betrachtung der Phänomene und in deren Beurteilung.

Umgekehrt ergeben sich bei einer Aufmerksamkeitszentrierung auf die Mikroebene (z.B. das Wahrnehmen, Urteilen und Handeln einzelner Akteure) natürlich ebenso Einseitigkeiten. Mikroprozesse werden in ihrer Bedeutung überschätzt, die Gesamtzusammenhänge geraten aus dem Blick, und eine mögliche Austauschbarkeit einzelner handelnder Personen und einzelner Situationen wird vernachlässigt.

Mikro- und Makrobetrachtungen technischer Systeme sind wissenschaftlich gleichermaßen möglich und legitim. Es gibt kein wissenschaftsimmanentes Kriterium, das zwangsläufig zur Präferierung der einen oder anderen Standortwahl der Betrachtungsebenen zwingt (Fietkau 1990). Wohl aber liegt die eine oder die andere Sichtweise näher oder ferner, je nachdem, in welcher Urteilerposition (Perspektive) sich ein Beobachter befindet.

> Nehmen wir an, aus einem Chemieunternehmen wäre eine giftige Chemikalie in einen Fluß gelangt und hätte alles Leben in ihm auf Jahre vernichtet. Der Außenbeobachter eines solchen Ereignisses, der davon aus der Presse erfährt oder die toten Fische auf dem Fluß schwimmen sieht, kommt vielleicht zu dem Urteil, daß es sich hierbei um einen Unfall handelt, der für Anlagen dieser Art in gewisser Weise typisch ist, sich immer wieder ereignen kann usf. Der Industriemeister, der die Anlage betreut hat, als es zu dem Unfall kam, wird ihn eher auf der Mikroebene analysieren. Er weiß, daß ein Ventil geklemmt hat, und er weiß vielleicht gleichzeitig, daß diese Art von Ventilen sonst schon gar nicht mehr verwendet wird und daß auch das Ventil, das versagte, in den nächsten Tagen ausgetauscht werden sollte. Er kommt also aus seiner Sicht der Dinge zu dem Schluß, daß sich der Unfall, so wie er sich ereignet hat, nicht mehr wiederholen kann.

Beide Urteiler kommen zu unterschiedlichen Bewertungen des Vorgangs, weil sie diesen in einem unterschiedlichen Auflösungsgrad betrachten. Aus dem unterschiedlichen Auflösungsgrad der Betrachtungen ergeben sich möglicherweise Kontroversen, die in wechselseitige Anschuldigungen münden. Diejenigen, die Ereignisse mit der „Systembrille" sehen, werden denen Betriebsblindheit vorwerfen, die sie mit ihrer „Detailbrille" sehen, während umgekehrt der Vorwurf mangelnder Detailkenntnis (meist mit Fachkenntnis gleichgesetzt) erhoben werden kann. Die Mikroanalyse zwingt zu Unterscheidungen, die eine Detailanalyse einzelner Störfälle ermöglicht. Beide Perspektiven sind gleichwertig. Wir müssen lernen, damit zu leben, daß der gleiche Sachverhalt sich in unterschiedlicher Weise darstellt, je nachdem, aus welchem Blickwinkel wir ihn betrachten.

Wie läßt sich die Wahl der Perspektiven, unter denen Störfälle gesehen werden können, interpretieren? Warum wählt der Werkmeister vor Ort eine Brille, die es ihm gestattet, die Details zu sehen, und rückt die Individualität des Einzelfalls in das Zentrum seines Denkens, und warum wählt der außenstehende Betrachter eine Sichtweise, die jenseits von Einzelvorgängen Systembedingungen in den Blick bringt? Hätte man nicht auch vermuten können, daß in Störfallsituationen Verantwortungen auf den jeweils fremden Bereich verlagert werden? Der Ingenieur vor Ort könnte doch das System verantwortlich machen und der (soziologische) Systemanalytiker die konkret Handelnden. Offenkundig aber sieht jeder eher die Probleme, die seiner professionellen Einflußsphäre entstammen, und orientiert sich an dem ihm zugänglichen Erfahrungshintergrund.

Dieses Phänomen hat erhebliche Konsequenzen für den gesellschaftlichen Umgang mit risikobelasteten neuen Techniken. Da die meisten Menschen gegenüber diesen Techniken Außenstehende sind, richtet sich die Diskussion der breiten Öffentlichkeit eben nicht auf die Details, sondern bringt immer die Technik als Ganzes in den Blick und stellt sie so in Frage.

Diese Perspektivengebundenheit in der Beurteilung gewesener und künftiger Störfallsituationen findet sich auch in Mediationsverfahren. Der Gegensatz der Sichtweisen bleibt dort jedoch nicht unverändert. Es kommt zu einer vorhersagbar gerichteten Auflösung der Auffassungsunterschiede. Die Verfahrensbeteiligten verändern mit zunehmender Detailkenntnis ihre Urteilsperspektive zugunsten einer an diesen Details orientierten Sichtweise. Die globalen Systembewertungen weichen der Detailanalyse, und die Problemlösungswege, die gefunden werden, konzentrieren sich auf das technisch Machbare, das an Mikroverläufe gewesener Störfälle anknüpft. Nicht die Technik als Ganzes steht weiter im Blickpunkt, sondern die Frage, wie sie sicher gemacht werden kann, welche Redundanzsysteme eingebaut werden können/müssen, um bekannte Fehlerquellen zu vermeiden.

Dieser Prozeß kann unterschiedlich bewertet werden – je nach Standpunkt: Man kann ihn als eine wohltuende Diskussionsversachlichung auffassen, man kann in ihm auch einen Vorgang sehen, bei dem man den Wald nicht mehr vor Bäumen sieht, das Große und Ganze aus dem Blick verliert.

Auch die räumliche Distanz zu einer Gefährdung beeinflußt ihre Beurteilung. Je entfernter Menschen von einem Kraftwerk leben, desto geringer schätzen sie die mit diesem Kraftwerk verbundenen Risiken ein. Allerdings nehmen diejenigen, die sehr dicht an einem Kraftwerk leben, dessen Risiken auch als sehr gering wahr (Maderthaner 1978). Hier scheinen zwei Effekte eine Rolle zu spielen. Große Entfernung zu einem Risiko verringert die persönliche Betroffenheit. Große Nähe begünstigt eine Binnenperspektive, aus der heraus „das eigene Kraftwerk" als Sonderfall gesehen werden kann, der sich mit anderen Anlagen nicht vergleichen läßt.

Der jeweilige Blickwinkel, von dem aus die Technik und ihre Störanfälligkeit betrachtet werden, gestattet es, Verantwortlichkeiten zu verlagern und damit abzuwehren. Eine sehr probate Form der Abwälzung von Verantwortung für Störfälle drückt sich in der Rede von der versagenden Technik aus. Es hat sich in der Alltagssprache, aber auch in der wissenschaftlichen Betrachtung eine Unterscheidung zwischen technischem und menschlichem Versagen eingebürgert. Läßt sich aber eine solche Unterscheidung logisch durchhalten, und ermöglicht sie eine eindeutige Zuordnung von Störfalltypen zu diesen Kategorien? Hat nicht jeder Störfall seine Ursachen im menschlichen Verhalten? Kann Technik überhaupt versagen? Stellt dies nicht eine unzulässige Anthropomorphisierung von Technik dar? Handelt es sich nicht vielleicht um eine den Menschen von Verantwortung entlastende, aber in der Sache unzulässige Attribuierung? Machen wir es uns also mit der Zuschreibung von Verantwortung für Fehler an die Technik nicht zu einfach (vgl. Fietkau 1990)? Indem wir vermenschlichend die Technik für etwas verantwortlich machen und nicht die hinter der Technik stehenden menschlichen Technikentscheidungen hinterfragen, verlagern wir die Verantwortung vom Handelnden auf das Handlungsobjekt und wehren so den Gedanken ab, daß wir es sind, die versagen.

Das sogenannte Versagen der Technik läßt sich durch Konstruktionsfehler, Wartungsfehler und/oder Bedienungsfehler vollständig beschreiben. Dies gilt auch dann, wenn das diesen drei Kategorien zuordenbare Handeln dem Stand der Forschung und der Technik sowie den Bedienungsvorschriften entspricht. Nehmen wir eine platzende Rohrleitung: Ein solcher Unfall kann auf einer zu schwachen Wandstärke des Rohres beruhen, er kann weiter darauf zurückzuführen sein, daß ein Haarriß bei einer Inspektion nicht entdeckt wurde oder daß das Bedienungspersonal den Druckanstieg im Rohr nicht auf den Meßeinrichtungen registriert hat, oder auf alle Fehlerquellen zusammen. Die Ursache für das Platzen des Rohres liegt jedenfalls nicht darin, daß das Material selbst gewissermaßen einen Fehler gemacht hat. Fehler zu machen, ist ein Privileg von Menschen: des Konstrukteurs, dessen, der die Wartung vorgenommen hat, oder des Anlagebedieners. Es ist eine ganz andere und weiterreichende Frage, worauf der eingetretene Fehler nun seinerseits zurückzuführen ist: auf Fahrlässigkeit, auf mangelnde Ausbildung und mangelndes Wissen des einzelnen Handelnden oder auf einen allgemeinen Erkenntnismangel, der alle Fachleute einschließt und sich nicht allein auf den je Handelnden beschränkt.

Je mehr man in die Details einer Störfallgenese eindringt, desto mehr rücken einzelne Handelnde in den Blick. Ob sich allerdings die Handlungen, die sich im nachhinein als störfallverursachend erwiesen haben, als Handlungsfehler beschreiben lassen, ist oft davon abhängig, ob man diese Handlungen rückblickend betrachtet oder aus der Handlungssituation selbst heraus interpretiert.

Handeln in Störfallsituationen ist ein Handeln unter Unsicherheiten und unter zeitlichem Druck. Von Menschen, die in solchen Situationen Entscheidungen treffen müssen, wird erwartet, daß sie sich normgerecht verhalten, indem sie z.B. technische Anweisungen befolgen. Was aber, wenn diese Anweisungen den konkret gegeben Situationen nicht entsprechen? Personen, die im Normalbetrieb nur sehr begrenzte Tätigkeits- und Verantwortungsbereiche haben und zudem daran gewöhnt sind, nur Weisungen auszuführen, sind kaum in der Lage, in sich abzeichnenden Störfällen eigenverantwortlich und flexibel zu reagieren (Sonntag/Schaper 1988). Ihr Verhalten wird in der Fortsetzung des Normalverhaltens unter besonderen Bedingungen bestehen (vgl. für den arbeitswissenschaftlichen Kontext auch Hacker 1986, S. 435ff.). Die Risiken aus Alltagsroutinen werden deutlich unterschätzt (Ruppert/Ettemeyer 1988). Ein Störfall kann dadurch eintreten, daß normabweichendes Verhalten nicht trainiert ist bzw. der Handelnde bei Normverletzungen mit unangenehmen persönlichen Folgen rechnet.

Die Risiken, die sich aus Handlungsfehlern in konkreten Problemsituationen ergeben, lassen sich nicht allein aus der aktuellen Situation selbst verstehen. Sie stehen im Kontext eines Gesamtgeschehens, das Erfahrungen mit Vergangenem und für die Zukunft erwartete Handlungsfolgen einschließt.

> Nehmen wir an, der Werksmeister in Tschernobyl hätte das Kraftwerk bei der ersten ihm bewußt werdenden Unregelmäßigkeit des Betriebs abgeschaltet. Was wäre dem Werksmeister wohl geschehen? Mit einiger Sicherheit hätten ihm die Experten im nachhinein nachgewiesen, daß die Situation, auf die er reagierte, völlig ungefährlich gewesen sei und seine Reaktion geradezu hysterisch. Dies hätte vermutlich zur Folge gehabt, daß man ihn für ungeeignet gehalten hätte, weiterhin einen solchen Arbeitsplatz auszufüllen, weil durch seine unangemessene Reaktion dem Werk ein großer Schaden entstand. Eine solche Reaktion kann ein einigermaßen intelligenter Werksmeister natürlich vorhersehen. Was heißt das aber in der Konsequenz? Das heißt, daß ein „vernünftiger" Mensch erst dann auf einen Störfall mit einer einschneidenden Intervention reagieren wird, wenn er sicher sein kann, daß die Katastrophenträchtigkeit der Situation auch im nachhinein für jeden evident sein muß. Dann aber kann es möglicherweise bereits zu spät sein, geeignete Maßnahmen zu ergreifen.

In dieser Betrachtungsweise einer Störfallsituation stehen die sozialen Umfeldbedingungen der Handelnden im Zentrum. Störfallvermeidung wird zur organisatorischen, arbeitspsychologischen Gestaltungsaufgabe, bei der der Umgang mit dem Fehler zum zentralen Thema wird (Imai 1993).

Der Diskurs um Risiken technischer Anlagen sollte die drei hier beschriebenen Perspektiven umfassen: die Systemsicht, die technische Perspektive und den Blick auf das soziale Umfeld der Handelnden.

Zur Risikokommunikation gehört nicht nur der Versuch, Störfälle zu vermeiden, sondern auch das Nachdenken darüber, was geschieht, wenn es zu einem Störfall kommen sollte. Die Vorbereitung auf solche Situationen ist psychodynamisch schwierig. Wenn man glaubt, das Mögliche zur Vermeidung eines Störfalls getan zu haben, ist die Abwehr groß, das Undenkbare dennoch zu denken. Während Katastrophen hohe öffentliche Aufmerksamkeit genießen, ist es schwierig, Menschen im vorhinein von der Möglichkeit einer Katastrophe zu überzeugen (Covello et al. 1988): Es herrschen im allgemeinen Desinteresse und

Optimismus vor. Der Optimismus reicht bis in bereits eingetretene Katastrophensituationen hinein. Menschen treffen für Katastrophen kaum Vorkehrungen. Hiervon gibt es zwei Ausnahmen: Nachdem eine Katastrophe eingetreten ist, steigt die Bereitschaft, Vorkehrungen gegenüber möglichen Wiederholungen zu treffen, und: Menschen, die häufiger Katastrophensituationen ausgesetzt sind, lernen, mit ihnen vorbeugend zu leben.

9. ENTSCHEIDUNGSFINDUNG IN GRUPPEN

9.1 Die Gruppe als Gegenstand psychologischer Forschung

Die sozialpsychologische Betrachtung von Gruppen ist durch zwei Traditionen geprägt: die europäische und die amerikanische. In der amerikanischen Sicht steht das Individuum im Vordergrund, und die Fragen richten sich darauf, wie das soziale Umfeld einer Gruppe auf den einzelnen wirkt und wie der einzelne das soziale Geschehen wahrnimmt und verarbeitet; in der europäischen Tradition ist die Gruppe selbst die Untersuchungseinheit (Graumann 1988). Die Frage jedoch, inwiefern Gruppen als „handelnde" Akteure betrachtet und beschrieben werden können (wie es Durkheim und Moscovici taten), wirft eine Reihe theoretischer, methodischer und begrifflicher Probleme auf, die unter dem Stichwort „soziale Repräsentation" (Witte 1998b) diskutiert werden. Wir verwenden im Alltagssprachgebrauch, aber auch in der wissenschaftlichen Terminologie, unter Vernachlässigung der damit verbundenen theoretischen Grundfragen, anthropomorphisierend für Gruppen Attribute wie Leistungsfähigkeit, Interessen usw. Ob es theoretisch angemessen ist, Gruppen als eigenständige Träger von Bewußtsein und Handlung aufzufassen, ist eine Frage, die in der Ideengeschichte der Psychologie und Soziologie unterschiedlich beantwortet wurde (Bangerter/von Cranach 1998). Auch für die Mediationsforschung ergeben sich daraus relevante methodische Fragen. Von Verfahrensbeteiligten werden häufig individuelle Urteile mittels Interviews bzw. Fragebögen abgerufen. Diese Urteile werden dann über die Mitglieder einer Gruppierung gemittelt, und dieser Mittelwert wird im weiteren als das Urteil der jeweiligen Gruppe angesehen (methodischer Individualismus). Ist so etwas wie das Gruppenurteil angemessen durch die Angabe der mittleren Urteile der Individuen repräsentiert?

Das Problem der sozialen Repräsentanz kann an dieser Stelle nicht gelöst werden. Pragmatisch wird im folgenden jedoch davon ausgegangen, daß psychische Prozesse, wie z.B. bestimmte Heuristiken des Denkens und die damit verbundenen Fallstricke, sich auch zur Beschreibung von Gruppen eignen. Es wird hierbei unterstellt, daß psychische und soziale Prozesse in gewissen Grenzen strukturhomolog sind. Diese Sichtweise hat jüngst empirische Unterstützung gefunden. Für das Verhältnis intrapsychischer Kognitionen und interpersonaler

Kommunikation konnte Tschan (1998) nachweisen, daß beide strukturell und funktional im Kontext von Problemlösungen als äquivalent gelten können.

Gruppen genossen in der Psychologie der Jahrhundertwende wenig Wertschätzung. Die Gruppe oder – in abwertender Manier – die Masse war bei Le Bon, bei Wundt, bei Jung „sozusagen eine häßliche Möglichkeit des Menschseins, die immer bereitliegt" (Hofstätter 1957, S. 9). Erst Mitte des 20. Jahrhunderts rückten Vorzüge von Gruppen mit den sozialpsychologischen Arbeiten Kurt Lewins in den Blick. Lewin hat durch seine Arbeiten, insbesondere aber durch seine forschungsanregenden Impulse, die er einem breiten Kreis von Schülern sowohl in seiner deutschen als auch in seiner amerikanischen Zeit gab, prägend gewirkt. Ihm ging es nicht primär um eine Deskription des Gruppengeschehens, sondern um die Erforschung der Bedingungen, die in Gruppen Veränderungen herbeiführen oder blockieren. Schon in seiner Berliner Zeit waren es viele alltägliche Beobachtungen, die Lewin zu grundlegenden Entwicklungen in der Geschichte der psychologischen Theorienbildung anregten. Sein Ansatz, den Vorrang des Theoretischen, kreative experimentelle Forschung und Feldbeobachtung, Alltagserfahrungen und kontrollierte soziale Einflußnahmen undogmatisch zusammenzuführen (Lewin 1952), haben ihn zu dem vielleicht bedeutendsten Psychologen dieses Jahrhunderts werden lassen (Marrow 1969/1977).

1968 hat Lewin die Lösung eines arbeitsplatzbezogenen Konflikts durch einen Psychologen dargestellt. Dieses Vorgehen würden wir heute als Mediation bezeichnen. Es basierte unter anderem auf folgenden, noch heute aktuellen Prinzipien: Der Vermittler nimmt nicht zu Schuldfragen Stellung. Er hört zu und sammelt Informationen. Er erkennt die Gefühle der Beteiligten an. Er verlagert die Aufmerksamkeit weg von der Frage „Recht oder Unrecht" hin auf die konfliktlösende Situation. Er erklärt die Situation nicht, sondern stellt Fragen. Er ermuntert die Beteiligten, Realitäten zu akzeptieren. Die Konfliktbeteiligten werden von Anfang an in die Planung des Problemlösungsprozesses einbezogen (nach Rosenstiel et al. 1986, S. 219).

Die von Lewin in den vierziger Jahren begründete Gruppendynamik hat bis dato insbesondere im Kontext arbeitspsychologischer Studien ein sehr differenziertes Wissen über konstruktive und destruktive Elemente von Gruppenarbeit hervorgebracht. In Deutschland waren Hofstätter (1957) und Brocher (1967) wegbereitend. Hofstätter legte die psychologiegeschichtlichen Hintergründe des Themas dar und führte in Deutschland die psychometrischen Analyseverfahren in die Psychologie der Gruppe ein. Brocher war eher anwendungsorientiert, kam aus der Erwachsenenbildung und behandelte das Thema mit psychoanalytischem Hintergrund. In seiner Arbeit nehmen bereits „Arbeitsmethoden der Gruppendynamik" einen breiten Raum ein. Er stellte eine Reihe spielerischer Handlungsformen dar und beschrieb die Möglichkeiten und Voraussetzungen für eine gezielte, spielerische, auf unmittelbare Erfahrungsbildung der Gruppenteilnehmer zielende Arbeit mit Gruppen in einer Weise, die bis heute nichts an Aktualität eingebüßt hat. Das sich wandelnde Bild der Gruppe: weg von der alle Individualität und Kreativität nivellierenden Masse hin zum Team, in dem konstruktiv Kräfte und Potentiale gebündelt werden, hat sich seitdem in der Sozialpsychologie und anwendungsbezogenen Forschung, vorrangig in der Arbeitspsychologie, durchgesetzt. Die Breite der experimentellen sozialwissenschaftlichen Forschung in diesem Feld kann mittlerweile kaum noch zusammenfassend dargestellt werden. Gleichwohl hat sich inzwischen ein handbuchfähiger, kumulierbarer und gut abgesicherter Kanon konsentierter Erfahrung herausgebildet. Dieser ist durch eine zunehmende Spezialisierung gekennzeichnet. Einen Überblick über die neuere Forschung geben neben vielen anderen Hare et al. (1994) und Ardelt-Gattinger et al. (1998).

9.2 Die Leistungsfähigkeit von Gruppen

In (populär-)wissenschaftlichen Publikationen zur Mediation wie auch zur Organisationspsychologie gilt Gruppenarbeit heute in fast dogmatischer Weise als förderlich. Diese These war Basis für eine Vielzahl von Reformbemühungen in Industrie und Verwaltung. Betrachtet man die empirische Forschungslage, trübt sich das Bild (Scherm 1998a). Dunckel (1996) berichtet über eine amerikanische metaanalytische Studie, in der 1.100 Untersuchungen zur Frage der Effektivität von Gruppen im Arbeitsleben gesichtet wurden. Nur 6% der Studien (51) hatten eine Qualität, die eine Berücksichtigung in der metaanalytischen Betrachtung rechtfertigte. In einer weiteren von Dunckel herangezogenen, 1977 durchgeführten metaanalytischen Studie zeigte sich, daß die positiven Effekte von Teamarbeit desto geringer ausfallen, je besser die Studien unter methodischen Gesichtspunkten sind. Die Vermutung, daß Gruppen leistungsfähiger sind als Einzelpersonen, kann in dieser Allgemeinheit nicht aufrechterhalten werden (Witte 1995, 1998a).

Zwar konnte Triplett 1897 (nach Rosch 1993) zeigen, daß Radrennfahrer unter Wettbewerbsbedingungen bessere Leistungen erzielen als bei Einzelfahrten, aber es gab auch sehr frühe empirische Hinweise darauf, daß unter Gruppenbedingungen Leistungen absinken: Ringelmann, ein französischer Agraringenieur, schilderte Ende des vorigen Jahrhunderts Beobachtungen, nach denen beim Seilziehen die Leistung des einzelnen mit jedem Hinzukommenden um 10% absank. Dieser Effekt wird bis heute als Ringelmann-Effekt bezeichnet. Er kann in abgeschwächter Form ebenfalls bei Gruppen nachgewiesen werden, die Ideen produzieren sollen. Auch hier nimmt die pro Kopf produzierte Zahl der

Ideen mit wachsender Teilnehmerzahl ab und ist geringer als die Zahl der in „synthetischen Gruppen" (die Gruppenmitglieder arbeiten isoliert für sich) einzeln produzierten Ideen (Zysno 1998). Allerdings täuschen sich hierbei die Gruppenmitglieder (Illusion des Gruppenvorteils): Aus der Erfahrung, daß die Gruppe mehr Ideen produziert als sie selbst produziert hätten, leiten sie fälschlich den Vorteil der Gruppenarbeit ab. Sie haben ebenfalls irrtümlich den Eindruck, die Gruppe hätte sie zu Ideen angeregt. Dieser Irrtum basiert auf darauf, daß Gruppenmitglieder dazu neigen, viele Ideen, die von außen kommen, sich selbst zuzuschreiben (Wilke/von Knippenberg 1996).

Die Leistungszurückhaltung von einzelnen in Gruppen ist insbesondere in ökonomisch inspirierten Interpretationen als „Free-Rider-Verhalten" beschrieben worden. Der einzelne – so diese Deutung – verweigert seine volle Leistung, weil sein Verhalten nur marginale Auswirkungen auf die durchschnittliche Gruppenleistung hat und damit für ihn die Bilanz von Aufwand und Ertrag negativ ausfällt. Problematisch wird ein solches Verhalten für das Kollektiv und für den einzelnen lediglich dann, wenn es von allen Mitgliedern der Gruppe realisiert wird. Dieses Phänomen wird insbesondere für das Ausbleiben umweltgerechter Verhaltensweisen verantwortlich gemacht. Warum soll ich mit dem Ziel der Verbesserung der Luftqualität in Ballungsräumen auf die Nutzung meines Pkws verzichten? Die Effekte meines Verhaltens wären kaum meß- und der Nutzen somit nicht erfahrbar. Es reicht doch, wenn die anderen es alle tun.

Neben der Free-Rider-Logik ist als Ursache auch ein anderer psychischer Prozeß vorstellbar. Die einzelnen Gruppenmitglieder nehmen an, daß sie besser (leistungsfähiger) sind als der Durchschnitt der Gruppe. Gruppenzusammenhalt und emotionale Akzeptierung sind jedoch wichtige Verhaltensziele. Die Personen vermuten, daß ein sich heraushebendes Verhalten die Kohäsion und die wechselseitige Akzeptierung in der Gruppe stören würde. Sie reduzieren demzufolge ihre Leistung auf den gemutmaßten Gruppendurchschnitt (Witte 1995, S. 468). Bezogen auf das oben genannte Beispiel wäre der Hintergrund für die Verweigerung ökologisch verträglichen Handelns darin zu sehen, daß der einzelne sich nicht relativ zu seiner Bezugsgruppe herausheben will, um Teil der Gruppe bleiben zu können.

Die Art und Weise, wie Gruppen mit Ideen und Informationen umgehen (Hinsz et al. 1997), ist für kognitive Umorientierungen in Mediationsverfahren zentral. Die Grundlagenforschung zeigt, daß Gruppen oft nicht in der Lage sind, die für ihre Entscheidungen relevanten und im Prinzip verfügbaren Informationen angemessen zu berücksichtigen. Sie haben Schwierigkeiten, eine „hidden structure" zu erkennen.

Grundform einer Hidden Structure

Nehmen wir an, eine Gruppe hat zwischen zwei Handlungsmöglichkeiten (A und B) zu entscheiden. Die Gruppe besteht aus drei Mitgliedern (X, Y, Z). Sie soll sich für jene Handlung entscheiden, für die mehr Argumente sprechen. Alle Argumente sind gleich gewichtet. Für die Handlung A sprechen die Argumente a1 und a2, für die Handlung B die Argumente b1, b2 und b3. Die Gruppe müßte sich also für die Handlung B entscheiden. Den einzelnen Gruppenmitgliedern sind vor Beginn der Gruppendiskussion folgende Argumente bekannt: X: a1, a2, b1; Y: a1, a2, b2; Z: a1, a2, b3. Jeder einzelne verfügt also über mehr Argumente für A, die Gruppe hingegen verfügt über mehr Argumente für B. Im Verlauf des Informationsaustauschs zwischen den einzelnen Gruppenmitgliedern müßten diese somit ihre Ausgangspräferenz A zugunsten von B verändern. Dies setzt voraus, daß sie das in der Gruppe verfügbare Wissen auch nutzen. Genau dies fällt Gruppen aber selbst in dieser sehr einfachen Fassung der Hidden Structure schwer.

Wenn sich die Gruppenteilnehmer lediglich fragen, wie jeder einzelne entscheiden will, stellen sie fest, daß alle für A sind, freuen sich über den Konsens und entscheiden fehlerhaft. Diesen Fehler können die Gruppen vermeiden, wenn sie jede Handlungsmöglichkeit einzeln durchgehen und insbesondere bei komplexeren Strukturen die Argumente dokumentieren.

Gruppen verarbeiten überwiegend die Informationen, die bereits vor der Gruppensitzung bekannt sind. Informationen mit niedrigem Bekanntheitsgrad haben wenig Einfluß auf die Entscheidungsfindung (Scherm 1998a). Es ist offenkundig für Gruppen schwer, zu Problemlösungen zu gelangen, die auf der Basis von Informationen möglich werden, welche erst in der Erörterung auf den Tisch kommen oder von Außenseitern vorgebracht werden. Man orientiert sich eher an den tradierten Mustern. Eine Hidden Structure wird von Gruppen häufiger aufgedeckt und genutzt, wenn diese sich der Pluralität und Konflikthaftigkeit ihres Entscheidens bewußt sind oder werden, z.B. dadurch, daß Gruppenminoritäten die vermeintlich klare Entscheidung in Frage stellen können und nicht aus dem Entscheidungsprozeß als Störenfriede ausgeschlossen werden (Kerschreiter et al. 1998).

Die Kreativität von Gruppen sinkt, wenn sich die Gruppen in einer Situation befinden, in der ihre Entscheidungen ernsthafte Konsequenzen haben. Wenn das Problem als unrealistisch und irrelevant eingeschätzt wird, werden mehr Ideen produziert. Wenn die Gruppe erwartet, daß ihre Ideen umgesetzt werden, werden weniger Ideen produziert (Hare 1994a). Offenkundig sind dann nur noch wenige bereit, die Verantwortung für ungewohnte Lösungen zu übernehmen. Wenn man also in Mediationsverfahren kreative Problemlösungen finden will, scheint es somit angebracht, die Mediationsrunde von der Verantwortung für die Umsetzung zu entlasten.

Leistungsfähige Gruppen haben klare Ziele, eine klare Struktur, und ihre Mitglieder verfügen über unterschiedliche Fähigkeiten, die vom Gruppenleiter systematisch beachtet werden (Hare 1994b). Nicht alle Aufgaben sind gleichermaßen für die Bearbeitung in Gruppen geeignet. So lassen sich relativ sicher gruppengeeignete und gruppenungeeignete Aufgabenstellungen identifizieren (Wilke/Knippenberg 1996, S. 468ff.):

> Bei additiven Aufgaben (z.B. gemeinsames Ziehen an einem Tau) wird die jeweilige Einzelleistung mit zunehmender Gruppengröße geringer (Interpretation: Motivationsverluste, Koordinationsverluste). Bei Brainstorming-Aufgaben generieren unabhängig voneinander arbeitende Individuen (nominale Gruppe) mehr Ideen als eine gemeinsam nach Ideen suchende Gruppe (reale Gruppe) (vgl. auch Zysno 1998).

> Bei kompensatorischen Aufgaben (Abgabe von Einschätzungen, z.B. Raumtemperatur) ist das Gruppenergebnis häufig besser als der Durchschnitt der Einzelergebnisse.

> Bei disjunktiven Aufgaben (Entscheidungen zwischen unterschiedlichen Problemlösungen) mit Aha-Lösungen gilt: Gruppen korrigieren häufig Fehler und lehnen falsche Vorschläge ab. Aber: Nur die unterstützte Wahrheit siegt, d.h. es kommt auf die dominanten Gruppenmitglieder und deren Problemsicht an, was sich durchsetzt.

> Bei konjunktiven Aufgaben wird das Problem nur gelöst, wenn alle Gruppenmitglieder ihren Beitrag zur Problemlösung leisten. Ist die Aufgabe nicht teilbar (z.B. beim Bergsteigen), hängt die Problemlösungsgüte vom schwächsten Gruppenmitglied ab. Bei teilbaren Aufgaben (z.B. das gemeinsame Schreiben eines Buches) kann die Gruppenproduktivität höher sein als die potentielle Produktivität des am wenigsten leistungsfähigen Gruppenmitglieds, wenn die Fähigkeiten der Gruppenmitglieder den Schwierigkeiten der Teilaufgaben entsprechen.

Es kommt wohl darauf an, die Vor- und Nachteile von Gruppenarbeit gleichermaßen zu sehen. Wunderer und Grunwald (1980, S. 218ff.) stellten die Forschungsergebnisse zur Gruppenarbeit in betrieblichen Kontexten zusammen. Sie hielten fest, daß Gruppenarbeit vor allem bei komplexen Aufgaben, die heterogene Informationen benötigen, vorteilhaft sei.

Abb. 11: Vor- und Nachteile von Gruppenarbeit

Gruppenvorteile	Gruppennachteile
– In Gruppen findet man mehr Informations- und Kreativitätspotential als bei jedem Einzelmitglied. – Größere Zahl von Lösungsvorschlägen bei einem Problem. – Beteiligung bei Gruppenproblemlösungen erhöht deren Akzeptanz. – Besseres Verständnis der Entscheidungen, weil Entscheidung und Ausführung nicht auseinanderfallen. – Reduktion von Kommunikationsverzerrungen – Teilnehmer kennen auch abgelehnte Alternativen.	– Konformitätsdruck – Tendenz zu risikoreichen Entscheidungen („risky shift") – Verantwortungsdiffusion – Hoher Zeit- und Kostenaufwand – Dominierung des Gruppengeschehens durch wenige Mitglieder, insbesondere den Führer

Quelle: nach Wunderer/Grunwald (1980, S. 219)

Ob in Mediationsverfahren eher die Vor- oder eher die Nachteile von Gruppenarbeit zum Tragen kommen, ist in hohem Maße vom Gruppenleiter abhängig. Die „Schicksale" von Vorschlägen wurden von Scharpf und Fisch (1989) in einem Planspiel mit Führungskräften aus der Verwaltung (Haushaltsplanentscheidungen, Beteiligte: der Landrat und seine drei Dezernenten) analysiert. Diskutiert wurde in der Gruppe weniger die Qualität und sachliche Fundiertheit der Vorschläge als ihre Durchsetzbarkeit. Die Hälfte aller Vorschläge kam vom Landrat, der die Sitzungsleitung hatte: Von neun angenommenen Vorschlägen kamen drei von ihm. Es konnte gezeigt werden, daß sich hier die Positionsmacht des Landrats durchsetzte. Die Annahme von Vorschlägen war nicht von der Qualität der Argumente abhängig, sondern von der sozialen Position und der gruppendynamischen Rolle dessen, der sie vortrug.

Der Gang der Diskussionen und das Schicksal von Argumenten in Gruppendiskursen sind abhängig davon, wie der Diskurs vorstrukturiert ist. Boos et al. (1991) führten eine Studie im Rahmen einer Fortbildungsveranstaltung für Führungskräfte der öffentlichen Verwaltung (15 Teilnehmer) durch, um den Umgang mit Argumenten in Gruppensituationen zu untersuchen. Die Gruppendiskussionen fanden unter drei Bedingungen statt (je eine Gruppe mit fünf Teilnehmern), die durch entsprechende Instruktionen geprägt wurden: (1) Dominanz des Vorgesetzten, (2) Vorgehen nach Zuständigkeit und (3) integratives Vorgehen. In der Gruppe, die von einem Vorgesetzten dominiert wurde, wurden 53% der Vorschläge kontrovers aufgenommen, in der Gruppe, die nach Zuständigkeiten verfuhr, waren es 40% und bei integrativem Vorgehen 11%. Die Vorgesetztengruppe war die entscheidungsfreudigste, gefolgt von der Zuständigkeitsgruppe und der Gruppe mit integrativem Vorgehen. Die Argumentation mit

Sachbegründungen war bei der integrativ orientierten Gruppe am erfolgreichsten, etwas weniger bei Vorgesetztenlösungen und bei Zuständigkeiten. Bei der Vorgesetztengruppe und der Zuständigkeitsgruppe waren Argumente, die sich auf die Durchsetzbarkeit von Vorschlägen bezogen, am erfolgreichsten. Dieser Befund konnte in einer breiter angelegten Studie vertieft werden. Auf der Basis von 30 experimentell durchgeführten Planspielen mit 150 Versuchspersonen gelangten Boos und Meier (1993) zu folgendem Ergebnis: Gruppen, die nach Zuständigkeit verfuhren, diskutierten mehr unterschiedliche Problemelemente. Gruppen mit integrativem Vorgehen differenzierten die Problemstruktur im Verlauf des Diskussionsprozesses am besten aus. Vorgesetztengruppen hatten im Verlauf der Diskussion sowohl hinsichtlich der Vernetzung der Problemstruktur als auch bei der Ausdifferenzierung der Argumente die schlechtesten Ergebnisse. Integrative Gruppen nahmen die Sichtweisen anderer im Vorfeld bereits vorweg; in Zuständigkeitsgruppen trafen die unterschiedlichen Sichtweisen erst in der Gruppensituation selbst aufeinander. Bei den vorgesetztenorientierten Gruppen schien das Ergebnis von vornherein für die Teilnehmer festzustehen.

Die Befunde sprechen für die Grundidee der Mediation. Ein inhaltlich neutraler Mediator ist weniger in der Gefahr, seine Ideen gegen andere, möglicherweise bessere durchzusetzen. Ein integriertes Vorgehen, bei dem sich alle gemeinsam für eine Problemlösung verantwortlich fühlen, hat bessere Chancen auf eine differenzierte Problembetrachtung als planungsübliche öffentliche Entscheidungsverfahren, die stark nach Zuständigkeiten separiert sind. Allerdings kann dies durch eine geringere Entscheidungsfreudigkeit erkauft werden. Aber, wie bereits an anderer Stelle gesagt: Man kann nicht alles haben.

9.3   Groupthink und Entrapment

„Irrsinn ist die Ausnahme bei Individuen, aber die Regel bei Gruppen" (Nietzsche, nach Janis 1972/1982, S. 3). Die Neigung von Menschen, sich an Gruppen zu binden, sich mit ihnen zu identifizieren, hat Arthur Koestler (1978, S. 24) als Ursache der großen Menschheitskonflikte beschrieben:

> „Die zahlreichen Katastrophen in der Geschichte des Menschen gehen vor allem auf seine exzessive Fähigkeit zurück, sich mit einer Gruppe oder Nation, mit einer Kirche oder Sache zu identifizieren und deren Credo selbst dann unkritisch zu übernehmen, wenn die betreffenden Dogmen aller Vernunft widersprechen, den eigenen Interessen schaden und dem Selbsterhaltungstrieb Hohn sprechen."

Gesellschaftliche Konflikte sind für Koestler Folge der Tendenz, daß sich Menschen ideologisierend in ihre Gruppe (keine reale Gruppe, eher Ideengemeinschaft) einbinden, sich an sie ketten und sich durch Sprachbarrieren von anderen Systemen abgrenzen.

Diese Gedanken wurden von Irvin Janis 1972 in die Sozialpsychologie eingeführt. Mit dem Begriff Groupthink beschreibt er eine in Gruppen beobachtbare Tendenz, sich als Gruppe für unfehlbar zu halten, sich gegen andere Meinungen abzuschirmen und an einmal gefundenen Auffassungen festzuhalten – und zwar auch dann, wenn diese für die Gruppe selbst offenkundig unerwünschte Auswirkungen haben. Solche Gruppen behalten einmal eingeschlagene Strategien bei und tappen auf diese Weise in eine Falle (Entrapment) und eskalieren so ihre Verluste. Es handelt sich um die Tendenz einer Gruppe, zugunsten von Harmonie und Konsens auf eine (selbst-)kritische Prüfung von Entscheidungen zu verzichten. Die Bindung an den gefundenen Gruppenkonsens kann als „commitment escalation" oder überbordendes Commitment (Moser 1996b) aufgefaßt werden.

Janis (1972/1982) hat das Groupthink-Phänomen anhand von Beispielen aus der amerikanischen Außenpolitik beschrieben (Pearl Harbour, Schweinebucht, Vietnam, Kuba-Krise und andere). Er beschreibt die Niederlagen der amerikanischen Außenpolitik als eine Kette von Fehlentscheidungen, die er auf Gruppenprozesse in der politischen Administration zurückführt. Die Entscheidungsgremien waren unfähig, ihre konsensualen Sichtweisen veränderten Problemlagen anzupassen. Sie wähnten sich im Besitz von Wahrheit und Moral, ließen abweichende Problemsichtweisen und widersprechende Informationen nicht zu. Ihr verkrustetes Gruppendenken behinderte sachgerechte Reaktionen auf sich wandelnde Problemlagen.

Das Groupthink-Modell in Anlehnung an Janis (1972/1982)

Voraussetzungen:

— Isolation der Gruppe, dominante Gruppenleitung, kein systematisches Vorgehen;
— große Homogenität der Gruppe;
— Zeitdruck;
— geringes Selbstwertgefühl der Gruppenmitglieder, z.B. durch vorangegangene Fehler;
— Streß;
— Selbstüberschätzung der Gruppe;

- Engstirnigkeit, Betriebsblindheit;
- Konformitätsdruck.

Folgen für die Informationsverarbeitung:

- Mangelnde Suche nach Alternativen;
- mangelnde Suche nach Einwänden;
- mangelnde Überprüfung der Risiken und Kosten der Entscheidung;
- geringe Informationssuche;
- selektive Informationssuche;
- zu schnelles „Zu-den-Akten-Legen" von Alternativen;
- mangelhafte Ausarbeitung von Implementation, Erfolgskontrollen und Folgeschwierigkeiten.

Symptome:

- Illusion der Unverwundbarkeit;
- Selbstzensur;
- Druck auf Abweichler;
- Glaube an die höhere Moral der eigenen Gruppe;
- Glaube an die kollektive Rationalität;
- stereotype Fremdbilder.

Effekt:

- Hohe Wahrscheinlichkeit suboptimaler Lösungen.

Barbara Tuchman (1997) hat aus der Sicht einer Historikerin verschiedene Politikdesaster von Troja bis Vietnam nachgezeichnet. Detailreich beschreibt sie die „Dummheit" der Regierenden, ihre Unfähigkeit zu lernen und vorhandene Informationen zu nutzen, am Sieg von Cortes über Montezuma, am trojanischen Pferd, am Unvermögen der Renaissancepäpste, auf den Protestantismus zu reagieren, an der Niederlage der Briten im amerikanischen Befreiungskrieg, am Indochinakrieg und am amerikanischen Engagement in Vietnam. Sie schreibt:

> „Engstirnigkeit, die Quelle der Selbsttäuschung, ist ein Faktor, der eine überaus wichtige Rolle in der Politik spielt. Sie besteht darin, eine Situation nach vorgefaßten, festen Anschauungen einzuschätzen und gegenteilige Anzeichen zu mißachten oder zu verleugnen. Daraus erwächst ein ‚Wunschhandeln', das sich von den Tatsachen nicht beirren läßt" (ebd., S. 15), und „im Bestehen auf dem Irrtum liegt das Problem" (ebd., S. 480).

Groupthink kennzeichnete beispielsweise das amerikanische Engagement in Vietnam. Blind vor Furcht, mit Vietnam könnte ein Bollwerk gegen den Kommunismus fallen (Dominotheorie), kam es zu katastrophalen Fehleinschätzungen der Lage und zu der Unfähigkeit, sich zurückzuziehen, obgleich die Unsinnigkeit des Engagements offenkundig war. Man wollte sich durch die Tatsachen schlicht nicht irritieren lassen.

> „Unwissenheit war bei dem Engagement Amerikas in Vietnam, an dem nacheinander fünf Präsidenten festhielten, kein ausschlaggebender Faktor, obwohl sie später als Entschuldigung herhalten mußte. (...) Zu keinem Zeitpunkt waren sich die Politiker über die Risiken, Widerstände und Fehlentwicklungen im unklaren." (Tuchmann 1997, S. 290)

Die Lehren, die daraus zu ziehen sind, seien lange bekannt:

> „Ein Fürst, so sagt Macciavelli, sollte stets ein großer Fragender sein; der Wahrheit über die Dinge, nach denen er sich erkundigt hat, sollte er geduldig lauschen und sollte böse werden, wenn er feststellt, daß jemand Skrupel hat, ihm die Wahrheit zu sagen." (Tuchman 1997, S. 481)

Die von Janis vorgelegten Beschreibungen von Groupthink-Phänomenen in politischen Entscheidungsprozessen haben in erheblichem Maße dazu beigetragen, die Auffassungen über das Zustandekommen politischer Entscheidungen zu erweitern (Moser 1996a). Politische Entscheidungen galten bis dahin als Folge jeweils gegebener Machtkonstellationen. Nun kam der Entscheidungsprozeß selbst in das Blickfeld. In dieser Betrachtungsweise sind nicht mehr die Staaten oder Organisationen Untersuchungseinheit, sondern die handelnden Akteure, ihre Wahrnehmungen, Kognitionen und Interaktionen (Singer/Hudson 1992). Das Groupthink-Phänomen ist inzwischen in einer Reihe experimenteller Studien bestätigt und differenziert worden (Schulz-Hardt et al. 1995). Wegweisend war eine systematische Untersuchung von Herek et al. (1987), die zeigen konnte, daß eine schlechte Organisation politischer Entscheidungsprozesse in Krisensituationen der amerikanischen Außenpolitik sich auf nationale Interessen nachteilig auswirkte. Statistisch analysiert wurden Fälle, die Experten zwischen 1945 und 1975 als besonders schwerwiegende Bedrohungen der amerikanischen Sicherheit ansahen. Die ausgewählten Fälle wurden hinsichtlich ihres „outcome" skaliert. Anschließend wurden Fehler im Entscheidungsprozeß analysiert. Es zeigte sich, daß die Krisen, in denen der Entscheidungsprozeß schlecht gestaltet war, in höherem Maße zu nachfolgenden Konflikten führten und stärker amerikanische Interessen verletzten. Die Groupthink-Phänomene von Janis bestätigten sich: Der Fehler, der am häufigsten zu ungünstigen Ergebnissen in der Konfliktregelung führte, bestand darin, daß die entscheidenden Personen und Gruppierungen es vermieden hatten, bereits getroffene Entscheidungen im Verlauf des Entscheidungsprozesses wieder in Frage zu stellen. Ein solches Verhalten bezeichnen wir als Entrapment (vgl. die Sammelreferate von Hinsz et al. 1997; Mullen et al. 1994; Neck/Moorhead 1995 sowie Park 1990).

Inzwischen kann Groupthink psychometrisch erfaßt werden. Tetlock et al. (1992) entwickelten in der Denktradition von Janis ein Erhebungsinstrument (Group Dynamic Q Sort: GDQS) zur Erfassung von Gruppendenken, das aus 100 bipolaren Items zur Beschreibung politischer Führungsgruppen besteht. Nach faktorenanalytischer Reduktion läßt es sich in sieben Skalen beschreiben: Führungsstärke, Faktenorientierung, Rigidität, Demokratische Verantwortung, Pessimismus, Konformität und Aufgabenorientierung. In der Untersuchung mußten die Versuchspersonen Texte über Groupthink-Fälle (unter anderem die von Janis) lesen und anschließend die Gruppensituationen über den Q-Sort beurteilen. Insgesamt ergab sich eine gute Übereinstimmung der psychometrischen Fallbeurteilungen mit dem deskriptiven Vorgehen von Janis.

Schafer und Chrichlow (1996) ließen mit ähnlichem methodischen Vorgehen 19 US-amerikanische außenpolitische Großentscheidungen anhand von schriftlichen Dokumenten beurteilen. Für die Entscheidungsfehler erwiesen sich Zeitdruck, Streß und Gruppenhomogenität als weniger relevant. Problematisch hingegen waren der praktizierte Führungsstil sowie tradierte Gruppenprozeduren.

Das dem Gruppendenken folgende Festhalten ein einmal getroffenen Entscheidungen (Entrapment, Commitment-Eskalation) hat nicht nur im engeren Sinne psychologische Ursachen. Ross und Staw (1993) analysierten in einer Fallstudie die Kostenexplosion in einem Kernkraftwerk, die dann schließlich zur Stillegung führte. Sie konnten vier Quellen der Commitment-Eskalation unterscheiden:

— Projektdeterminanten (objektive Projektfaktoren wie die Kosten für die Schließung usw.);
— psychologische Determinanten (z.B. Selbstrechtfertigungen, „lost-cost error" usw.);
— soziale Determinanten (kulturelle Normen wie konsistente, starke Führung, Tabuierung von Fehlern usw.);
— organisatorische Determinanten (Institutionalisierung des Projekts, gebildete Arbeitsgruppen, organisatorische Verfestigungen in größeren, auch politischen Zusammenhängen).

Unter den psychologischen Determinanten scheinen Selbstrechtfertigungstendenzen eine geringere Rolle zu spielen als kognitive Urteilsfehler (Whyte 1991). Auch der gegebene Zusammenhalt einer Gruppe ist nicht notwendigerweise Auslöser für das Gruppendenken. Mullen et al. (1994) zeigten auf der Basis einer Metaanalyse von 17 Studien: Es gibt keinen direkten Einfluß des Gruppenzusammenhalts auf die Entscheidungsqualität. Im Einklang mit Janis ist

Gruppenzusammenhalt zwar eine notwendige, aber keine hinreichende Bedingung für Groupthink-Phänomene. Die Entscheidungsqualität sinkt nur, wenn der Gruppenzusammenhalt mit einer direktiven Leitung der Gruppe einhergeht. Mit wachsender Gruppengröße jedoch treffen kohärente Gruppen Entscheidungen geringerer Qualität. Schlechtere Entscheidungen kommen auch zustande, wenn die Gruppenmitglieder sich der Norm der Einstimmigkeit unterwerfen.

Fehlentscheidungen in Gruppen sind wahrscheinlich eher eine Folge der Situation, in der Gruppen handeln, als eine Folge bestimmter Persönlichkeitsmerkmale der Gruppenmitglieder (Schulz-Hardt et al. 1995). Neuberger (1995, S. 113) weist ebenfalls darauf hin, daß Persönlichkeitsdispositionen geringe Erklärungskraft für das Funktionieren von Arbeitsgruppen besitzen, wenn sie isoliert, d.h. ohne Berücksichtigung der situativen Rahmenbedingungen, betrachtet werden. Vieles hängt von der Vorstrukturierung der Gruppenarbeit ab. Bernthal/Insko (1993) konnten zeigen: Groupthink-Phänomene sind weniger ausgeprägt bei geringerer sozio-emotionaler Orientierung und höherer Sachbezogenheit der Arbeit. Diese Haltungen wurden durch Instruktion experimentell erzeugt: „Ihr seid sozial kompetent!" vs. „Ihr seid auf der Sachebene kompetent!" Bereits eine solche einfache Art der Vorstrukturierung der Arbeit der Gruppe hatte deutliche Auswirkungen. Fehler eskalieren deutlich weniger in Situationen, in denen niemand für die bereits entstandenen Kosten verantwortlich ist (Whyte 1991). Positiv hingegen wirkt sich die Verantwortung für die zu treffende Entscheidung aus. Kroon et al. (1992) fanden: Bereits die Erwartung einer individuellen Verantwortung mindert Groupthink-Effekte und fördert eine aufmerksame und demokratische Entscheidungsfindung. Bei individueller Entscheidungsverantwortung wird die Leistungsfähigkeit der eigenen Gruppe geringer eingeschätzt, man vertraut eher auf sich selbst.

Individuen, die sich intensiver mit ihrer sozialen Rolle identifizieren, neigen stärker zur Commitment-Eskalation. Verluste in der Sache bedrohen ihre soziale Zugehörigkeit (Dietz-Uhler 1996). In der von Dietz-Uhler gewählten experimentellen Anordnung (Rollenspiel) hatten die Gruppen der Versuchspersonen, die einen Gemeinderat spielten, über Mittelzuweisungen für einen Spielplatzbau zu entscheiden, nachdem der Gemeinde ein Grundstück geschenkt worden war. Vor jedem von drei Diskussions- und Entscheidungsdurchgängen bekamen sie zusätzliche Informationen, z.B. zum Gemeindehaushalt, Planungsunterlagen für den Spielplatz und Briefe von Bürgern zu dem Vorhaben. Die Informationen sprachen zunehmend gegen den Bau eines Spielplatzes. In jeder Spielrunde wurden die Gemeindevertreter gebeten, 25% des jeweils zur Verfügung stehenden Gemeindehaushalts in den Spielplatz zu investieren. Die Identifikation mit der Gemeinde wurde experimentell in zwei Stufen variiert. Die Experimentalgruppen erhielten gleichfarbige Namensschilder mit der Aufschrift „North Starr

Town Council" (hohe induzierte Identifikation), die Kontrollgruppen wurden gebeten, ihre Namen auf Namenschilder mit unterschiedlichen Farben zu schreiben (geringe induzierte Identifikation). Alle Gruppen zeigten eine deutliche Commitment-Eskalation. Keine Gruppe stoppte das Projekt, obgleich es in der dritten Spielrunde offensichtlich wurde, daß es sich um eine Fehlinvestition handeln würde. In der dritten, „kritischen" Phase des Projekts allerdings neigten die Gruppen mit hoher Identifikation zu einem größerem Maß an Commitment-Eskalation. Gruppen mit geringerer Identifikation waren mit ihren Investitionen vorsichtiger. Alle Gruppen waren überzeugt, die richtigen Entscheidungen getroffen zu haben, und meinten, sie würden erneut so entscheiden.

Abb. 12: Das Modell des Entscheidungsautismus

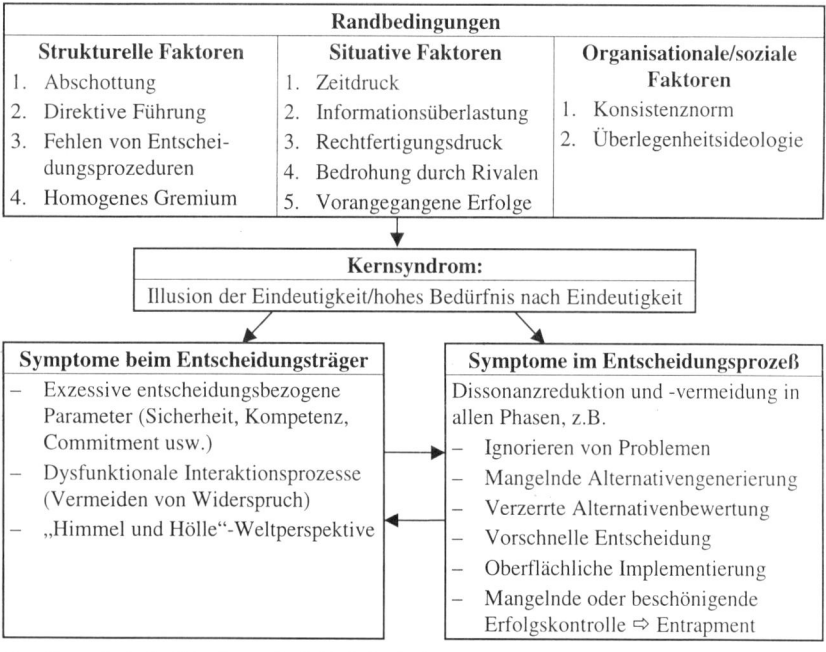

Quelle: Schulz-Hardt et al. (1995, S. 413)

In eskalierenden Situationen machen Gruppen mehr Fehler als Individuen (Whyte 1991). In solchen Situationen wird oft eine geordnete Entscheidungsfindung zugunsten relativ spontaner und zufälliger Reaktionen aufgegeben. Eine strukturierte Entscheidungsfindung aber kann dem entgegenwirken (Kroon et al. 1992). Hier hat der Leiter einer Gruppe (z.B. der Mediator) die wichtige Aufgabe, auf die Einhaltung eines Entscheidungsprozesses zu achten, in dem sichergestellt ist, daß kritische Stimmen nicht untergehen.

Kritische Stimmen werden in einem sozialen Klima behindert, in dem Fehleinschätzungen sanktioniert sind. Ein fehlerfreundliches Gruppenklima begünstigt die Qualität von Gruppenentscheidungen. Gruppen, denen eine Entschuldigung für mögliche schlechte Gruppenleistungen angeboten wurde, zeigten qualitativ bessere Ergebnisse als Gruppen, denen gesagt wurde, falls sie nicht konstruktiv arbeiten würden, würde die Videoaufzeichnung ihrer Arbeit als Demoband für Trainings verwendet werden (Turner et al. 1992; bestätigt durch Street 1997). Abweichende Auffassungen müssen toleriert werden. Gruppen, die der Einstimmigkeitsregel folgen, unterliegen in ihren Entscheidungen eher einem Entrapment als Gruppen, die nach Mehrheiten entscheiden (Kameda/Sugimoi 1993).

Schulz-Hardt et al. (1995) haben versucht, auf der Basis der neueren Forschung das Modell von Janis zu präzisieren (vgl. Abb. 12).

Wie kann Groupthink vermieden werden? Wichtig scheint, daß der Leiter einer Gruppe gezielt darauf achtet, daß auch der Dissens in seiner konstruktiven Funktion zum Tragen kommt. In pointierter Form hat dies der Chairman von General Motors zum Ausdruck gebracht, von dem Janis (1972, S. 218f.) folgende Äußerung berichtet:

> "Gentleman, I take it we are all in complete agreement on the decision here. (...) Then I purpose we postpone further discussion of this matter until our next meeting to give ourselves time to develop disagreement and perhaps gain some understanding of what the decision is all about."

Zur Vermeidung von Groupthink schlägt Janis (ebd., S. 206ff.) im einzelnen vor:

— Der Leiter einer Gruppe muß die Gruppe darin bestärken, Einwände vorzubringen und auch seine Person und Sichtweisen in Frage zu stellen.
— Es dürfen nicht von vornherein Ergebniserwartungen an die Gruppe herangetragen werden.
— Man kann unterschiedliche Gruppen über das gleiche Problem arbeiten lassen.
— Die Gruppe kann sich in unterschiedliche Teilgruppen aufteilen, die zu der gleichen Frage arbeiten.
— Während des Entscheidungsprozesses werden die Überlegungen mit Außenstehenden erörtert.
— Außenstehende werden zu den Gruppensitzungen eingeladen.

- Ein Gruppenmitglied übernimmt die Rolle des advocatus diaboli.
- Abweichenden Sichtweisen kann ein eigener Zeitblock in der Gruppendiskussion eingeräumt werden.
- Vor der endgültigen Entscheidung sollen alle Gruppenmitglieder noch einmal die Gelegenheit bekommen, alle verbliebenen Bedenken in einer abschließenden Sitzung vorbereitet vorzutragen.

Die situative Gestaltung von Mediationsverfahren bietet eine Reihe von Chancen zur Vermeidung von Groupthink und Entrapment. Heterogen zusammengesetzte Gruppen, wie wir sie in der Mediation meist vorfinden, haben in der Problembearbeitung einen weniger harmonischen Verlauf. Sie brauchen für die Problemlösung zwar mehr Zeit, kommen aber zu tiefergreifenden Problemanalysen (Beck/Fisch (1998). In diesem Zusammenhang ist jedoch von Bedeutung, worin die Homogenität bzw. Heterogenität besteht. Thomas (1999) hat hierzu entsprechende Differenzierungen vorgenommen und die Forschungslage im Hinblick auf die Effektivität von Gruppenarbeit zusammengefaßt. Bezüglich der Folgen von Homogenität/Heterogenität für den Problemlösungsprozeß konnten Schulz-Hardt et al. (1999) zeigen, daß sich geschlechtshomogene bzw. -heterogene Gruppen nicht unterscheiden, während präferenzheterogene Gruppen im Vergleich zu präferenzhomogenen Gruppen anders mit Informationen umgehen: Präferenzhomogene Gruppen sind sich vergleichsweise sicherer, die richtigen Entscheidungen zu treffen. Sie neigen dazu, Informationen bevorzugt aufzugreifen, die ihre Sichtweise unterstützen. Präferenzheterogene Gruppen sind unsicherer in ihren Entscheidungen und führen eine breitere Informationssuche durch.

In Gruppen mit unterschiedlichen Problemlösungsorientierungen (Sachorientierung/Beziehungsorientierung) kann es zu wechselseitigen sozialen Abwehrlagen kommen. Die damit verbundenen Schwierigkeiten können durch Supervisions- und Moderationstechniken gemindert werden (Thomas 1999).

Dies gilt wohl auch für die Mediation. Da der Mediator explizit mit dem Mandat der Gestaltung des Gruppenprozesses versehen und nicht in die jeweiligen Diskursrituale der Gruppe eingebunden ist, hat er gute Möglichkeiten, das Potential heterogen zusammengesetzter Gruppen zu nutzen.

Aber es lassen sich auch situative Bedingungen benennen, die Mediationsgruppen in politischen Kontexten beim Finden kreativer Problemlösungen behindern. Bei Auseinandersetzungen um politisch relevante Fragen, z.B. in Umweltmediationen, kann man an folgende Einflüsse denken:

- Organisationen und politische Systeme rekrutieren und begünstigen Personen, die in ihren Karrieren gruppenkonform denken und handeln.

- Von Organisationen und politischen Systemen wird erwartet, daß sie sich konsistent verhalten, mit einer Stimme sprechen.
- Der Markt der öffentlichen Meinungen honoriert die Korrektur von Fehlern nicht. Fehler werden tabuiert.
- Organisationen und politische Systeme formulieren ihre Strategien schriftlich und legen sich damit über Gebühr fest.
- Die systematische Aufarbeitung von Informationen, wie sie durch Gutachter im Regelfall vorgenommen wird, nivelliert Abweichungen. Auf Globalinformationen können Gruppen nur mit Globalreaktionen antworten. Den (z.B. örtlichen) Spezifika wird nicht mehr Rechnung getragen.
- Unklarheiten müssen nicht ertragen werden, sie lassen sich durch Delegation an Gutachter entscheiden.
- Die Gruppen stehen unter Entscheidungsdruck: Bei Mehrheitsentscheidungen kommt es zu einer Ausblendung von Minoritätenmeinungen. Das Einstimmigkeitsprinzip erzeugt Konformitätsdruck.

In den obigen Ausführungen wurden Gefahren der Gruppenarbeit thematisiert. Trotz dieser Probleme gibt es zu Gruppenentscheidungen in gesellschaftlich komplexen Problemlagen keine vernünftige Alternative. Schon allein deshalb nicht, weil die Funktion von Gruppenentscheidungen, sei es in förmlichen oder auch in informellen Verfahren wie in einer Mediation, nicht allein in der Entscheidungsgüte liegt. Diese Verfahren dienen darüber hinaus der Demokratisierung unserer Gesellschaft und haben eine wichtige Funktion für die Wahrung des sozialen Friedens. Mithin liegt auf der Hand: Wir müssen nach Entscheidungen in Gruppen suchen. Hierbei ist jedoch wichtig, die damit verbundenen Probleme zu kennen.

10. PLANUNG UND DURCHFÜHRUNG VON MEDIATIONSVERFAHREN

Zur Planung und Durchführung von Mediationsverfahren gibt es eine Reihe einführender Darstellungen (z.b. Dulabaum 1998; Förderverein Umweltmediation 1999), an denen sich Mediatoren orientieren können. Letztlich obliegt die Ausgestaltung des Verfahrens der Entscheidung der Teilnehmer. Hierbei kann ein Mediator durch Erfahrung und durch vermittelnde Interventionen helfen, aber er muß sich stets seiner „dienenden" Rolle bewußt bleiben.

Das Mediationsverfahren und der Mediator dürfen den Konfliktbeteiligten nicht aufgedrängt werden; sie müssen selbst dieses Verfahren und den Mediator wollen.

Die Verfahrensbeteiligten können sich bei der Verfahrensgestaltung an den bestehenden Spielregeln der Konfliktaustragung (z.B. des förmlichen Verfahrens) orientieren oder neue suchen. Wenn Mediation eine Alternative zu den förmlichen Verfahren bieten soll, wird es vernünftig sein, darüber nachzudenken, wie die Konfliktaustragung anders gestaltet werden kann. Der Kreis der beteiligten Personen bzw. Institutionen und/oder die Umgangsformen der Akteure können neu bestimmt werden. Es ergeben sich aus der Kombination der Möglichkeiten vier Grundformen der Verfahrensgestaltung:

Abb. 13: Grundmuster der Verfahrensgestaltung

	Kommunikationsform: alt	Kommunikationsform: neu
Zusammensetzung: alt	Typ 1: Realitätsverdoppelung	Typ 2 z.B. Moderation
Zusammensetzung: neu	Typ: 3 Politikspiel	Typ 4 z.B. Innovation

– Beim Typ 1 wird lediglich die Realität des förmlichen Verfahrens verdoppelt. Man spielt in alter Mannschaftsaufstellung und nach den alten Spielregeln unter einem neuen Etikett.
– Im Typ 2 bleibt man unter sich und nimmt sich gewissermaßen eine kreative Auszeit. Der Mediator moderiert das Geschehen und führt neue Spielregeln ein (z.B. Tagen hinter verschlossenen Türen ohne Presse, Presseerklärungen

131

ohne Protokolle) in der Hoffnung, so vielleicht mehr Offenheit zu erzielen, Kompromißlinien auslotbar zu machen usw.

– Im Typ 3 versuchen die Beteiligten, durch die Einbeziehung neuer Spieler Bewegung in die Sache zu bringen, lösen sich aber nicht von den alten Spielregeln: Man spielt beispielsweise wie gewohnt Parlament, stellt Anträge, schreibt Protokolle, streitet sich um Abstimmungsmodalitäten, überstimmt Minderheiten usw.

– Typ 4 ist der innovativste: neue Menschen, neue Ideen, neue Spielregeln. Allerdings ist es auch der Mediationstyp, der sich am weitesten von den förmlichen Entscheidungsverfahren entfernt und bei dem sich am ehesten die Frage stellt, was er für die Entscheidungspraxis außerhalb des Schonraums der Mediation erbringt.

Für welche Form man sich entscheidet, hängt wesentlich von der sozialen Innovationsbereitschaft der Beteiligten ab. Stärkere Abweichungen von bestehenden Mustern werden sich nur dann realisieren lassen, wenn es gelingt, unter den Beteiligten so viel Vertrauen zu schaffen, daß diese sich auf das Wagnis eines sozialen Experiments einlassen können. Dieses Wagnis aber wird erforderlich sein, wenn es gelingen soll, in mediierten Gruppenprozessen eine gedankliche Neuordnung der Problemlage zu erreichen.

Die kognitive Heterogenität einer Gruppe wächst, wenn Personen in die Gruppe integriert werden, die neue Urteilsperspektiven in die dominierenden Problemauffassungen einbringen. Die Chance für kreative Ideen steigt, wenn neue Formen der Problembehandlung genutzt werden. Wieviel Innovation ein Mediationsverfahren verträgt, ohne sich von den Strukturen abzukoppeln, die im „realen" Entscheidungsraum herrschen, müssen die Beteiligten von Fall zu Fall entscheiden.

Vorbereitungsphase

Im Vorfeld einer Mediation sind viele Fragen offen. Ihre Klärung entscheidet darüber, ob sich die Parteien (aus ihrer Sicht) vernünftigerweise an einem solchen Verfahren beteiligen sollen. Diese Klärung stellt einen eigenständigen Verfahrensschritt dar, an dessen Ende die Beteiligten darüber zu befinden haben, ob es eine Mediation geben soll und, wenn ja, nach welchen Spielregeln man miteinander umzugehen beabsichtigt.

Es hat sich bewährt, die Verfahrensvorbereitung als eigenständige Mediationsphase aufzufassen und mit den Planungen eine Person zu beauftragen, die als unabhängig gilt (Fietkau 1997). Die Planungsphase muß von einer Person geleitet werden, die damit bereits eine mediatorenähnliche Funktion ausübt und sich entsprechend verhalten muß. Dies gibt den Beteiligten einen ersten Eindruck davon, was sie in der Mediation erwartet. Es zeigt ihnen unter anderem, daß sie keine Lösungen vorgeschlagen oder gar vorgesetzt bekommen, sondern vielmehr selbst in die Verantwortung für das Verfahren eintreten müssen. Derjenige, der die Planungsphase vorbereitet, darf den Beteiligten das Mediationsverfahren nicht aufdrängen (wollen). Die Vorbereitung ist nicht automatisch der Einstieg in die Mediation, sondern zunächst eine Vorprüfung, ob Mediation überhaupt sinnvoll ist. Ziel dieser Prüfung ist es, die potentiell Verfahrensbeteiligten zu befähigen, selbst darüber zu urteilen, ob sie ein Mediationsverfahren wollen, wer Mediator sein könnte und wie das Verfahren gestaltet werden soll. Die potentiell Verfahrensbeteiligten müssen prüfen, ob sie in ihren Standpunkten noch flexibel sind. Sie müssen sich darüber im klaren sein, daß Mediationsverfahren ihnen Beschränkungen auferlegen. Mediationsverfahren vertragen sich nur schwer mit Alleingängen (Entscheidungen von Politik und Verwaltung, öffentliche Proteste von Bürgerinitiativen usw.) während des Verfahrens. Alle Beteiligten müssen sich überlegen, ob sie den oft unterschätzten Zeit- und Arbeitsaufwand, der mit einem solchen Verfahren verbunden ist (Sitzungsteilnahme, Vorbereitung von Sitzungsunterlagen usw.), erbringen wollen. Es müssen finanzielle Mittel für das Verfahren bereitgestellt werden (Kosten für den Mediator, für Gutachten, für Räume, Sekretariatstätigkeiten usw.).

Die Entscheidung darüber, wer an dem Mediationsverfahren teilnehmen soll, muß im Rahmen der Vorbereitung im Einvernehmen mit der „Szene", die sich um das Problem gebildet hat, getroffen werden. Bei der Auswahl der Personen sind die Gruppierungen natürlich jeweils autonom, aber es sollte darauf geachtet werden, daß die Entscheidungsträger im nachfolgenden förmlichen Verfahren an der Mediationsrunde persönlich teilnehmen. Die Sicherung von Umsetzungschancen einer Umweltmediation erfolgt im wesentlichen dadurch, daß im Mediationsverfahren beteiligte Entscheidungsträger auch außerhalb des Verfahrens die Ergebnisse der Umweltmediation mit vertreten. Weiter müssen der Problemrahmen definiert, der Umgang mit Öffentlichkeit geklärt, die Zeitperspektive des Verfahrens abgestimmt und ein gewisses Einvernehmen darüber herbeigeführt werden, auf welche Weise eine Beendigung des Verfahrens erfolgen könnte.

Die Planung eines Mediationsverfahrens geht weit über die Bewältigung organisatorischer Fragen hinaus. Durch Organisationsverabredungen werden inhaltliche Entscheidungen (mit-)determiniert. Da die Verfahrensbeteiligten dies natürlich wissen, taktieren sie. Jede Gruppe versucht, die Verfahrensregeln so zu gestalten, daß diese eine günstige Ausgangsbasis für ihre jeweiligen Interessen bieten. Die Festlegung des thematischen Rahmens, der Teilnehmer, der Abfolge der Themenbehandlung, des Umgangs mit Öffentlichkeit, des Zeitrahmens des Verfahrens ist nicht objektiv gerecht oder fair bestimmbar. Derartige Verabredungen sind Teil der Auseinandersetzung und somit bereits Gegenstand der Mediation.

Die Beteiligung an einem Mediationsverfahren bleibt bei allen Vorfestlegungen ein Sich-Einlassen auf einen weder in seinen Ergebnissen noch in seinen Abläufen vorhersehbaren Prozeß. Jeder, der an einem Mediationsverfahren teilnimmt, geht ein Risiko ein und muß für sich prüfen, ob durch die Teilnahme für ihn Vorteile entstehen, die er ohne das Verfahren nicht hätte (z.B. Zuwachs an Information und Transparenz, Abbau von Vorurteilen, Beeinflussung des Handelns anderer Akteure in der Sache usw.), er sollte jedoch auch Gefahren und Risiken abwägen (Verzögerung als dringlich erachteter Entscheidungen, Zeit- und Arbeitsaufwand, Begründungszwänge für das eigene Handeln usw.). Formal werden die oft schwer absehbaren Risiken dadurch begrenzt, daß jeder Verfahrensbeteiligte zu jedem Zeitpunkt das Verfahren wieder verlassen kann, wenn sich bei ihm der Eindruck einstellt, daß ihm das Verfahren zum Nachteil gereicht. Allerdings ist ein Ausstieg aus einem auf Konsens ausgerichteten Verfahren schwierig. Er wird mit großer Wahrscheinlichkeit zumindest gegenüber der Öffentlichkeit begründungspflichtig und kann von „der anderen Seite" argumentativ genutzt werden.

Ohne ein Mindestvertrauen in die Fairneß und Sachgerechtigkeit des Vorgehens ist es schwer möglich, eine Mediation zu beginnen. Mißtrauen in den zu erwartenden Prozeß führt zu Absicherungsstrategien. Man will möglichst viele Fragen des Musters „Was passiert, wenn ...?" vorab klären. Viele dieser Fragen sind aber vorab nicht klärbar, weil sie wegen der engen Verzahnung von Verfahrensfragen und inhaltlichen Positionen nur im Verfahren selbst geregelt werden können. Die Risiken, die man eingehen muß, sind ungleich verteilt. Sie sind bei denen größer, die im Problemfeld handelnd Veränderungen herbeiführen wollen. Diejenigen hingegen, die den Status quo erhalten wollen und Handlungspläne kritisieren, könnten von Stagnationen, schwierigen Datenlagen und uneindeutigen politischen Randbedingungen eher profitieren. Da die anderen aber, die handeln wollen, dies auch sehen, ist bei gegebenem Mißtrauen in wechselseitige Fairneß die Befürchtung verständlich, daß das Mediationsverfahren als taktisches Instrumentarium zur Verzögerung benutzt werden kann. Die Befürchtung mangelnder Fairneß könnte mit dem Hinweis auf die verfahrensgestaltende Funktion des Mediators gemindert werden. Dies aber ist deshalb schwierig, weil die Mediatorenrolle sozial nicht eingespielt ist und die Verfahrensteilnehmer zumeist nur sehr begrenzt Erfahrungen mit Mediation haben.

Es scheint sehr wichtig zu sein, daß die Vorbereitungsarbeit durch die Beteiligten aktiv unterstützt wird. Hierbei reicht ein allgemeines Wohlwollen gegenüber dem Verfahren nicht aus. Es ist außerordentlich hilfreich, wenn wenigstens einer, besser mehrere Beteiligte den vorbereitend tätigen Mediator in seiner Arbeit beratend und durch vermittelnde Gespräche aktiv unterstützen.

In der Vorbereitung eines Mediationsverfahrens kann die Schwierigkeit auftauchen, daß ein relativ großer Kreis von Organisationen und damit Personen an der Willensbildung beteiligt ist. Dies bietet die Chance, das Vorhaben auf eine breite Basis zu stellen. Gleichzeitig aber erschwert es die Diskussion und Entscheidungsfindung insbesondere dann, wenn eine durch Vorerfahrungen gereizte Stimmung herrscht. Es kann sich hierbei als sehr hilfreich erweisen, bereits in dieser Phase Arbeitsgruppen zu bilden, die dem Plenum für Teilfragen Lösungen vorschlagen. Die Bereitschaft, diesen Lösungsvorschlägen zu folgen, kann groß sein. Sie haben insbesondere deshalb Chancen, weil dem Plenum klar ist, daß in kleinem Rahmen die Handlungsspielräume ausgelotet wurden und es sich bei der vorgeschlagenen Lösung nicht um eine von außen vorgegebene handelt, sondern um eine, die aus ihrem Kreis selbst kommt.

Die Gestaltung des Mediationsverfahrens ist Angelegenheit der Beteiligten. Der Mediator kann seine Erfahrungen einspeisen, er muß sich jedoch darüber im klaren sein, daß es eine starke Tendenz bei den Beteiligten gibt, nicht einfach Vorbilder zu übernehmen. Die Beteiligten eines Konflikts erleben aus der Binnensicht ihre Problematik als einzigartig und unvergleichbar. Außenstehende, wie der Mediator, haben sicher eher die Tendenz, den Konflikt als Routinefall anzusehen. Dies kann dazu führen, daß Vorschläge zur Verfahrensgestaltung, die der Mediator einbringt, nicht umstandslos übernommen werden und daß Fragen, die er aufgrund seiner Verfahrenserfahrungen für längst geklärt hielt, neu diskutiert und entschieden werden müssen. Hier muß das Rad wahrscheinlich mehrfach erfunden werden. Gleichwohl beinhaltet dieses zeitaufwendige und für den Mediator belastende Vorgehen die Chance, bei den Verfahrensbeteiligten Reaktanzen gegenüber dem Verfahren zu mindern. Es ist, wenn sie alle Fragen selbst diskutiert und in einem schwierigen Prozeß für sich entschieden haben, eben *ihr* Verfahren, damit wächst die innerliche Bindung an das Verfahren.

Bei der Planung einer Mediation ist eine Vielzahl von Fragen zu klären, die einer Antwort bedürfen.

Ist der Fall geeignet?

— Läßt sich eine gemeinsame Auffassung davon herstellen, was das Problem ist?
Hier ist es wichtig, sich über den Problemrahmen zu verständigen. Soll es z.B. um den Bau einer bestimmten Straße gehen, oder soll das gesamte Verkehrskonzept einer Stadt thematisiert werden?

135

— Bestehen zur Lösung dieses Problems unterschiedliche Vorstellungen?
Nach der Konkretisierung des Problemrahmens muß die Frage beantwortet werden, ob hinsichtlich der zugespitzten Frage überhaupt noch Meinungsdifferenzen bestehen oder ob sich diese vielleicht durch diese Vorklärung bereits erledigt oder weitestgehend vermindert haben.

— Gibt es eine überschaubare Anzahl von Akteuren oder Akteursgruppen in dem Problemfeld?
Mediation setzt eine gesprächsfähige Gruppe voraus. Für komplexe Problemlagen mit vielen beteiligten Akteuren müssen Diskursformen entwickelt werden, die dieser Situation Rechnung tragen: z.B. Unterscheidung von Plenum und Arbeitsgruppe.

— Wie würde sich die Problembewältigung ohne Mediation vollziehen?
Wenn völlig klar ist, wie die Problemlösung ohne Mediation erfolgen würde, muß jeder potentiell Beteiligte für sich überlegen, ob er sich gegenüber dieser Lösung durch Mediation Vorteile versprechen kann.

— Besteht ein Anreiz für eine konsensuale Lösung für alle Akteure?
Manchmal ist es für alle oder einige Beteiligte vorteilhafter, den Konflikt aufrechtzuerhalten, z.B. um eine eigene klare Position nach außen zu verdeutlichen und sich nicht in Kompromisse einbinden zu lassen.

— Besteht eine Chance, alle relevanten Akteure bzw. mit einem Mandat versehenen Vertreter in einen kontinuierlichen Diskussionsprozeß einzubinden?
Nur dann ist nach allen Erfahrungen gewährleistet, daß die Umsetzung von Mediationsergebnissen auch im förmlichen Entscheidungsverfahren Beachtung finden wird.

— Wie groß sind die Verhandlungsspielräume, und kann ich diese akzeptieren?
Wenn entscheidungsrelevante Gruppierungen für sich keine Handlungsspielräume mehr sehen, ist Mediation sinnlos.

— Kann ich erwarten, daß Ergebnisse des Mediationsverfahrens gegebenenfalls in einem förmlichen Verfahren hinreichend Beachtung finden?
Es ist zu prüfen, ob im förmlichen Verfahren externe Einflußfaktoren (z.B. gesetzliche Regelungen oder nicht beachtete politische Zwänge) auftreten können, die das Ergebnis des Mediationsverfahrens obsolet werden lassen.

Sollte ich an dem Mediationsverfahren teilnehmen?

— Interessiert mich die Problemlage?
Ist die Fragestellung der Mediation für mich persönlich wichtig, oder ist die Teilnahme für mich eine Pflichtübung, zu der ich qua Amt gezwungen wäre?

— Kann ich den Zeit- und Arbeitsaufwand übersehen, und bin ich bereit, ihn zu leisten?

Der Aufwand für Mediation wird zu Beginn von den Beteiligten häufig unterschätzt.

— Habe ich ein Mandat und das Vertrauen meiner Gruppe?

Trägt meine Gruppe auch dann mögliche Kompromisse mit, die ich unter Umständen eingehe, wenn dadurch vielleicht Grundüberzeugungen der Gruppe verletzt sind? Kann ich mich dann noch der Gruppe vermitteln? Wo sind hier meine Grenzen?

— Bin ich in der Lage, mich in der Mediationsrunde ausreichend wirksam einzubringen?

Traue ich mir zu, in einem Gremium von Experten und verhandlungsgeübten Partnern meine Position zur Geltung zu bringen?

— Kann ich den Gang des Verfahrens akzeptieren bzw. glaube ich, auf ihn angemessen Einfluß nehmen zu können?

Erscheint mir das Vorgehen fair, bzw. traue ich mir zu, gegebenenfalls das Verfahren zu verändern? Bin ich in der Lage, pragmatisch Lösungen zu akzeptieren, wenn diese nicht im Einklang mit meinen grundsätzlichen Urteilen stehen?

Ist der Mediator für mich geeignet?

— Weiß ich genug über den Mediator, um ihn beurteilen zu können?

Kenne ich ihn persönlich? Habe ich ihn schon einmal in einem Gremium erlebt? Weiß ich Hinreichendes über seinen fachlichen Hintergrund und seine Wertungen im Problemfeld? Wie schätze ich ihn ein hinsichtlich Neutralität, sozialer Kompetenz, Fachkompetenz, persönlicher Unabhängigkeit und Angemessenheit seines Status? Kann ich den Mediator in seinem Umgangsstil akzeptieren?

— Wieviel Zeit wird sich der Mediator für diesen Fall nehmen (können)?

Kann ich erwarten, daß der Mediator für mich ansprechbar ist? Kann es durch andere Belastungen des Mediators dazu kommen, daß er unangemessen auf das Tempo drückt?

— Kann ich erwarten, daß der Mediator der Gruppe genügend Freiraum zur eigenen Entwicklung läßt? Kann er es ertragen, daß Problemlösungen nicht von ihm, sondern von der Gruppe kommen?

Kann ich als Mediator den Fall übernehmen?

— Kann ich die Problembeteiligten als Personen, Gruppierungen und Vertreter bestimmter Positionen akzeptieren?

— Bin ich in der Lage, den zeitlichen Aufwand auch für Wünsche nach bilateralen Gesprächen und ähnlichem zu erbringen?

— Welche organisatorische Unterstützung brauche ich?

— Bin ich in der Lage, auch dann den Überblick zu behalten, wenn die Diskussion sehr fachlich wird und lokale Besonderheiten eingebracht werden?
— Akzeptieren mich die Verfahrensbeteiligten in meinem Verständnis meiner Rolle und in meiner Auffassung von Mediation?

Wie soll das Verfahren ablaufen?

— Welche Zeitperspektive haben wir?
Haben alle ähnliche Erwartungen über den Zeithorizont des Verfahrens, und ist allen deutlich, was in welcher Zeit erreicht werden soll?
— Wer soll an dem Verfahren teilnehmen?
Sind alle beteiligt, die auch im förmlichen Verfahren eine Rolle spielen? Wie sind Betroffene bzw. abstrakte Interessen wie Umweltschutz, künftige Generationen usw. repräsentiert? Sind bei polarisierten Interessenlagen die Positionen ausgewogen vertreten?
— Wer trägt die Verfahrenskosten? Ist gesichert, daß durch den Geldgeber keine Einflußnahme auf den Verfahrensablauf erfolgt?
— Brauchen oder wollen wir eine Geschäftsordnung?
— Benötigen wir eine Geschäftsstelle, bzw. wer übernimmt die Organisation?
— Müssen schwächere Gruppen zur Wahrung von Chancengleichheit unterstützt werden?
Muß eventuell Geld zur Verfügung gestellt werden, damit schwächere Gruppen an dem Verfahren überhaupt teilnehmen können (z.B. Reisekosten) oder sich Informationen beschaffen können (z.B. Teilnahme an Fachtagungen oder Gutachter)?
— Wie oft wollen wir uns treffen?
Was ist sachlich erforderlich, was überfordert einzelne?
— Wie gehen wir mit der Öffentlichkeit und den Medien um?
Sollen die Öffentlichkeit und die Presse zugelassen werden? Machen wir Pressekonferenzen, und wer führt sie durch? Wie schützen wir einzelne so, daß es ihnen möglich ist, sich im Verfahren offen zu äußern?

Nach der Klärung solcher und ähnlicher Fragen müssen sich die Verfahrensbeteiligten bzw. der Mediator entscheiden, ob eine Mediation in Frage kommt, ob die Teilnehmer sich vorstellen können, die Mediation mit dem Mediator, den sie in der Vorbereitung des Verfahrens kennengelernt haben, durchzuführen und ob sich der Mediator unter den gegebenen Randbedingungen in der Lage sieht, das Verfahren zu mediieren.

Alle Verabredungen, die im Rahmen der Vorbereitung eines Mediationsverfahrens getroffen wurden, haben insofern vorläufigen Charakter, als sie im Verfahren selbst wieder einvernehmlich verändert werden können. Im Verfahren sind die weiteren Schritte ständig neu durch die Beteiligten zu klären. Wenn es jedoch gelang, dem Verfahren einen guten Start zu geben, darf man wohl auf die Kompetenz und die Fairneß der Beteiligten vertrauen, konstruktiv mit den sich natürlich immer wieder ergebenden Schwierigkeiten umzugehen.

Bei komplexen Fragestellungen, wie sie in einer Umweltmediation meist gegeben sind, besteht das Erfordernis, die Problembearbeitung schrittweise vorzunehmen. Die Fragen, die in einer Mediation aufgeworfen werden, müssen in einer bestimmten Reihenfolge behandelt werden. Bei den Beteiligten besteht die Tendenz, sich sofort auf die wichtigen (und das sind oft auch die schwierigen) Fragen zu konzentrieren. Unterstellt man die Richtigkeit der These, daß Problemlösungen leichter werden, wenn sich die Beteiligten erst einmal kennengelernt und Vertrauen zueinander gewonnen haben, kann es vernünftig sein, sich zunächst auf die Behandlung jener Fragen zu beschränken, die weniger emotional besetzt sind und deren Beantwortung weniger konsequenzenreich ist. Man würde sich so vom Einfachen zum Schwierigen vorarbeiten und könnte Erfahrungen miteinander sammeln und vielleicht Vertrauen aufbauen. Das Hauptziel einer frühen Mediationsphase wäre also nicht die Lösung von (zentralen) Problemen, sondern das Gewinnen von Vertrauen in den Prozeß. Die Fixierung auf das, was als wichtig erlebt wird, verstellt den Blick für die Erfordernisse des nächsten Handlungsschritts und kann zu einem Scheitern der Verhandlungen führen, ohne daß ausgelotet wurde, was vielleicht unterhalb der Schwelle des Unvereinbaren vereinbart werden kann. Ein Vorgehen, das sich daran orientiert, Dringliches und leicht Konsensfähiges zeitlich vorrangig zu behandeln, richtet sich an der Vorstellung aus, daß eine Mediation auch dann sinnvoll ist, wenn nicht alle Probleme gelöst werden können, sondern eben nur die lösbaren. Eine solche Strategie des (zeitlich befristeten) Ausklammerns von Schwierigkeiten bringt allerdings denjenigen, der sie verfolgt, in den Verdacht, sich vor den „eigentlichen" Problemen zu drücken. Vielleicht kann er den Hintergrund seines Handelns deutlich machen, vielleicht muß er aber auch mit diesem Makel leben.

Während des Verfahrens muß fortlaufend geprüft werden, ob der Diskurs für alle Beteiligten befriedigend verläuft. Störungen müssen thematisiert werden.

Läuft das Verfahren so, daß ich es als Teilnehmer akzeptieren kann?

— Kann ich den Mediator als Mittler (weiterhin) akzeptieren? Ist er für mich ansprechbar?
— Entspricht der Verfahrensablauf meinen Vorstellungen? Habe ich die Möglichkeit, den Gang der Dinge zu beeinflussen?
— Komme ich hinreichend zum Zuge? Hat sich die Problemdiskussion von meinen Interessen entfernt? Erwarte ich ein für mich positives Verfahrensergebnis oder scheint das ausgeschlossen?

— Wie ist meine persönliche Beziehung zu den anderen Beteiligten? Versuche ich aus dem Verfahren zu Lasten der anderen als Sieger hervorzugehen? Kann ich den anderen zuhören? Vertraue ich den anderen? Könnte unsere Zusammenarbeit potentiell langfristig sein?

Läuft das Verfahren so, daß ich es als Mediator akzeptieren kann?

— Werde ich von den Verfahrensbeteiligten im allgemeinen akzeptiert?
— Welche Kritik an mir gibt es, und wie kann ich damit umgehen?
— Wird das Verfahren von denen, die förmlich entscheiden, hinreichend ernst genommen?
— Gibt es noch Entscheidungsspielräume?
— Sollten die Verfahrensregeln geändert werden?
— Kommen alle in dem Maße zum Zuge, wie sie es fairerweise erwarten können?

Ebenso, wie man sich nicht Hals über Kopf in ein Mediationsverfahren hineinbegeben sollte, sollte man nicht abrupt aus ihm aussteigen. Es bedarf der Reflexion darüber, ob es angezeigt ist, das Verfahren zu beenden: Sei es, weil man ein befriedigendes Ergebnis gefunden hat, sei es, weil man meint, ein Weiterführren des Verfahrens würde zu keinem besseren Ergebnis führen. Der Abschluß des Verfahrens sollte für keinen Beteiligten überraschend kommen. Es sollte hinreichend Zeit gegeben werden, daß jeder darüber nachdenken kann, ob dies auch für ihn der geeignete Zeitpunkt ist. Erst dann scheint eine Entscheidung über die Beendigung sinnvoll. In der Abschlußphase der Mediation müssen sich die Beteiligten eine Reihe von Fragen vorlegen, wie z.B.:

Haben wir das Ende des Verfahrens erreicht (aus Sicht der Teilnehmer)?

— Habe ich durch den Abschluß mehr erreicht, als ich ohne ein solches Verfahren erreichen könnte?
— Was könnte durch einen Fortgang des Verfahrens zusätzlich erreicht werden (mehr Transparenz, bessere Informationen, bessere Lösungen, mehr Verständnis füreinander)?
— Kann ich hinsichtlich noch strittiger Fragen erwarten, daß ich außerhalb der Mediation ein besseres Ergebnis erzielen würde als bei einer Fortführung des Mediationsverfahrens?
— Ist mir klar, wie die Dinge weitergehen werden, und ist dies für mich befriedigend?

Haben wir das Ende des Verfahrens erreicht (aus Sicht des Mediators)?

- Kann kein Teilnehmer durch eine andere Problemlösung noch etwas hinzugewinnen, ohne daß ein anderer dadurch mehr verliert als dieser gewinnt?
- Habe ich meine Möglichkeiten ausgeschöpft?
  Gibt es möglicherweise noch Verfahrensvarianten, die für eine Konsensbildung weiterführend wären?
- Wie stehen die Beteiligten zu einer Verfahrensbeendigung?
  Konnten sie darüber in Ruhe auch in Rückkoppelung mit ihren Gruppen nachdenken?
- Ist der erreichte Stand (gegebenenfalls eine Problemlösung) klar fixiert?
  Ist ein Abschlußprotokoll möglich, dem alle oder eine Mehrheit zustimmen können?
- Was ist meine Rolle in der Zukunft?
  Kann ich anbieten, in Folgekonflikten wieder als Mediator zur Verfügung zu stehen? Wie kann ich auf andere Weise bei der weiteren Entwicklung hilfreich sein, oder ist der Fall für mich mit der Beendigung des Verfahrens abgeschlossen?
- Wer ist in welcher Weise für die Implementation verantwortlich?
  Habe ich hinreichend zur Klärung der Frage beigetragen, wer wann was in Zukunft tut?

11. MEDIATIONSSTRATEGIEN

11.1 Probleme und Chancen strategischen Handelns

Wenn wir anstatt von Mediation von Mediationsverfahren sprechen, signalisieren wir damit, daß es sich hierbei um ein in seinem Ablauf geordnetes Geschehen handelt. Man trifft sich in einer Mediation nicht, um irgendwie mit Problemen umzugehen, man will sich vielmehr einem geordneten Geschehen unterziehen, das eine gewisse Gewähr für einen fairen Umgang miteinander bietet und die Chancen auf Verständigung erhöht. Vom Mediator erwartet man, daß er sein Handwerk beherrscht, d.h. daß er sich an bewährte Regeln hält. Die Regelgebundenheit der Mediation schafft Transparenz und Vertrauen. Dieses Regelsystem kann als Mediationsstrategie bezeichnet werden. Strategien sind Versuche, durch systematische Interventionen Problemlagen zielgerichtet zu beeinflussen. Auch aus der Perspektive des Mediators sind Strategien bedeutsam. Sie bieten ihm Orientierung und Sicherheit und verhindern, daß er unkontrolliert als Spielball situativer Eindrücke handelt. Das Einhalten von Strategien in der Mediation ist weiter für ihre Evaluation wichtig. Nur wenn sich beschreiben läßt, was in der Mediation tatsächlich geschah, und nur wenn dieses Geschehen ein einheitliches Muster aufweist, ist es möglich, Erfolge oder Mißerfolge von Mediation auf beschreibbare Prozeßabläufe zu beziehen.

Menschen überschätzen die Wahrscheinlichkeit dafür, daß ihr Verhandlungsangebot – und nicht das des Verhandlungsgegners – durch einen Schiedsrichter angenommen wird (Bazerman/Neale 1982). Man hält die eigenen Vorschläge für fair und erwartet, daß andere dies auch tun. Ähnlich ergeht es auch Mediatoren mit ihren Verfahrensvorschlägen. Auch Mediatoren stehen vermutlich in der Gefahr, die Erfolgsaussichten der Strategien zu überschätzen, die sie selber verfolgen. Dies kann gefährlich werden, wenn sie ihr Handlungsmodell dogmatisch überhöhen. Aus den Erfahrungen mit erfolgreichen Mediationsverfahren folgern sie gern, daß sie in der Lage sind, die Problemlagen angemessen rational zu durchdringen und daß ihre darauf aufbauenden Strategien ursächlich für die erlebten Erfolge waren (Hindsight Bias, Unterschätzung von Zufällen), und übersehen dabei, daß auch falsche Problemanalysen und Strategien zu Erfolgen führen können:

Mintzberg (1995, S. 255) berichtet von einem Indianerstamm auf Labrador. Wenn bei diesem die Nahrung knapp wurde, befragte er ein Orakel, um die nächste Jagdroute festzulegen. Man legte das Schulterblatt eines Karibu über ein Feuer, und das durch die Hitze verursachte Knacken der Knochen wurde als Wegweiser interpretiert. Die vom Orakel angezeigten Richtungen waren im Grunde zufällig, jedoch war dieses Vorgehen äußerst nützlich. Eben die Zufälligkeit des Orakels verhinderte, daß sich Regelmäßigkeiten in den Jagdmustern durchsetzten, daß das Gebiet überjagt wurde und daß sich die Tiere auf mögliche regelmäßige Jagdrouten einrichteten. Die Zufälligkeit in der Auswahl der Jagdgebiete verbessert die Überlebenschance der Indianer.

Nehmen wir an: Ein Unternehmen befördert seine Mitarbeiter nach dem Zufallsprinzip, indem es z.B. prognostisch bedeutungslose Tests, Schulnoten oder Personalbeurteilungen verwendet. Dennoch kann ein solches Verfahren nützlich sein: Die Mitarbeiter strengen sich an, weil sie glauben, daß sich Leistung lohnt, persönliche Seilschaften von Vorgesetzten werden verhindert und alle haben das Gefühl, das System unter Kontrolle zu haben, was ihnen zumindest ein gutes, sicheres Gefühl verleiht.

Auch rational nicht begründete Strategien können nützlich sein. Ein Mediator, der eine Strategie verfolgt, ist in seinem Handeln konsistent, transparent und in gewisser Weise vorhersagbar. Er verhindert damit, daß die Gruppe in ihrer Problembearbeitung hin- und herspringt und immer dann, wenn es gerade schwierig wird oder der Gang der Dinge einzelnen Verfahrensbeteiligten nicht paßt, Vermeidungsreaktionen auftreten. Strategien geben Sicherheit, sie dienen der Beruhigung, daß man die Dinge im Griff hat, und sie sind ökonomisch, indem sie die Kosten minimieren, die mit dem ständigen Reflektieren darüber verbunden sind, was man denn als nächstes tun soll. Dieser Vorteil von strategischem Handeln ist zugleich sein Nachteil. Strategien fördern Inflexibilitäten und verhindern überraschende Interventionen, die oft zu neuen, im günstigen Fall weiterführenden Überlegungen und sozialen Prozessen führen können.

Ohne Handlungsstrategien aber wären wir hilflos. Manchmal bewußt, meist jedoch unbewußt folgen wir in unserem sozialen Verhalten Mustern, die sich bewährt haben. Wie sich Menschen und Gruppen tatsächlich (deskriptiv) gruppenstrategisch verhalten, ist eine Frage der Sozialpsychologie (Neale/Bazerman 1991). Parallel dazu sind normative (präskriptive) Entscheidungsmodelle entwickelt worden, die beschreiben, wie sich einzelne und Gruppen vernünftigerweise (im Sinne der Optimierung der Erreichung ihrer Ziele) entscheiden sollten (Elster 1986/1991; Kern/Nida-Rümelin 1994; am Beispiel der Umweltmediation Holzinger 1996).

Beide Ansätze haben für die praktische Anwendung in Mediationsverfahren Grenzen. Die vielfältige Determiniertheit faktischen Entscheidungsverhaltens in

Gruppen hat zur Folge, daß aus ihnen heraus bislang keine in sich geschlossenen Theorien entwickelt werden konnten, die praktischem Handeln Orientierung geben können. Die Kenntnis von Einzelbefunden und unterschiedlichen Ansätzen kann dem Orientierung suchenden Mediator allenfalls punktuell Hinweise geben. Die normativen Entscheidungsmodelle haben zwar den Vorzug der formalen Geschlossenheit. Ihre Anwendung auf den Mediationsalltag wird jedoch dadurch eingeschränkt, daß Gruppen und Menschen nicht dazu neigen, sich in Entscheidungssituationen im Sinne dieser Modelle zu verhalten (Neale/Bazerman 1991, S. 3ff.). Im Bewußtsein dieses Dilemmas hat Raiffa (1982) einen dritten Ansatz expliziert: den asymmetrischen Ansatz, in dem präskriptive und deskriptive Modelle miteinander verbunden werden. In Verhandlungssituationen, z.B. in Mediationsverfahren, werden hier die Akteure theoretisch-konzeptionell ungleich (asymmetrisch) behandelt. Für einen Akteur (focal negotiator), etwa den Mediator, werden normative Modelle entwickelt, die die Irrationalität der anderen Akteure in Rechnung stellen. Dieser Ansatz ist nicht neu. Er ist strukturell allen (und somit auch den im folgenden explizierten) psychologisch orientierten Interventionsstrategien immanent. Es ist das Verdienst Raiffas, diese Struktur klar benannt und auf diesem Wege die traditionelle Gegenüberstellung präskriptiver und deskriptiver Entscheidungsmodelle um eine dritte Möglichkeit des Herangehens ergänzt zu haben. Auf der Basis des asymmetrischen Ansatzes lassen sich für Verhandlungssituationen präskriptive Strategien beschreiben, die der psychischen und sozialen Realität, wie wir sie auch in der Mediation finden, Rechnung tragen (Cialdini 1997; Lewicki et al. 1998), ohne hierbei entscheidungstheoretische Algorithmen zugrunde zu legen.

Viele Interventionsstrategien basieren auf dem in der psychologischen, psychotherapeutischen und sozialwissenschaftlichen Forschung dominierenden Variablenansatz. Das soziale Geschehen wird in Variablen aufgelöst, und der Zusammenhang zwischen diesen Variablen wird analysiert. Die Hoffnung besteht darin, daß sich aus der Kenntnis des Zusammenhangs relevanter Variablen die Dynamik des sozialen Geschehens verstehen läßt und daß sich aus diesem Verständnis Interventionsstrategien herleiten lassen, z.B.:

— Je mehr ein Mediator das von Verfahrensteilnehmern Gesagte verbalisierend (Spiegeltechnik, aktives Zuhören; vgl. Kap. 12) aufgreift, desto reflektierter gehen diese mit der Problemsituation um.
— Je mehr ein Mediator in der Lage ist, Interessen in Positionen zu transformieren (vgl. das nachfolgend ausgeführte Harvard-Konzept), desto wahrscheinlicher wird eine Problemlösung.

Die Zusammenhänge, die sich zwischen Prozeßvariablen, zwischen Prozeß- und Effektvariablen oder auch zwischen Prozeß- und Interventionsvariablen empirisch zeigen lassen, sind oft zwar signifikant, weisen jedoch eine zumeist so geringe Effektstärke auf, daß sie kaum als Anleitung für praktisches Handeln dienen können. Die herkömmliche Antwort auf diese Schwierigkeit besteht in der These, es seien eben noch nicht die richtigen Variablen in die Betrachtung einbezogen worden, die theoretischen Konstrukte seien operational nicht angemessen erfaßt worden oder das Geschehen sei durch eine sehr große – empirisch nicht realisierbare – Zahl von Variablen determiniert. Diese Antworten exhaurieren (verfestigen) den Variablenansatz.

Inspiriert durch die Chaos-Theorien hat auch eine Sichtweise von sozialen Prozessen an Bedeutung gewonnen, die soziales Geschehen nicht als Funktion von durchgängig gegebenen Variablen, sondern als Folge singulärer – oft auch sehr unscheinbarer – Ereignisse deutet. Die konstruktive Wirkung des Mediators wird nicht seiner sozialen Kompetenz (als durchgängige Persönlichkeitseigenschaft oder konsistentes Verhaltensmuster) zugeschrieben, sondern einzelnen Situationen (vielleicht auch nur einer einzelnen), in denen er sich konstruktiv verhalten hat (aus welchen Gründen auch immer, vielleicht auch nur zufällig). Nicht systematisch gestaltbare situative Bedingungen des Mediationsgeschehens werden für den Ablauf des Verfahrens verantwortlich gemacht, sondern zufällige Umstände.

> Im Neusser Mediationsverfahren zu Abfallfragen erklärte die Verwaltung, sie werde ein Gutachten zu einer spezifischen Frage in Auftrag geben. Darauf erklärte der Mediator sehr spontan, er würde die Mediation sofort beenden, wenn die Verwaltung dies ohne Absprache und ohne Übereinstimmung mit der Mediationsgruppe tue. Nach einigem Überlegen erklärte die Verwaltung, sie werde in diesem und in künftigen Fällen Gutachtenaufträge mit der Mediationsgruppe abstimmen.

Diese Episode hat bei vielen Verfahrensbeteiligten Vertrauen in das Mediationsverfahren geschaffen. Es wurde ganz plötzlich deutlich, daß es ernst gemeint ist. Dieser kurze Wortwechsel hat mehr bewirkt als alle systematischen Erläuterungen und Vorbereitungen, die im Vorfeld stattfanden. Hätte es diese Situation nicht gegeben, wäre der Mediator in diesem Moment nicht sehr aufmerksam gewesen oder wären ihm seine Bedenken erst einen Tag später eingefallen, hätte die Mediation vielleicht einen anderen Verlauf genommen.

Derartig punktuelle Ereignisse schlagen sich in einer dem Variablenansatz folgenden Forschung nicht nieder. Eine Empirie, die sich bemüht, diese „einzufangen", hat abweichend vom Forschungs-Mainstream wohl eher kasuistisch erzählenden Charakter.

Wenn die soziale Wirklichkeit auch von zufälligen Ereignissen abhängt und nicht nur von systematischen Ursachen, ist es natürlich nur bedingt möglich, strategische Interventionen mit Aussicht auf Erfolg zu planen. Sichere Strategien zur Lösung eines Problems kann es jedoch ohnehin nicht geben. Gäbe es sie, würde das Problem aufhören, ein Problem zu sein. Die Möglichkeit der Unlösbarkeit ist im Problembegriff begriffslogisch enthalten (Holzkamp 1964).

Auf dieses Dilemma strategischen Handelns kann in zweierlei Weise reagiert werden:

1. Strategien dürfen nicht verabsolutiert werden. Mintzberg (1995) hat für Planungen in großen Unternehmen auf der Basis umfangreichen Erfahrungsmaterials zeigen können, daß diese größtenteils im Sande verlaufen. Er folgert: „Statt sich zu fragen, wie man die Zukunft besser vorhersagen und kontrollieren kann, sollte man sich fragen, wie man es vermeiden kann, langfristige Entscheidungen treffen zu müssen" (ebd., S. 452). Auf die Planung eines Mediationsprozesses gewendet: Statt am Anfang einer Mediation festzulegen, wie man in der Mediation miteinander umgehen will, könnte man sich die Frage vorlegen, wie man es schaffen kann, daß man entstehende Schwierigkeiten rechtzeitig benennt und konstruktiv Abhilfe sucht.

2. Statt von außen zu intervenieren, gilt es, die Selbstheilungskräfte einer Gruppe oder eines sozialen Systems zu stärken. Diese (systemische) Betrachtung zielt darauf, die Kontextbedingungen der Handelnden so zu verändern, daß sie das System veranlassen, aufgrund seiner eigenen Regeln anders zu handeln. Statt sich zu fragen, wie der Informationsstand der Beteiligten durch entsprechende Inputs verbessert werden kann, könnte sich ein Mediator die Frage stellen, was zu tun ist, damit die Beteiligten sich selbst die Informationen beschaffen können, die sie als notwendig ansehen. So kann man z.B. finanzschwache Bürgerinitiativen durch Geldzuwendungen in die Lage versetzen, sich nach eigenem Ermessen gutachterlichen Rat zu kaufen.

Die Umsetzung mediationsdienlicher Strategien erfordert einen situativen Rahmen, in dem sie wirksam werden können. Konstruktive Mediationsstrategien sind z.B. in Drucksituationen nur schwer zu realisieren. Zeitdruck führt zu einem drängenden Verhalten des Mediators. Der Druck des Mediators verstärkt sich weiter, wenn er nicht daran glaubt, daß eine gemeinsame Lösung gefunden werden kann (Carnevale/Conlon 1988). Er gerät in die Gefahr, daß seine Gruppe auch dann zu einer Einigung drängt, wenn diese eine Lösung beinhaltet, die insgesamt ungünstig und nicht tragfähig ist (Neale/Bazerman 1991, S. 138).

Mediationsstrategien können und dürfen nicht dazu benutzt werden, die Verfahrensbeteiligten zu einem Verhalten zu bringen, das sie nicht wollen. Nur wenn die Beteiligten einen auf Problemlösung abzielenden Diskurs anstreben, kann der Mediator sie in ihrem Wunsch unterstützen.

11.2 Das Harvard-Konzept

Das mit Abstand bekannteste Modell zur Gestaltung von Verhandlungssituationen ist das Harvard-Konzept. Das Harvard-Konzept ist durch die Publikation von Fisher et al. (1993) bekannt geworden. Ury (1992) versuchte aufzuzeigen, durch welche konkreten Strategien schwierige Verhandlungssituationen angegangen werden können. Fisher und Brown (1992) thematisieren spezifische Beziehungsaspekte zwischen Verhandlungspartnern. Das Ziel des Harvard-Konzepts ist es, Verhandlungen so zu gestalten, daß jeder Verhandlungsbeteiligte von der Verhandlung zugleich maximal und nicht auf Kosten anderer profitiert (Win-win-Lösung). Win-win-Lösungen werden dann möglich, wenn sich ein Verhandlungsgegenstand in mehrere Aspekte aufteilen läßt, die für unterschiedliche Beteiligte einen unterschiedlichen Wert besitzen. Wenn dies gegeben ist, sind Problemlösungen möglich, von denen jeder profitiert. Das Ergebnis wäre dann kein Nullsummenspiel, in dem der Gewinn des einen der Verlust des anderen ist.

Menschen, die in Konflikte involviert sind, nehmen oft zu Unrecht an, daß ihre Interessen mit denen der anderen konfligieren. Sie konstruieren kognitiv eine Gewinner-Verlierer-Situation (Bazerman 1983). Wenn die Konfliktbeteiligten einen Konflikt einmal als ein Nullsummenspiel interpretiert haben, kommen sie nicht oder nur sehr schwer von dieser Interpretation weg. Die Art und Weise, wie die Verhandlungsbeteiligten den Konflikt einordnen – als Nullsummenspiel oder als eine Chance für eine Win-win-Lösung –, bestimmt den Verlauf des Verfahrens mit (Pinkley 1990). Das Harvard-Konzept postuliert, daß durch eine Reihe von Verhandlungsregeln die Wahrscheinlichkeit für eine Win-win-Lösung gesteigert werden kann. Die folgenden vier sind die bekanntesten:

Transformation von Positionen in Interessen: Eine Problemlösung kann unter Umständen dadurch erreicht werden, daß die Konfliktbeteiligten besser verstehen, mit welchen Interessen die jeweils vertretenen Positionen verbunden sind. Das klassische Beispiel behandelt den Konflikt zwischen zwei Schwestern, die sich um eine Zitrone streiten. Jede will sie haben (Positionen). Ihr Konflikt kann gelöst werden, indem sie sich über ihre dahinterstehenden Interessen verständigen: Die eine möchte den Saft pressen und die andere die Schale reiben. Nun ist eine Lösung naheliegend, die jeder Konfliktpartei das zuspricht, was ihrer Interessenlage entspricht.

Eine solche Lösung ist möglich, wenn Interessenlagen, die vorher unklar waren, transparent werden und auf der Basis neuer Problemsichtweisen neue Lösungen möglich werden, die den Interessen aller Beteiligten entsprechen. Wenn sich Naturschutzverbände und Politik darüber streiten, ob ein Flughafen erweitert werden soll, und sich das Für und Wider als Positionen unvereinbar gegenüberstehen, kann es vernünftig sein, nach den dahinterstehenden Interessen zu fragen: Vermeidung von Lärmbelastungen, Schutz seltener Pflanzenarten, die bedroht würden, Schaffung von Arbeitsplätzen in der Region, Vermeidung bestehender Kapazitätsengpässe im Flugverkehr usw. Wenn die Positionen so nach Interessen aufgegliedert werden, erweitert sich das Spektrum möglicher konsensualer Problemlösungen.

Trennung von Person und Sachproblem: Konflikte werden von Menschen ausgetragen. Es gehört zum Wesen eines jeden Konflikts, daß sich unterschiedliche Interessenlagen, unterschiedliche Sichtweisen der Problemlage und personenbezogene Bewertungen der Konfliktpartner überlagern. All diese Aspekte können in einer Konfliktbearbeitung berücksichtigt und thematisiert werden. Wenn sich diese Aspekte in der direkten Auseinandersetzung vermengen, kann das zu Blockaden führen. Eine getrennte Behandlung von Personen- und Sachproblemen scheint sinnvoll. Man muß sich nicht mögen, um ein Sachproblem gemeinsam zu entscheiden, und man muß sich nicht verachten, nur weil man unterschiedliche Ziele verfolgt. Personenbezogene Schwierigkeiten und Sachprobleme müssen beide in einer Mediation ihren Platz haben, aber man kann sie trennen. So kann man etwa Personen oder Gruppen, die mit wechselseitigen Vorurteilen belastet sind, gezielt in Situationen bringen, die einen informellen Austausch ermöglichen. Man kann diese Vorurteile auch in einer gesonderten Runde thematisieren. Man sollte jedoch vermeiden, daß diese die Sachdebatten permanent unterschwellig belasten.

Generieren von Optionen vor den Entscheidungen: Problemlösung lebt von Ideen. Gruppen neigen oft dazu, neue Ideen sehr schnell, häufig bevor sie richtig erläutert werden konnten, abzuwerten (insbesondere dann, wenn sie von den anderen kommen). Es ist sinnvoll, erst alle Ideen „auf dem Tisch" zu haben, bevor man beginnt, sie zu bewerten. Wie schwer diese sehr einfache Regel des „Brainstorming" zu verwirklichen ist, kann man in fast jeder Seminar- oder Konferenzsituation beobachten. Immer wieder reagieren wir reflexartig schnell mit Bewertungen, bevor wir die Idee eines anderen auch nur ansatzweise verstanden haben. Es reicht für die Mediation nicht aus, sich vorzunehmen, dies zu vermeiden. Es ist eine wichtige Aufgabe des Mediators, auf diesen Fehler zu achten und auf ihn zu reagieren.

Entscheidungen überprüfbar machen: Entscheidungen müssen so formuliert werden, daß sie überprüfbar sind, d.h. sie müssen konkret sein und beschreiben, wer was bis wann mit wem tut. Allgemeine Absichtserklärungen sind nur potentielle Konfliktquellen in der Zukunft. Problemlösungen, die in einer Mediation gefunden werden, müssen schriftlich festgehalten werden. Dies schafft Klarheit. Es ermöglicht den Beteiligten zu prüfen, ob das, was sie gemeint und gewollt haben, auch von den jeweils anderen Seiten angemessen verstanden wurde. Eine klare operationale Fixierung der Problemlösung gibt den Beteiligten die Möglichkeit, sich darüber Klarheit zu verschaffen, ob sie zu dieser Lösung auch stehen können.

Auch wenn man diese und andere hier nicht weiter aufgefächerten Strategievorschläge des Harvard-Modells berücksichtigt, wird dies nicht zwangsläufig zu Ergebnissen führen, die alle glücklich machen. Es geht nicht um die Lösung, die man sich erträumt, sondern um die, die unter gegebenen Umständen die beste ist. Geschicktes Verhandeln kann nicht jede beliebige Konfliktsituation für alle Beteiligten optimal lösen. Insbesondere bei Machtasymmetrien der Verhandlungspartner wird es für schwächere Partner schwierig, die eigenen Interessen zu wahren. Es wird für sie gegebenenfalls erforderlich, eine Grenze zu ziehen, bis zu der sie bereit sind, auf Kompromisse einzugehen. Die richtige Frage zur Festlegung einer solchen Grenze ist jedoch nicht: „Was sollte ich unbedingt bekommen?", sondern: „Was kann ich tun, wenn der Handel nicht zustande kommt?" Mit anderen Worten: Die Grenze des persönlichen Verhandlungsspielraums liegt da, wo man ohne Verhandlungen mehr erreichen würde. Um diese Grenze auszuloten, ist es für den Verhandler wichtig, die beste Alternative zu kennen, die es für ihn außerhalb der Verhandlungssituation gibt (BATNA: Best Alternative to a Negotiated Agreement). Wer seine beste Alternative nicht kennt, verhandelt mit geschlossenen Augen. Je besser die beste Alternative ist, desto besser ist die Verhandlungsposition. Es ist wichtig, der anderen Seite seine eigenen Alternativen zu der Verhandlungssituation klarzumachen.

Im Zentrum des Harvard-Ansatzes stehen die Interessen der Beteiligten. Ziel der Harvard-Strategie ist es, Interessengegensätze zu überbrücken. Es ist jedoch nicht unproblematisch, Konflikte als Interessengegensätze zu interpretieren und die Aufmerksamkeit der Beteiligten auf diese zu richten (de Bono 1987; Tjosvold 1993). Die Definition eines Konflikts als Interessenkonflikt ist sehr oft die Ursache des Konflikts selbst. Diese Betrachtung verstellt den Blick dafür, daß sich oft nicht unterschiedliche Interessen gegenüberstehen, sondern unterschiedliche kognitive Verarbeitungen einer Problemsituation. In (politischen) Konfliktsituationen wird das (strategische) Handeln der Akteure oft vorschnell auf ihre Interessenlage zurückgeführt.

> „Wörter wie Interessengegensatz (...) sind Teil des allgemeinen Vokabulars geworden. Auffällig ist, daß verwandte Konzepte (wie Motive, Bedürfnisse, Ziele, Präferenzen, Wünsche) in der politischen Diskussion nicht Fuß gefaßt haben. Der Interessenbegriff signalisiert Objektivität." (Neuberger 1995, S. 34-35)

Gerade in Umweltmediationsverfahren haben wir es in der Regel mit Konfliktlagen zu tun, in denen die Divergenzen zwischen den Konfliktparteien oft besser mit Begriffen wie Weltanschauung, Lebensstile, Vorurteile, Denkmuster, Politikgewohnheiten usw. beschrieben werden können als mit Interessen. Niemand hat das Interesse, die Umwelt zu schädigen. Für Umweltschutz sprechen sich in Umfragen Menschen unterschiedlicher sozialer Zugehörigkeit aus (vgl. zur Umweltbewußtseinsforschung unter anderem Fietkau 1981; Dierkes/Fietkau 1988; Schahn 1996), und gegen umweltbelastende Projekte engagieren sich nicht nur persönlich Betroffene.

Eine weitere kritische Anmerkung zum Harvard-Konzept richtet sich auf die Transformation von Positionen in Interessen. Sie führt, verabsolutiert angewendet, in einen infiniten Regreß, weil sich jedes herausgearbeitete Interesse wieder als Position fassen läßt und die Frage nach den hinter dieser neuen Position stehenden Interessen aufwirft (Fietkau 1996b).

Abb. 14: Transformation von Positionen in Interessen als infiniter Regreß

Position	Interesse
Ich lehne den Bau einer Verbrennungsanlage ab.	Ich möchte den Lärm des damit verbundenen Lkw-Verkehrs nicht in meiner Straße haben.
Ich möchte den Lärm des damit verbundenen Lkw-Verkehrs nicht in meiner Straße haben.	Ich möchte in Ruhe einen Mittagsschlaf machen.
Ich möchte in Ruhe einen Mittagsschlaf machen.	Nur wenn ich einen Mittagsschlaf mache, kann ich abends lange arbeiten.
Ich will abends lange arbeiten.	Ich will abends lange arbeiten können, weil ich mich vormittags und am Nachmittag intensiv um mein Kind kümmern muß.
Ich will mich am Vor- und Nachmittag intensiv um mein Kind kümmern.	Ich will mich am Vor- und Nachmittag intensiv um mein Kind kümmern, weil ...

Es wäre für ein Mediationsverfahren wenig zielführend, Hintergrundinteressen von Positionen derart aufzufächern. Dies würde individuell sehr unterschiedliche Interessenverästelungen aufzeigen, denen eine zur Diskussion stehende gesellschaftliche Planung kaum gerecht werden kann. Die Planung kann und sollte wahrscheinlich der Lärmfrage Rechnung tragen, kann aber nicht mehr auf persönliche Erfordernisse der Lebensgestaltung eingehen. Die Transformation von Positionen in Interessen muß also auf irgendeiner Ebene beendet werden. Wo diese Ebene liegt, muß durch praktische Alltagsvernunft entschieden werden. Hierfür gibt es keine allgemeine Regel.

Die Begrenztheit der Harvard-Strategie gilt auch für andere Prinzipien des Modells wie: „Klammere die Problemvergangenheit aus und konzentriere Dich auf mögliche Problemlösungen!" Es kann natürlich auch Situationen geben, in denen es sinnvoll ist, einer anderen, gegenläufigen Heuristik zu folgen, z.B.: „Konzentriere Dein Augenmerk darauf zu verstehen, wie es zu der Problematik kommen konnte, nur so kannst Du zukünftig Fehler vermeiden!" Jede Strategie hat ihre Grenzen.

11.3 Strategisches Handeln als Wahlentscheidung

In der Gestaltung von Mediationsverfahren läßt sich eine Vielzahl von expliziten oder impliziten Strategien unterscheiden, an denen sich die Verfahrensbeteiligten orientieren können und die alle irgendwie ihren Sinn haben, obwohl sie sich wechselseitig auszuschließen scheinen. Zu jeder Regel scheint es eine Gegenregel zu geben. Man muß sich entscheiden, wählen.

Die Wahl der Regel ist meist kein bewußter Vorgang. Sowohl der Mediator als auch die Verfahrensteilnehmer realisieren sie eher als Gewohnheiten. Es sind Daumenregeln, implizite Strategien. Welche Heuristik man in einer gegebenen Situation wählt, ist systematisch jedoch nur schwer bestimmbar. Alles kann sinnvoll sein, und meist wissen wir erst hinterher, ob es sinnvoll war.

Die Fallstricke bei der Auswahl der Heuristiken liegen nicht darin, daß einzelne Heuristiken generell ungeeignet wären. Diese hätten sich wohl auch längst selbst diskreditiert und wären aus dem Repertoire ausgeschieden. Das Problem liegt vielmehr darin, daß alle Problemlösungsstrategien sich irgendwie in irgendwelchen Kontexten bewährt haben; das heißt aber auch im Umkehrschluß: Alle Strategien haben schon einmal versagt. Die Kunstfertigkeit liegt also in der jeweiligen Auswahl einer Heuristik in einer jeweiligen Lage (vgl. Abb. 15). Dafür, wann eine Regel bzw. ihre Gegenregel zum Zuge kommen sollte, gibt es keine expliziten (Meta-)Heuristiken. Gleichwohl sind Problemlöser, die über einschlägige Erfahrungen verfügen, unerfahrenen überlegen (Dörner 1992, S. 296ff.). Sie sind besser in der Lage, die in den jeweiligen Situationen zielgerechteren Heuristiken auszuwählen. Warum?

1. Sie verfügen über ein größeres Spektrum an Heuristiken der Konfliktbearbeitung;
2. sie verabsolutieren ihre Problembearbeitungsstrategien weniger; und
3. sie können unterschiedliche Problemlagen besser in ihrer Unterschiedlichkeit erkennen und darauf aufbauend trennschärfer spezifische Strategien einsetzen.

Abb. 15: Polare Handlungsprinzipien

Ich will möglichst viel von meinen Zielen durchsetzen.	Ich will mehr als die anderen (was, absolut gesehen, sehr wenig sein kann).
Anerkennung ist mir wichtiger als materielle Vorteile.	Was die anderen von mir denken, ist mir egal, Hauptsache, ich erreiche meine Ziele.
Schnell und gelegentlich falsch zu entscheiden ist besser, als zu spät zu entscheiden.	Ich entscheide mich nur, wenn ich mich völlig sicher fühle.
Ich verlasse mich mehr auf meine Problemanalyse als auf die von anderen.	Ich folge den Experten: Dann mache wahrscheinlich weniger falsch, zumindest kann man mir nichts vorwerfen.
Ich folge unbeirrbar meinem Weg.	Sobald was schiefgeht, wechsle ich den Kurs.
Ich will im Einklang mit meiner Bezugsgruppe entscheiden.	Ich will meine Individualität wahren.
Der Spatz in der Hand ist besser als die Taube auf dem Dach.	Entweder alles oder nichts.
Man braucht eine klare Linie.	Man muß flexibel reagieren können.
Man muß alles erst mal vorsichtig ausprobieren.	Wenn schon, denn schon.
Man muß bei seinen Entscheidungen berücksichtigen, daß alles mit allem zusammenhängt.	Man muß sich auf das Wesentliche konzentrieren.
Die meisten Dinge regeln sich von selbst.	Nur wenn man eingreift, bewegt man was.
Alles, was neu ist, ist gut.	Das Alte muß bewahrt werden.

Es gibt keine spezifische Vorgehensweise (direktiv, reflexiv, non-direktiv), die mit Erfolg korreliert ist. Aber je erfahrener ein Mediator ist, desto erfolgreicher ist er auch (Carnevale/Pegnetter 1985). Dieser Befund deckt sich mit Erfahrungen aus der Psychotherapieforschung. Dort weiß man seit langem, daß sich erfahrene Therapeuten weniger an schulenspezifisch explizierten Strategien orientieren. Die Orientierung an Interventionsmethoden scheint ein Spezifikum von Anfängern zu sein. Mit wachsender Erfahrung benötigt man diese Krücken immer weniger. Interventionsstrategien sind gewissermaßen Wittgensteinsche Leitern, die man wegwerfen muß, nachdem man auf ihnen hinaufgestiegen ist (Wittgenstein 1921/1973, These 6.5.4).

Es ist schwierig, vielleicht unmöglich, Problemlösungsstrategien in einer Mediation schematisch anzuwenden. Die Problembearbeitung bedarf eines iterativen Vorgehens, d.h. man tut etwas, beobachtet, was geschieht, zieht daraus Schlüsse, entscheidet sich für neue Handlungsschritte, beobachtet wieder und korrigiert so seine Strategie ständig.

„... ich muß mich damit abfinden, daß es gewisse Situationen gibt (...) wo viele Dinge schlicht und einfach nicht prognostizierbar sind. Wie verhält man sich in einem solchen Fall? Man verhält sich so, wie wenn man Auto fährt, wo man weiß, daß alle übrigen betrunken sind. Das heißt, man fährt vorsichtig, man macht kleine Schritte, man schaut immer herum, beobachtet die Veränderungen. Wir brauchen also eine offene aufmerksame Lebensweise, die enorm flexibel ist. Das ist, was die Natur uns vormacht. Die weiß ja auch nicht, wohin es geht. Die Natur macht kleine Schritte, und dann probiert sie aus, ob diese passen. Die Vielfalt der Natur hängt daran, daß sie eben nicht versucht, gewisse (bestimmte) vorgenommene Optionen zu maximieren, sondern in jedem Schritt versucht sie, die Zahl der Optionen zu vervielfältigen, damit sie mehr Flexibilität hat." (Dürr 1995, S. 60)

Greifen wir den letzten Gedanken aus dem Zitat von Dürr auf. Er sieht die Lösung in der Erweiterung der Vielfalt der Handlungsoptionen. Auch dann wird es nicht ausbleiben, daß strategische Fehlentscheidungen getroffen werden. Es wird aber so sein, daß durch die Vielfalt gewissermaßen per Zufall Strategien gewählt werden, die sich, aus welchen Gründen auch immer, als nützlich erweisen. Diese werden es dann sein, die sich durchsetzen. Übersetzt und bezogen auf Mediationsverfahren würde dies bedeuten, daß der Mediator vieles einfach ausprobieren muß, um seine Chance zu erhöhen, konstruktiv zu sein.

Diesen Rat wird man vernünftigerweise nur für Situationen geben, die verfahren sind. Ob man sich aber in einer verfahrenen Situation oder kurz vor dem Durchbruch zu einer konstruktiven Problemlösung befindet, ist oft schwer zu beurteilen. Hierbei kann es zu Fehlern kommen. Man kann eine Strategie zu lange aufrechterhalten (Entrapment), und man kann sie zu früh ändern. Diese Unsicherheit widerstrebt einem Denken, das auf eindeutige Handlungsanleitungen setzt. Es steht dem Bedürfnis nach einer klaren Orientierung entgegen. Die Kompetenz eines Mediators aber besteht nicht darin, daß er einer starren Interventionsstrategie folgt, sondern darin, daß er unterschiedliche Möglichkeiten der Verfahrensgestaltung kennt und vor allem realisieren kann.

Koestler (1944/1974) hat zwei soziale Grundstrategien unterschieden: den Weg des Jogi und den Weg des Kommissars. In sehr freier Interpretation kann diese Unterscheidung auf Mediationsstrategien bezogen werden.

Dem Jogi geht es um die Klärung von Beziehungen, um die Entwicklung der beteiligten Personen, ihre Reifung, ihren Wissenszuwachs, ihre soziale Kompetenz. Dem Kommissar geht es um die Lösung von Sachfragen, das Aushandeln von Interessen, den Ausgleich von Kosten und Nutzen. Der Jogi glaubt, daß durch eine Verbesserung von Beziehungen und persönliche Weiterentwicklungen Problemlösungen in der Sache als Folge möglich werden; der Kommissar meint, eine Lösung von Sachproblemen sei hinreichend bzw. würde das ermöglichen, was der Jogi als Voraussetzung ansieht.

Möglicherweise haben beide recht. Es geht immer um die Sache, und es geht um Beziehungen zwischen den Akteuren. Mal kann das eine wichtig sein, mal das andere. Beide Aspekte müssen thematisiert werden, weil Entwicklungen in einem Bereich Entwicklungen im anderen voraussetzen oder bedingen. Das eine ist ohne das andere nicht möglich. Wenn sich eine Mediationsgruppe an Sachfragen festgefahren hat, kann es vernünftig sein, die (Arbeits-)Beziehungen zwischen den Beteiligten zu thematisieren und umgekehrt.

Konflikte können kooperativ oder kompetitiv ausgetragen werden (vgl. Deutsch 1973, S. 20-32). Beide Strategien brauchen wir, wenn wir flexibel auf neue Herausforderungen antworten wollen. Wir müssen uns streiten, um unterschiedliche Sichtweisen prägnanter werden zu lassen; wir müssen kooperieren, um als gesellschaftliches Gesamtsystem handlungsfähig zu bleiben. Dies gilt auch für den Mikrokosmos Mediation. Die Gegenüberstellung von kooperativer und kompetitiver Konfliktaustragung markiert Pole, zwischen denen wir pendeln können und müssen. Sie müssen sich nicht widersprechen. Auch kompetitive Prozesse können konstruktiv sein: etwa wenn es darum geht, zur Erreichung eines gemeinsamen Zieles strittig über die Mittel zu verhandeln. Kompetitive Prozesse können ferner einen nützlichen sozialen Selektionsmechanismus darstellen; sie können auch insofern hilfreich sein, als durch sie die Notwendigkeit zur Kooperation im weiteren Verfahrensgang deutlich wird (Deutsch 1973, S. 8-9).

Für die Beteiligten ist es zumeist nicht leicht, die positive Seite von Konflikten wahrzunehmen. Dies ist eher aus einer Außenperspektive möglich. Daß aus einer Außensicht Nützliches von Handelnden und Betroffenen als unangenehm erlebt wird, kennen wir aus vielen Bereichen. Fieber ist eine nützliche Reaktion des Körpers auf Krankheit, gleichwohl wird es als unangenehm empfunden und ist auch ein Zeichen dafür, daß etwas nicht in Ordnung ist. Die Bewertung ist mithin eine Sache der Perspektive. Ähnlich verhält es sich mit Konflikten. Wir können sie als unangenehm und belastend erleben und nach Wegen suchen, sie möglichst schnell zu beseitigen. Wir können sie aber auch als eine Chance begreifen, sie akzeptieren und versuchen, sie zu nutzen. Der Mediator kann zur Durchsetzung seiner Verfahrensvorstellungen Druck ausüben (wie der Kommissar), oder er kann auf die Entwicklungspotentiale der Gruppe vertrauen (wie der Jogi). Beide Strategien können weiterführend sein: Bei geringer Feindseligkeit der Beteiligten gibt es einen negativen Zusammenhang zwischen dem ausgeübten Druck des Mediators und dem Zustandekommen einer Übereinkunft. Unter großer Feindseligkeit wird der Zusammenhang hingegen positiv (Lim/Carnevale 1990).

Der Jogi argumentiert, der Kommissar verhandelt. An Argumentieren und Verhandeln werden unterschiedliche Ansprüche herangetragen (von Prittwitz 1996; Saretzki 1996). Während beim Argumentieren Aussagen auf Gültigkeit, Widerspruchsfreiheit usw. geprüft werden, geht es im Verhandeln um Forderungen. In Umweltmediationen wird nur selten verhandelt (gibst Du mir, geb' ich Dir). Die Praxis scheint eher in der Suche nach neuen Informationen und neuen Entscheidungsmöglichkeiten auf einem verbesserten Informationsstand zu bestehen (Fietkau/Weidner 1998). Vielleicht ist das Nicht-Verhandeln für deutsche Verfahren spezifisch. Vertraut man den einschlägigen Berichten, verlaufen Mediationsverfahren in angelsächsischen Ländern, in denen das Verhandeln eine gefestigtere Kultur hat, verhandlungsorientierter. In Deutschland scheint eher (noch) das Prinzip zu gelten: „Über Umwelt verhandelt man nicht oder allenfalls, wenn es keiner mitbekommt." Verhandeln ist unmoralisch; man sucht das Gute und Richtige, um vor sich selbst und vor anderen als gut und weise gelten zu dürfen. Die Argumentationsheuristik steht gegenüber der Verhandlungsheuristik im Vordergrund.

Strategien können darauf abzielen, die gewohnten Handlungsmuster oder Problemlösungen beizubehalten (konfirmative Strategien) (Fietkau 1999a). Sie können ebenfalls darauf abzielen, neue Verhaltensmuster oder Problemlösungen zu entwickeln und zu erproben. In Mediationsverfahren sind beide Strategien in unterschiedlichen Phasen der Mediation sinnvoll.

Zunächst wird es darum gehen, bestehende Verhaltens- und Denkgewohnheiten zu irritieren und in Frage zu stellen. Dann wird es erforderlich sein, Ideen zu entwickeln und im Diskurs auf ihre fachliche und gesellschaftliche Tragfähigkeit zu prüfen. An eine eher explorative Phase muß sich eine Phase anschließen, in der sich die Mediationsbeteiligten einigen. In dieser konfirmativen Phase wird es erforderlich werden, möglicherweise gegen diese Problemlösung stehende und nicht ausräumbare Bedenken zugunsten eines gemeinsamen Handelns hintanzustellen.

In den beiden Phasen wird sich der Mediator unterschiedlich verhalten müssen. In der explorativen Phase wird er Strategien verfolgen, die die Irritation der Sichtweisen der Beteiligten fördern (Einbringen neuer Gesichtspunkte durch advocati diaboli, Fragen stellen, unterschiedlichste Szenarien entwickeln usw.). In der zweiten Phase wird er Erreichtes verfestigen (Konsense fixieren, die Beteiligten darin stärken, ihre Lösung auch nach außen zu vertreten usw.).

Sowohl Individuen als auch Gruppen haben wahrscheinlich die Tendenz, die mit den Irritationen liebgewordener Gewohnheiten des Denkens und Handelns verbundenen Spannungen schnell wieder loszuwerden. Die Tendenz, am Bestehenden festzuhalten, ist gewissermaßen immer schon da. Irritation muß erzeugt werden. Irritationen kann man nur eine gewisse Zeit und nur unter gewissen

156

Randbedingungen ertragen. In einer Atmosphäre, die durch wechselseitiges Vertrauen und wechselseitige Achtung geprägt ist, wird es leichter sein, die Ungereimtheiten des eigenen Denkens und Handelns öffentlich werden zu lassen. Neben dieser Atmosphäre bedarf es aber auch irritationsauslösender Anstöße. Insbesondere der Mediator ist gefordert, gewohnte Denkmuster bei den Beteiligten in Frage zu stellen. Dies kann er – z.B. durch naives Fragen – eher als jeder Teilnehmer, der sich als Insider von den etablierten Denkmustern nur schwer lösen kann. Der Mediator als Nicht-Experte in den Sachfragen hat es hier leichter. Anders als seine fachkundigen Verfahrensteilnehmer kann er sich auch sozial die notwendige Naivität leisten.

Ein guter Mediator verfolgt nicht starr eine bestimmte Strategie. Er verfügt über ein breites Spektrum von Interventionsmöglichkeiten, das er flexibel nutzt, und er kennt die Fallstricke, die mit strategischem Handeln und Denken verbunden sein können.

11.4 Strategien als Ursache von Problemen

Manchmal helfen Strategien bei Problemlösungen, manchmal sind sie untauglich, und manchmal bestärken oder schaffen sie erst das Problem, das sie beseitigen sollen. Wenn letzteres eintritt (und man es bemerkt), kann es sinnvoll sein aufzuhören, weiter nach einer Problemlösung zu suchen, und statt dessen die Art und Weise der Lösungssuche gedanklich und kommunikativ ins Zentrum zu stellen, indem man fragt:

„Können wir etwas anderes tun, um zu einer guten Problemlösung zu kommen?"
„Können wir das Problem auch anders sehen?"
„Können wir anders miteinander umgehen?"

Angeregt durch solche und ähnliche Fragen, rennt man nicht mehr gegen eine Barriere an, man versucht, sie zu umgehen, oder, um es mit Watzlawick, Weakland und Fisch (1992) zu sagen: Man sucht nach einem Wandel 2. Ordnung. Der Wandel 1. Ordnung besteht in einem „Wechsel von einem internen Zustand zu einem anderen innerhalb eines selbst invariant bleibenden Systems". Der Wandel 2. Ordnung hingegen ist „ein Wechsel, der das System selbst ändert" (ebd., S. 29-30).

Solange wir im Streit um das Für und Wider der Gentechnik nach Konsensen und Kompromissen in der Sache selbst suchen, bleiben wir Gefangene des Systems. Wir können dem möglicherweise entkommen, wenn wir uns fragen, ob wir vielleicht die Spielregeln thematisieren und ändern können, in deren

Rahmen wir nach der Entscheidung suchen. Vielleicht sollten die Gegner der Gentechnik verantwortlich in die industrielle Forschung einbezogen werden; vielleicht sollten Entscheidungskompetenzen an gerichtsähnliche Instanzen verlagert werden; vielleicht ist die Produkthaftung ein Instrument, das man ausbauen und auf das man sich verständigen kann; vielleicht sollten Freilandversuche in unmittelbarer Nachbarschaft derer durchgeführt werden, die diese Versuche steuern usw. Indem wir beginnen, solche Art von Fragen zu stellen, hören wir auf, Gefangene der Spielregeln zu sein, die die Diskussion dominieren.

Durch eine neue Art des Fragens nähern wir uns einer anderen Art des Wandels, dem Wandel 2. Ordnung. Aber der Übergang von einer Problemlösung 1. zu einer Problemlösung 2. Ordnung ist oft schwierig. Gerade wenn wir uns bereits lange mit einer Problematik befaßt haben, gerade wenn wir Experten in einer Thematik sind, ist es schwierig, einmal eingeschlagene Pfade des Denkens wieder zu verlassen. Wir sind möglicherweise in unserem Denken Problemlösungsstrategien verhaftet, mit denen wir uns im Grunde die Probleme, die wir angehen wollen, erst schaffen. Mit welchen Denk- und Handlungsmustern schaffen wir uns die Probleme, die wir lösen wollen? Die folgenden drei Erklärungen basieren auf Watzlawick et al. (1992).

Die Unfähigkeit zum Strategiewechsel

Eine Strategie, sich seine Probleme selbst zu schaffen, besteht darin, mehr von dem zu verlangen, was sich bewährt hat. Damit (Watzlawick et al. 1992 sprechen vom „Mehr desselben") wird möglicherweise die Strategie selbst zu dem Problem, das sie zu lösen vorgibt.

> Wenn eine Suppe etwas fade schmeckt, ist es eine sinnvolle Maßnahme, etwas Salz hinzuzufügen. Wahrscheinlich schmeckt sie dann besser. Es wäre jedoch fatal, würde man daraus folgern, daß sie noch besser schmecken würde, wenn man mehr desselben täte und noch mehr Salz hineingäbe. Sollte sie nicht schmecken, obwohl hinreichend Salz hinzugefügt wurde, müßte man wohl nach anderen Formen der Problemlösung suchen.

Die umfangreichen Erfahrungen, die wir mit diesem Problem und seiner Lösung haben, lassen uns damit sicher umgehen. In anderen Problemfeldern jedoch versuchen wir oft, durch ein „Mehr desselben" Lösungen voranzutreiben, und sehen nicht, daß wir uns damit neue Probleme schaffen. So verhält es sich z.B. mit dem Wunsch nach Konsens in der Mediation. In einer Reihe von Mediationsverfahren war zu beobachten, daß sich überraschend schnell einige Konsense einstellten. Soll man damit zufrieden sein? Natürlich nicht. Weitere Konsense müssen her. Wie kann man die erreichen: durch mehr Mediation. Das Verfahren geht weiter, zieht sich hin und endet im Streit. Der Wunsch nach mehr Konsens hat zum Dissens geführt. Das Problemlösungsverfahren produziert eine strittige Lösung. Daß es am Anfang Übereinstimmungen gab, ist natürlich inzwischen vergessen. Wenn man sich dennoch daran erinnert oder durch unangenehme Evaluateure daran erinnert wird, können diese Belanglosigkeiten das sich inzwischen verfestigte Urteil nicht mehr verändern. Die erreichten Konsense lassen sich unschwer als Trivialitäten einordnen, und es bleibt dabei: Mediation bringt nichts. Nüchterner betrachtet, könnte man sagen: Zuviel Mediation bringt nichts.

In einem Mediationsverfahren können die Beteiligten erfahren, daß es gut ist, wissenschaftliche und technische Informationen zu haben. Das macht sie in ihrem Urteilen und Handeln sicherer. Wenn sie sich nun sicherer als vorher fühlen, vielleicht aber noch nicht sicher genug, könnten sie folgern, daß sie endgültige Sicherheit nicht bekommen können und sich auch unter Restunsicherheiten entscheiden können und müssen. Die Beteiligten könnten aber auch zu der Schlußfolgerung gelangen, daß es nützlich wäre, noch besser informiert zu sein. Also investieren sie Geld in weitere Gutachter, verbringen weitere Zeit damit, sich mit komplizierten Statistiken auseinanderzusetzen. An der Forschungsfront angelangt, stellen sie schließlich fest, daß es da eine Reihe von Grundlagenproblemen gibt. Die ganzen Aufwendungen führen nicht zwingend zu mehr Sicherheit, sondern möglicherweise zu mehr Verwirrung bei inzwischen gestiegenen materiellen und nichtmateriellen Kosten. So wie die Fuzzy-Logiker (vgl. Drösser 1994) zeigen können, daß eine „schlampige Logik" oft zu besseren Problemlösungen führt als eine exakte, könnte es günstiger sein, unvollständige Informationen zu haben als vollständige. Auch ein Mehr an Wissen hat nicht nur Vorteile. Mehr zu wissen, kann sogar ein strategischer Nachteil sein (vgl. Poundstone 1995, S. 368f.):

> Zwei Jugendliche vereinbaren den folgenden Wettbewerb: Sie fahren mit je einem Auto aufeinander zu. Wer als erster ausweicht, hat verloren. Weichen beide nicht (rechtzeitig) aus, sind beide tot. Das will natürlich keiner. Wichtig für das Spiel, so scheint es, ist es zu wissen, wann der andere ausweichen wird. Nehmen wir an, einer von beiden wäre allwissend. Er wüßte dann natürlich, was der andere im nächsten Moment tun wird. Der andere aber weiß, daß sein Gegenspieler allwissend ist und er nicht. Was geschieht nun? Er kann sich vornehmen, auf gar keinen Fall auszuweichen. Sein allwissendes Gegenüber weiß dies natürlich, und was kann er nun tun? Er kann sich dem Wettbewerb entziehen, oder er kann ausweichen, um Schlimmeres zu verhindern. Der Allwissende befindet sich im Nachteil.

Wissen führt zu einer differenzierten Problemsicht. Je differenzierter aber eine Problemsicht ist, desto schwieriger wird es, zu handeln. Wenn man handelt, ist man gezwungen, Gesichtspunkte zu vernachlässigen, die gegen diese Handlung sprechen. Dieser Zusammenhang macht es rational analysierenden Experten oft schwer, Entscheidungen zu treffen oder auch nur vorzuschlagen.

Vielleicht kann in einem Mediationsverfahren nur der Versuch, eine Problemlage rational zu durchdringen, sie von allen Seiten zu beleuchten und das Für und Wider von Entscheidungen abzuwägen, vorangetrieben werden. Entscheiden müssen unter Umständen andere, die mit weniger intellektuellen Skrupeln behaftet sind. Eine Rollenteilung scheint möglicherweise sinnvoll.

Die Forderung nach innerer Überzeugung

Oft gibt man sich nicht damit zufrieden, daß jemand auf Forderungen eingeht – er muß es auch noch gern tun. Dies führt leicht zu missionarischen (moralisierenden) Strategien.

> Eine Mutter hält ihren Sohn Mäxchen zur prompten Erledigung seiner Schulaufgaben an. Mäxchen macht sich folgsam an die Arbeit, aber er mault dabei. Die Mutter nimmt dies als Anlaß für Ermahnungen und Hinweise auf die Auswirkung seiner Einstellung auf seine Zukunft. Mäxchen nimmt das nicht kommentarlos hin; es entwickelt sich eine unfriedliche Diskussion (während der er natürlich seine Schulaufgaben nicht machen kann).

Die Einstellung, der andere müsse das, was er tun soll, auch mögen oder in seinem Innersten davon überzeugt sein, ist oft eine unrealistische Haltung und kann darüber hinaus Erreichtes wieder in Frage stellen. Mediationsteilnehmer, die Kompromisse eingehen, müssen diese nicht mögen, und sie müssen sie auch nicht für die denkbar beste Problemlösung halten. Es ist völlig ausreichend, wenn sie sich verläßlich daran halten.

Der Glaube an die abschließende Lösung

Man glaubt, daß das Ankommen an einem Ziel das Leben problemlos machen würde. Dieser Glaube ist insbesondere in sich dynamisch entwickelnden Problembereichen fatal. Bei der Abschätzung der ökologischen, ökonomischen und sozialen Folgewirkungen neuer Technologien, die eingebunden sind in sich wandelnde soziale Kontexte, ist es geradezu aberwitzig zu vermuten, es könne eine Problemlösung geben, die auf lange Sicht Bestand hat. Das Erfordernis, Probleme zu lösen, ist gerade in solchen Feldern ein permanenter Prozeß. Es reicht mithin aus, sich mit den konkreten aktuellen Schwierigkeiten zu befassen und darauf zu achten, daß man sich Korrekturmöglichkeiten nicht durch dauerhaft prägende Sachentscheidungen oder durch ideologisierende Identifikationen mit bestimmten Problemlösungen verbaut. Gerade für Mediation in komplexen, sich entwickelnden Problemlagen ist es nicht so wichtig, eine perfekte Lösung zu finden. Viel wichtiger kann es sein, die Anstrengungen darauf zu richten, wie man vermeiden kann, daß künftige Problemlösungen verbaut werden.

Was kann man tun?

Wenn ein Mediator Strategien verfolgt, die in eine Sackgasse führen, kann man nur hoffen, daß ihn die Verfahrensbeteiligten oder gute Kollegen darauf aufmerksam machen. Wenn die Verfahrensbeteiligten strategischen „Überlegungen" implizit oder explizit folgen, die ihren Zielen nicht nützen, wird es für den Mediator nicht einfach sein, sie davon abzubringen. Es wird unter Umständen nicht ausreichen, sie darauf hinzuweisen. Dies kann Widerstände hervorrufen, die eher zur Verfestigung als zum Wechsel der Handlungsmuster führen. Watzlawick et al. (1992) haben eine Vielzahl von Interventionstechniken beschrieben, die solche Widerstände umgehen. Hier sei auf eine Möglichkeit, die der paradoxen Intervention, anhand von zwei Beispielen aus der Mediationspraxis hingewiesen.

> Man kann versuchen, einen ewigen Nörgler in der Mediation dadurch zum Schweigen zu bringen, daß man in jedem einzelnen Punkt versucht, seine Bedenken zu entkräften. Man kann ihn aber auch zu einem wichtigen Experten werden lassen, indem man ihn bittet, seine Bedenken in der nächsten Sitzung in einem eigenen Tagesordnungspunkt ganz ausführlich darzustellen, und ihn auf diese Weise zu mehr Disziplin bringt.

> Wenn Gruppen nicht an einem Mediationsverfahren teilnehmen wollen, kann man versuchen, sie mit Engelszungen zu überreden. Das wird entweder nichts nützen, was den Mediator ärgert, oder sie werden sich überreden lassen und bei allem, was schiefgeht, dem Mediator die Schuld geben, was noch schlechter ist. Man könnte aber auch solche Gruppen in ihrem Widerstand „bestärken": „Wenn Sie die Dinge so sehen, ist es sicher besser, wenn Sie nicht mitmachen" – und auf diese Weise Reaktanztendenzen für sich nutzen.

Das Arbeiten mit paradoxen Interventionen wie auch mit anderen sehr spezifischen und für die Adressaten nur schwer durchschaubaren Überzeugungstechniken (Cialdini 1997) erfordert viel Vorsicht. Allzu leicht könnten sich Verfahrensbeteiligte, wenn sie deren Mechanismen durchschauen, überrumpelt fühlen. In Ausnahmesituationen können sie hilfreich sein. Im Regelfall aber muß das strategische Handeln eines Mediators für die Verfahrensbeteiligten transparent sein bzw. durch den Mediator transparent gemacht werden können.

12. KOMMUNIKATION IN DER MEDIATION

12.1 Kontextgebundenheit

In aller Regel wird ein Problembereich dann zum Gegenstand einer Mediation, wenn er bereits von den Beteiligten hin und her gewendet wurde, sich keine befriedigende neue Problemlösung abzeichnete und die Beteiligten nach neuen Formen des Umgangs mit dem Problem Ausschau halten. In der Mediation kommt es somit darauf an, neue Formen der Problembearbeitung zu suchen. Es wird wenig Sinn haben, die alten Bearbeitungsmuster lediglich unter einer neuen Überschrift fortzusetzen. Dies bedeutet nicht, daß die alten Formen generell zur Problembewältigung ungeeignet sind; es bedeutet lediglich, daß man sich in dem konkreten Fall in eine Sackgasse manövriert hat und es sich lohnt, andere Wege zu gehen.

Neue Kommunikationsmuster erscheinen den Menschen, denen man sie anträgt, zunächst ungewohnt, unnatürlich, unvernünftig und künstlich: „So kann man doch nicht miteinander umgehen!" An dieser Stelle hilft vielleicht die Einsicht, daß wir auch sonst in variierenden alltäglichen Situationen in unterschiedlicher Weise miteinander kommunizieren und daß wir ganz selbstverständlich zwischen verschiedenen Mustern, die wir beherrschen, wechseln.

Wir haben gelernt, in vielen Kontexten miteinander zu reden, zu streiten, zuzuhören, nach Problemlösungen zu suchen, uns abzugrenzen und Gemeinsamkeiten zu finden. Wir tun dies in der Familie, im Freundeskreis, unter Kollegen, mit Vorgesetzten, in politischen Gruppierungen, im Parlament und im Bäckerladen. Für alle diese Kontexte haben wir spezifische Formen entwickelt, die der jeweiligen Situation angemessen erscheinen. Wir können uns im Regelfall jeweils so verhalten, wie es die anderen von uns erwarten, und die anderen verhalten sich ebenfalls für uns vorhersehbar. Es existieren ordnende Kommunikationsmuster, die uns ein auskömmliches Miteinander gestatten. Gelegentlich bricht man aus diesen Mustern aus oder wird durch andere mit Verhaltensweisen konfrontiert, die sich nicht in diese Muster fügen. Das aber fällt auf, ist Anlaß für Irritation, für ein Überdenken der Situation, vielleicht für die Entstehung einer neuen Beziehungsqualität.

Man stelle sich vor, auf die eher rhetorisch gemeinte Frage „Wie geht's?", die ein Kollege in der Kantinenschlange an einen richtet, würde man mit einer ausführlichen Darstellung der eigenen Gesundheitslage antworten, anstatt zu sagen: „Gut, und selbst?" Es würde sofort eine neues, unkalkulierbares, vielleicht unerwünschtes Beziehungsmuster entstehen. Das allerdings geschieht selten. Im Regelfall verhalten wir uns erwartungsgetreu, sind damit kalkulierbar, gehen keine Beziehungsrisiken ein. Das soziale Geflecht bleibt erhalten.

Auf die gleiche Frage „Wie geht's?" würden wir als Patienten bei einem Arztbesuch wohl kaum mit der belanglosen Gegenfrage „Na ja, und Ihnen?" antworten. Die gleiche Frage hat in unterschiedlichen Zusammenhängen eine jeweils andere Bedeutung. Wir kennen das und können uns gut darauf einrichten, wenn wir die entsprechenden situationsangemessenen Kommunikationsmuster gelernt haben.

Was aber sollen und können wir tun, wenn wir uns in einer Situation befinden, die für uns neu ist, z.B. wenn wir uns das erste Mal in einer Bewerbungssituation befinden oder in einer uns fremden Kultur zu einem Abendessen eingeladen werden? Wir werden uns erkundigen, wie man sich in einer solchen Situation verhalten sollte, genauer, was unsere Sozialpartner in einer solchen Situation von uns erwarten. Was können wir tun, wenn es sich um eine Situation handelt, über die uns niemand kundig Auskunft geben kann? Wir könnten uns an ähnliche Situationen erinnern, die wir aus Filmen kennen, und versuchen das Verhalten der Filmhelden zu imitieren. Aber das kann danebengehen, wenn sich unser Partner nicht an das Drehbuch hält, das wir im Kopf haben. Außerdem ist es keineswegs sicher, daß wir das Verhalten der Filmhelden wirklich kopieren können, und es ist außerdem denkbar, daß der Film in unserem Kopf kaum der realen Situation entspricht. Dann liegt es nahe, daß wir uns auf Verhaltensmuster zurückziehen, die vielleicht nicht so gut zu der Situation passen, die wir aber immerhin beherrschen und in denen wir uns sicher fühlen.

Genau dieser Situation begegnen die meisten Teilnehmer in informellen Konfliktlösungsverfahren. Die wenigsten haben mit Mediation Erfahrung. Was also tun sie? Sie durchforsten ihr Verhaltensrepertoire nach Handlungsmustern, die irgendwie passen könnten, d.h. sie versuchen, ihre soziale Situation zu analysieren und herauszufinden, welche Situationen der gegebenen wohl ähnlich sein könnten. Das Problem kann nun darin bestehen, daß unterschiedliche Verfahrensbeteiligte zu unterschiedlichen Klassifikationen kommen. Die einen finden, daß es sich hierbei um etwas Ähnliches handelt wie eine Seminarveranstaltung, die sie noch von der Universität in Erinnerung haben, andere halten die Situation für eine Art Parlamentsdebatte, manche glauben, hier ginge es in gewisser Weise um Selbsterfahrung und versuchen sich zu vergegenwärtigen, wie ihre letzte Encountergruppe verlief. Der Mediator schließlich macht es auch zum ersten Mal – was zumindest in Deutschland nicht unwahrscheinlich ist – und bemüht sich, das Harvard-Konzept, das er vor zwei Wochen gelesen hat, nun in Verhaltensweisen umzusetzen. Kurz und gut, es entsteht Chaos – oder anders ausgedrückt: Prozeßunsicherheit. In dieser Situation wären die Beteiligten gut beraten, innezuhalten und sich einzugestehen, daß sie alle mit solchen Situationen keine Erfahrung haben. Aber das ist natürlich schwer, will doch jeder kundig erscheinen. Hier hätte der Mediator eine echte Aufgabe – er könnte Vorbild sein und die eigenen Unsicherheiten thematisieren. Hierzu aber benötigt er ein hohes Maß an persönlicher Souveränität und Erfahrung.

Wenn sich der Mediator an formalen Kommunikationsmodellen orientieren will, die von den üblichen Formen der politischen Konfliktaustragung abweichen, muß er in diesen neuen Formen geübt sein. Die Psychologie stellt eine Reihe in sich relativ geschlossener Kommunikationssysteme bereit, die in Psychotherapie, Beratung und Organisationsentwicklung Anwendung finden. Jeder, der versucht hat, durch Ausbildung und Training solche Formen in sein Verhaltensrepertoire zu integrieren, weiß, daß dies einen langwierigen Übungsprozeß erfordert. Diese Kommunikationssysteme weichen oft erheblich von alltäglichen Kommunikationsformen ab und bleiben in ihrer Anwendbarkeit auf Kontexte begrenzt, in denen derjenige, der sie verwendet, keine Eigeninteressen verfolgt und sich auf die Weiterentwicklung seiner Klienten konzentrieren kann.

Jeder von uns (also auch ein Mediator) hat gelernt, in unterschiedlichsten Kontexten mit anderen Menschen zu kommunizieren. Hierbei haben wir uns vielfältige Techniken zugelegt, die sich im Regelfall bewähren. Diese Erfahrung kann auch durch elaborierte Kommunikationsmodelle nicht ersetzt werden. Der Nutzen dieser Modelle liegt in einer Erweiterung des Kommunikationsspektrums und in der Bereitstellung von Kategorien, mit deren Hilfe man sich Interaktionsprozesse verdeutlichen kann.

Das wesentliche Vehikel der Mediation ist das Gespräch. Das Miteinander-Sprechen erfüllt zwei Funktionen: Man kann etwas mitteilen, und man kann von anderen etwas erfahren. In alltäglichen Gesprächen, wissenschaftlichen Konferenzen, aber auch in Mediationsverfahren kann man leicht zu dem Eindruck kommen, die Neigung, etwas mitzuteilen, sei größer als der Wunsch, vom anderen etwas zu erfahren. Wenn andere etwas berichten, neigen wir gelegentlich dazu, dies lediglich zum Anlaß zu nehmen, ebenfalls etwas mitzuteilen. Diese Mitteilungen haben manchmal lediglich die Funktion, sich selbst ins rechte Licht zu rücken. Nachfragen dienen weniger dem Interesse an der Sache als dem Versuch, den anderen oder die Zuhörer mit der eigenen Kompetenz zu beeindrucken.

Ein solches Kommunikationsverhalten trägt wenig dazu bei, den anderen zu verstehen. Da solche Kommunikationsrituale zumeist wechselseitig sind, fördert ein solches Verhalten auch nicht, daß man selbst verstanden wird. Dies ist in vielen Alltagskommunikationen auch nicht intendiert, denn dort ist eine Verständigung oft unproblematisch:

> „Wie geht es Ihnen?"
> „Gut, und Ihnen?"
> „Na, dann wünsche ich noch einen schönen Tag!"

Mediation jedoch ist darauf angelegt, daß sich die Beteiligten intensiver austauschen. Was kann ein Mediator tun, um den Teilnehmern am Mediationsverfahren zu helfen, im Sinne einer explorativen Mediationsstrategie besser zu kommunizieren? Wie kann er durch sein Verhalten einen Beitrag dazu leisten, daß seine Klienten Kommunikationsmuster überwinden, die sie in eine Sackgasse geführt haben? Hierzu liegt eine Vielzahl von Vorschlägen vor (vgl. z.B. Dulabaum 1998). Die Kommunikationsgestaltung in der Mediation ist eine der Hauptaufgaben des Mediators. Er hat hierbei eine Rolle, die in einigen Aspekten jener von Therapeuten oder Coaches nicht unähnlich ist.

12.2   Grundhaltung und Basisverhalten

Die Veränderung von Kommunikationsgewohnheiten ist ein langwieriger Prozeß. Dies liegt nicht daran, daß psychologisch fundierte Kommunikationsmodelle sehr kompliziert sind, denn in der Tat ist es möglich, in Kommunikationstrainings relativ schnell neue Verhaltensmuster einzuüben. Allerdings sind die Übungseffekte oft nicht anhaltend. Warum ist das so? Neu erlernte Verhaltensmuster können zunächst nur unbeholfen realisiert werden. Sie erscheinen gewollt und künstlich, und sehr schnell fällt man in die alten Verhaltensformen zurück. Es erweist sich als schwierig, sie in das etablierte Verhaltensrepertoire zu integrieren. Insbesondere in sozial belastenden Situationen greifen wir dann (gern) auf früh erlernte Muster zurück. In Streßsituationen (z.B. bei Auseinandersetzungen mit anderen Autofahrern im Großstadtgewühl) können auch ansonsten besonnen und vernünftig argumentierende Menschen sehr archaische Verhaltensmuster zeigen.

Die Schwierigkeit, neue und reflektiertere Kommunikationsformen anzuwenden, hängt weiterhin damit zusammen, daß die Art und Weise, wie wir mit anderen Menschen umgehen, nicht nur eine Frage der uns zur Verfügung stehenden Interaktionstechniken ist, sondern auch eine Frage der Einstellung und Haltung, die wir gegenüber den Menschen haben. Es ist schwierig, mit einem Menschen vernünftig zu reden, den ich für unvernünftig halte. Es ist schwierig, darauf zu vertrauen, daß die Teilnehmer einer Mediationsgruppe konstruktive Problemlösungen entwickeln werden, wenn ich glaube, daß alle Beteiligten mit

List und Tücke ihre jeweiligen Partialinteressen verfolgen und keinen Blick für die jeweils anderen haben. Es ist schwierig, einer Gruppe Entscheidungen zu überlassen, wenn ich glaube, daß ihr Verhalten durch Belohnungen und Bestrafungen bestimmt ist. Diese und ähnliche Haltungen schlagen sich in vielfältiger Weise in unserer Kommunikation nieder. Kommunikationsformen, die unseren Überzeugungen widersprechen, sind wenig glaubwürdig und damit zumeist kontraproduktiv. Sie werden als Tricks erlebt und sind in solchen Situationen wohl auch so gemeint.

Mit dem Erlernen von neuen Kommunikationstechniken muß also die Entwicklung eines Menschenbildes einhergehen, das diesen entspricht. Wenn das Ziel einer Mediation darin besteht, Gruppen darin zu unterstützen, ihre Probleme eigenständig zu lösen, und wenn sich damit die Hoffnung verbindet, daß solche ohne äußeren Druck entwickelten Problemlösungen erzwungenen Problemlösungen überlegen sind, dann benötigen wir eine Grundhaltung gegenüber Menschen und Gruppen, die dem gerecht wird. Erst auf der Basis dieser Grundhaltung können spezifische Techniken entwickelt werden. Man könnte vielleicht auch sagen, dann entwickeln sie sich von selbst.

Die personenzentrierte Psychologie stellt ein derartiges Menschenbild bereit und hat aus ihm heraus sehr konkrete Vorschläge für konstruktive Kommunikationsmuster hergeleitet. Sie steht in der Tradition der humanistischen Psychologie. Das Anliegen ihrer Hauptvertreter (Charlotte Bühler, Abraham Maslow, Fritz Perls, Carl Rogers, Rollo May) war es, sich von den in den vierziger Jahren dominierenden psychologischen Interventionsmodellen der Lerntheorien (Verhaltenstherapie) und den Tiefenpsychologien (Psychoanalyse) abzusetzen. Man war es leid, den Menschen als ein Reflex- bzw. Triebbündel zu sehen. Es handelte sich um den Versuch, mechanistischen Verhaltensinterpretationen eine finale oder vitalistische Menschendeutung gegenüberzustellen, d.h. das Gerichtetsein des Menschen auf ein Ziel zu betonen. Die Kontroverse zwischen verhaltenstherapeutischen und humanistisch geprägten Interventionsauffassungen kulminierte in einer berühmt gewordenen Debatte zwischen den Hauptvertretern Carl Rogers und Burrus Skinner (Rogers/Skinner 1956). Die Grundannahme der humanistischen Psychologie besteht in der Vermutung einer dem Menschen innewohnenden Tendenz, sich selbst konstruktiv weiterzuentwickeln (Aktualisierungstendenz). Fehlverhaltensweisen werden als Folge einer Unterdrückung dieser Entwicklungstendenz gesehen. Psychologische Interventionen richten sich entsprechend dieser Grundannahme auf die Freisetzung der Eigendynamik menschlicher Entwicklung (Rogers 1961/1972; Biermann-Ratjen et al. 1979/ 1997; May 1982). Es gilt, dem Menschen die Steine aus dem Weg räumen zu helfen, die seine Entwicklung blockieren. In der personenzentrierten Psychologie und Psychotherapie liegt der Schwerpunkt darauf, angstfreie Erfahrungen zu ermöglichen. Die Klienten sollen lernen, sich selbst und ihre Umgebung möglichst unverzerrt wahrzunehmen. Der Therapeut oder Berater unterstützt seine Klienten hierbei, indem er

— seinen Klienten Zuwendung (emotionale Wärme) entgegenbringt und es ihnen so erleichtert, sich Wahrnehmungen und Gedanken zu stellen, die als bedrohlich empfunden werden;
— auf den inneren Bezugsrahmen seiner Klienten eingeht, d.h. deren Wahrnehmungen, Einschätzungen, Wertungen und Bedürfnisse in das Zentrum der Gespräche stellt und es vermeidet, seine Sichtweisen als Ratschläge oder ähnliches an die Klienten heranzutragen;
— seinen Klienten nicht maskenhaft als Experte entgegentritt, sondern sich „als Mensch" offen (echt) verhält und so seinen Klienten ein natürlicher sozialer Resonanzboden ist.

Entscheidend ist eine Grundhaltung, die die Klienten als diejenigen sieht, die selbst am besten wissen, was für sie gut ist, und die, wenn man sie gewähren läßt, selbst den für sie besten Weg finden. Der Schlüssel ist das Vertrauen in die Potentiale des anderen. Dieser Ansatz hat inzwischen, über Psychotherapie und psychosoziale Beratung hinaus, als psychologische Interventionsmöglichkeit auch im Rahmen der Organisationsentwicklung außerordentliche Verbreitung erfahren. Wohl den meisten psychologisch vorgebildeten Mediatoren ist er heute Grundlage ihres Handelns, und auch das Harvard-Konzept – als die im Mediationskontext wohl bekannteste Praxeologie – hat eine seiner (unzitierten) Wurzeln in dieser Tradition.

Interventionen, die sich aus den Basisvariablen der personenzentrierten Psychologie herleiten lassen, sind als Grundmuster des kommunikativen Verhaltens eines Mediators geeignet. Sie unterstützen die Tendenz der Gruppe, ihre eigenen Potentiale zu erkennen, und helfen dabei, sich neuen Gedanken offener und angstfreier zu stellen.

Auf den Basisvariablen gründend, läßt sich eine Reihe eher spezifischerer Kommunikationsmuster aufbauen. Eines davon ist das aktive Zuhören. Es handelt sich hier um die operationale Umsetzung dessen, was oben als „Eingehen auf den inneren Bezugsrahmen des anderen" bezeichnet wurde. Wenn zwei Gesprächspartner die Sichtweisen des anderen wirklich verstehen wollen, müssen sie wechselseitig bereit sein, sich auf den anderen und dessen Sicht der Dinge zu konzentrieren. Das ist schwierig. Man kann es sich aber angewöhnen. Hierbei helfen Fragen, wie: „Verstehe ich Sie richtig, Sie meinen also ...", oder: „Können Sie das näher ausführen?"

Diese Gesprächselemente nennt man „aktives Zuhören"; „zuhören", weil man sich auf den anderen konzentriert, „aktiv", weil man durch eigene Äußerungen versucht, den anderen dazu zu ermuntern, seine Gedanken weiterzuführen. Diese Gesprächstechnik bietet sich in besonderer Weise für den Mediator an, dem es ja weniger darum gehen sollte, die eigenen Sichtweisen zu thematisieren und die eigene Kompetenz zu demonstrieren, als den Teilnehmern am Mediationsverfahren Raum zu geben. Durch sein eigenes aktives Zuhören kann der Mediator einen wesentlichen Beitrag zur Entwicklung einer konstruktiven Gesprächskultur in Mediationsverfahren leisten.

> Ein Teilnehmer (A) sagt: „Jetzt haben wir genug geredet, wir müssen jetzt entscheiden!" Nun ist es wichtig, daß der Mediator es vermeidet, seine eigene Sicht der Dinge in den Vordergrund zu rücken („Ich finde, Sie haben recht!", oder: „Aber den Aspekt XY haben wir noch nicht angesprochen."), sondern versucht zu verstehen, was A damit meint, indem er z.B. sagt: „Haben Sie den Eindruck, wir stehen unter Zeitdruck?", oder: „Glauben Sie, wir drehen uns hier mit unseren Argumenten im Kreise?" Der Mediator kann auch die Gruppe ansprechen: „Wie sehen Sie das?"

Wichtig ist, daß der Mediator versucht, die Vorstellungswelt der Teilnehmer in das Zentrum zu stellen und nicht seine eigene. Eine solche Haltung ermöglicht es den Verfahrensbeteiligten, ihre eigenen Problemlösungspotentiale zu entwikkeln.

Die beiden anderen „Basisvariablen", Echtheit/Kongruenz und emotionale Wärme/Zuwendung, sind schwieriger operational zu fassen. Gleichwohl läßt sich anhand von Tonbandmitschnitten oder Videoprotokollen in kollegialer Supervision relativ gut einschätzen, in welcher Weise sie realisiert sind.

Unter Echtheit/Kongruenz im Zusammenhang mit dem Verhalten des Mediators könnte folgendes verstanden werden:

— Der Mediator versucht nicht, den Teilnehmern Kompetenzen vorzugaukeln, die er nicht besitzt.
— Er kann offen über seine Empfindungen sprechen, z.B. über seinen Ärger gegenüber Störungen. Hierbei ist wichtig, daß er diese als schlichte Rückmeldungen über seine Situation äußert und nicht mit Bewertungen der Gruppe oder einzelner Teilnehmer verbindet.
— Der Mediator ist in seinem Verhalten durchsichtig.

Unter Wärme/emotionaler Zuwendung (in der amerikanischen Fachterminologie „unconditioned positive regard") ist ein Verhalten zu verstehen, das durch Achtung und Wertschätzung des anderen gekennzeichnet ist. Die Achtung der anderen richtet sich auf sie als Personen, sie schließt nicht zwangsläufig ein, daß der Mediator die jeweils inhaltlich vertretenen Positionen akzeptieren muß. Er handelt wie eine gute Mutter, die ihr Kind liebt, obwohl sie vieles von dem, was ihr Kind tut, nicht akzeptiert.

— Der Mediator bringt den Mitgliedern seiner Gruppe Zuwendung entgegen. Er versucht, zu allen einen persönlichen Kontakt aufzubauen. Hierbei geht er nicht selektiv (nach Status, Macht oder Übereinstimmung mit den Positionen) vor.
— Er versucht, ein Klima in der Gruppe zu schaffen, in dem sich trotz der Unterschiedlichkeit der Positionen die Achtung vor den anderen entwickeln kann.

Indem der Mediator die drei Basisvariablen realisiert, ist er Verhaltensmodell für die Teilnehmer. Durch sein Verhalten schafft er ein Klima, in dem die Verfahrensbeteiligten offen über ihre Sichtweisen reden können, wechselseitig transparenter werden und auch unorthodoxe Ideen kreativ entfalten. Auf der Basis dieser Verhaltensweisen und eines durch sie begünstigten sozialen Klimas lassen sich spezifischere Interventionen aufbauen.

12.3 Fragen stellen statt Antworten geben

Wenn man politische Diskurse beobachtet, wird man oft feststellen können, daß die Diskursbeteiligten zumeist Statements abgeben. Sie sagen, was sie denken, was sie für richtig halten, und verbinden das nicht selten mit Abwertungen der jeweils anderen Auffassungen. Es geht nicht darum, etwas hinzuzulernen, sondern im günstigen Fall lediglich darum, andere von dem zu überzeugen, was man selbst meint – oft aber noch nicht einmal dies. Man will sich letztlich (auf Kosten anderer) profilieren, als kompetent dastehen usw. Dies ist ein Kommunikationsmuster, das den Zielen der Mediation widerspricht. Eine Mediation, die kognitive Umstrukturierungen ermöglichen soll, wird durch ein solches Verhalten erheblich behindert. Auf solch ein Verhaltensmuster reagieren die meisten Menschen auch mit Widerständen. Wenn der Versuch, andere zu überzeugen, schließlich mißlingt, wird dies nicht als Folge eines unzureichenden Kommunikationsverhaltens interpretiert. Der andere, so meint man dann, sei eben uneinsichtig und dumm und verfolge lediglich seine Partialinteressen, oder es handele sich vielleicht um einen nicht aufzulösenden Wertekonflikt. Derartige Attribuierungen sind der Einstieg in den Ausstieg aus der Kommunikation: Allenfalls glaubt man noch, eventuell über Verhandlungen Kompromisse erreichen zu können. Wenn dies auch nicht gelingt, sind die Versuche, Konsense zu erzeugen, eben gescheitert. Sie sind dann gescheitert, ohne daß der Versuch unternommen wurde, durch das Kennenlernen anderer Sichtweisen zu einer kreativen Problemlösung zu kommen.

Wie kann ein Mediator durch sein Kommunikationsverhalten erreichen, daß dies nicht geschieht? Der Mediator kann durch gezieltes Fragen einen Beitrag dazu leisten, daß geäußerte Sichtweisen nicht sofort dadurch abgeblockt werden, daß ein anderer sie abwertet und seine eigenen Sichtweisen dagegenstellt und auf diese Weise jede Idee im Keim erstickt. Das ihm hierfür zur Verfügung stehende Instrument ist die Frage. Das einfache Nachfragen, wie etwas gemeint sei, kann zu einer vertiefenden Explikation der Idee führen. Das Fragen macht das Interesse an der Sache deutlich und ermöglicht es, besser in unterschiedliche Sichtweisen einzudringen. Wer fragt, steuert das kommunikative Geschehen, wer Antworten gibt, reagiert nur!

Durch kluges Fragen kann der Suche nach Problemlösungen eine neue Richtung gegeben werden. Das Stellen intelligenter Fragen ist eine kreative Leistung des Mediators; er kann auf diese Weise der Diskussion Impulse geben. Wenn man sich in Sachproblemen festgebissen hat, kann dies unter Umständen daran liegen, daß man sich nicht die Fragen gestellt hat, die eine Problemlösung ermöglichen. Neue Fragen können einer Mediation wesentliche Impulse geben. Einige Beispiele:

> Statt: Wie können wir einen Konflikt beseitigen?
> Besser: Wofür und wie können wir einen Konflikt nutzen?
>
> Statt: Wie können wir das Problem beseitigen?
> Besser: Was können wir tun, damit wir besser mit dem Problem umgehen?
>
> Statt: Wie können wir uns einigen?
> Besser: Warum ist es wichtig, daß wir uns einigen?
>
> Statt: Wie sieht die optimale Lösung aus?
> Besser: Welche Lösung ist für alle am besten?

Die aufgeführten Beispiele für Fragealternativen sind einfache Möglichkeiten, diesen Prozeß in Gang zu setzen. Der Einstieg erfolgt darüber, daß man beginnt, sich darüber Gedanken zu machen, ob die im Raum stehenden Fragen auch die weiterführenden Fragen sind und ob es Alternativen zu ihnen gibt. Dies kann dann in neue Problemsichtweisen münden.

12.4 Veränderung eingefahrener Kommunikationsmuster

Zu einer Kommunikation gehören mindestens zwei Personen. In der Art und Weise, wie sie miteinander sprechen, folgen sie bestimmten, oft gut eingespielten Mustern. Solche Muster sind unter dem Begriff „Transaktionsanalyse" beschrieben worden (Berne 1961; Harris 1967/1998; Meininger 1987). Danach haben Menschen drei Grundformen von Erlebens- und Verhaltensweisen, „Ichs", aus denen heraus sie agieren. Die Transaktionsanalyse unterscheidet in Kind-, Eltern- und Erwachsenen-Ich.

Das Kind-Ich agiert hilfesuchend, freudig oder auch trotzig, jedenfalls ich-orientiert. Im Kind-Ich versuchen wir, unsere Interessen z.B. einfach dadurch durchzusetzen, daß wir Forderungen als „Ich will ..." artikulieren.

Im Eltern-Ich dominieren Normvorstellungen, Unterstützungen, Kritik. Es wird versucht, Konflikte dadurch beizulegen, daß allgemeingültige Verhaltensregeln zur Grundlage der Entscheidung gemacht werden.

Im Erwachsenen-Ich findet eine sachliche Problemabwägung statt. Erwachsen handelt derjenige, der nicht nur Normen anwendet, sondern auch im Einzelfall prüfen kann, ob eine bestimmte Norm in einem konkreten Fall anwendbar ist, ob eine Ausnahme begründbar erscheint oder ob möglicherweise zwischen unterschiedlichen kollidierenden Normvorstellungen abgewogen werden muß.

Alle drei Formen haben ihre Berechtigung. Reife Persönlichkeiten sind in der Lage, alle Ich-Formen situations- und zielangemessen einzusetzen. Kommunikation verläuft zumeist konfliktfrei, wenn sich die wechselseitigen Erwartungen der Kommunikationspartner entsprechen:

Ein Lehrer verbietet seinen Schülern, während des Unterrichts private Gespräche zu führen, und diese verhalten sich mehr oder minder entsprechend. Umgekehrt aber sagen Schüler sehr selten ihren Lehrern, wie diese sich korrekt zu verhalten haben.

Kinder im Sandkasten tragen ihren Streit oft sehr emotional aus. Sie schreien sich an, weinen oder bewerfen sich mit Spielzeug. Manager in Sitzungen tun dies nur sehr selten.

Ein Gutachter stellt in einem Mediationsverfahren seine Thesen sachlich dar, und die Verfahrensteilnehmer gehen ebenso sachbezogen darauf ein. Auf emotionale Ausbrüche hingegen kann der Gutachter nur schlecht reagieren.

Wenn die wechselseitigen Kommunikationserwartungen nicht erfüllt werden, kann es zu Spannungen kommen. Ein belehrender Mediationsteilnehmer (Eltern-Ich) erwartet, daß die anderen seinen Belehrungen folgen (Kind-Ich). Wenn diese aber selbst lieber belehren als belehrt werden, kann es zu Schwierigkeiten kommen. Ein aggressiv reagierender Autofahrer, der einem anderen den „deutschen Autofahrergruß" entbietet (Kind-Ich), erwartet, daß der andere eingeschüchtert oder trotzig reagiert (ebenfalls Kind-Ich). Wenn dieser statt dessen sagt: „Sie haben recht, ich habe einen Fehler gemacht" (Erwachsenen-Ich),

hat der grüßende Fahrer Schwierigkeiten, sein Kommunikationsmuster aufrechtzuerhalten.

Eingespielte Transaktionsmuster können die Ursache dafür sein, daß es in
Konfliktsituationen keine Entwicklung gibt. Durch ihre Veränderung kann wieder Bewegung in die Sache kommen. Ein Wechsel der Kommunikationsmuster,
der Formen der Konfliktaustragung, kann unerwartete Folgen haben. Unerwartet
heißt allerdings nicht notwendigerweise günstig. Aber wenn eine Kommunikation in die Sackgasse geraten ist, ist es zumindest den Versuch wert, einmal
anders zu reagieren als üblich. Hierzu ist es nützlich, sich zu überlegen, welche
Reaktionen man zeigen könnte. Dies gelingt natürlich nur selten in der Situation
selbst. Aber im nachhinein (Supervision) kann man schon sein Verhalten analysieren und nach neuen Optionen suchen.

Teilnehmer A sagt: „Wir sollten das noch einmal überdenken."

Darauf könnte Teilnehmer B antworten:
1. „Ich habe keine Lust, immer wieder von vorn anzufangen." (Kind-Ich)
2. „Ja, das ist richtig, wir dürfen nicht voreilig entscheiden." (Eltern-Ich)
3. „Welche Gesichtspunkte erscheinen Ihnen noch nicht hinreichend berücksichtigt?" (Erwachsenen-Ich)

Antwort 1 ist Ausdruck von Stimmungen (Kind-Ich), Antwort 2 eine Artikula-
tion von Normen (Eltern-Ich) und Antwort 3 eine Orientierung an der Sachfrage,
die sehr häufig durch eine Suche nach Informationen gekennzeichnet ist
(Erwachsenen-Ich).

Jede Reaktionsform kann in einer gegebenen Situation weiterführend sein.
Wenn man vergeblich versucht hat, auf der rationalen Ebene (Erwachsenen-Ich)
eine Problemlösung zu finden, kann es durchaus weiterführend sein, wenn ein
Teilnehmer mal sagt: „Aber ich will ..." (Kind-Ich), oder: „Das mag ja vernünf-
tig sein, aber dem stehen einfach rechtliche Zwänge entgegen" (Eltern-Ich). Im
Kontext der Mediation wird es jedoch meist vernünftig sein zu versuchen, die
Kommunikation auf der Ebene des Erwachsenen-Ichs zu führen. Zumindest
besteht der Anspruch, dies sehr lange durchzuhalten.

A sagt: „Sie haben ja keine Ahnung." B antwortet (von A durchaus so erwartet): „Und Sie haben das Gutachten ja noch nicht einmal gelesen!" Antwortet B
aber statt dessen (für A unerwartet): „Welche Informationen fehlen mir aus
Ihrer Sicht?", unterbricht er die Kommunikationserwartungen von A und leitet
damit ein neues Interaktionsmuster ein.

Es ist hierbei wichtig, sich klarzumachen, daß man nur sein eigenes Verhalten in
der Hand hat. Natürlich kann man sich ein anderes Kommunikationsverhalten
seiner Partner wünschen, beeinflussen aber kann man es nur, indem man sein
eigenes Verhalten ändert und damit eine veränderte Reaktion hervorruft.

Mediation fordert in besonderer Weise das Erwachsenen-Ich und setzt sich damit von normbezogenen Diskursen (die natürlich ebenso berechtigt sind) ab. Der Rückgriff auf eine Norm hat auch immer etwas von einer Flucht vor der Verantwortung: Man braucht das eigene Handeln nicht mehr zu rechtfertigen. Es gibt ja die allgemeine Regel, und man kann die Entscheidung denen übertragen, die Regeln bilden (Politik), und denen, die sie interpretieren (Justiz), bzw. denen, die sie durch- und umsetzen (Verwaltung und Polizei). Währenddessen und danach protestiert es sich gut. Dieser Mechanismus wird durch Mediationsverfahren teilweise aufgehoben. Das Agieren im Erwachsenen-Ich hat möglicherweise auch zur Folge, daß einzelne Gruppierungen sich dafür entscheiden, nicht an einer (Umwelt-)Mediation teilzunehmen bzw. ihre Teilnahme abzubrechen. Das Verhaltensmuster des trotzigen Kindes kann für sie effizienter und vernünftiger sein. Hierzu zählen etwa Protestdemonstrationen mit schlichten Forderungen („Wir wollen ..."), das Ausgrenzen unliebsamer Standpunkte („Mit denen reden wir nicht ...") usw. Auch die Bezugnahme auf normengeleitetes Handeln (Eltern-Ich) hat – insbesondere im Verwaltungshandeln – ihre Rationalität. Die Umsetzung allgemeiner Handlungsregeln ist denkökonomisch vorteilhaft (weil weniger begründungspflichtig) und vermeidet manchen Konflikt: „Das ist rechtlich vorgegeben", oder: „Der Regierungspräsident hat so entschieden."

Vom Grundansatz her ist Mediation ein Versuch, eine Auseinandersetzung im Erwachsenen-Ich zu führen. Dieser Anspruch wird sehr oft durch normgeleitete Kommunikationsmuster behindert. Sehr beliebt sind schnelle (oft vorschnelle) Bewertungen anderer Standpunkte oder Personen. Ein Mediator, der darauf in der Weise reagiert, daß er seinen Verfahrensteilnehmern sagt, daß normative Statements möglichst unterbleiben sollen, agiert selbst in diesem Interaktionsmuster (Eltern-Ich). Ein solches belehrendes Verhalten eines Mediators könnte Trotz (Reaktanz) hervorrufen. Der Mediator hat bessere Möglichkeiten, Einfluß zu nehmen. Wenn er z.B. versucht, selbst im Erwachsenen-Ich zu bleiben, werden die Mediationsteilnehmer diese Haltung ebenfalls leichter annehmen können.

> Teilnehmer: „Wir sollten zunächst über den Punkt A sprechen!" (Eltern-Ich)
>
> Mediator:
> „Das ermüdet doch alle!" (Kind-Ich)
> „Es ist aus den Gründen xy besser, erst über B zu reden." (Eltern-Ich)
> „Warum ist Ihnen das wichtig?" (Erwachsenen-Ich)

Auch hier gilt: Das zentrale Agens der Kommunikation in einer Mediation ist das Fragen.

12.5 Vermeiden unnötiger Mißverständnisse

In Gesprächen kann es Mißverständnisse zwischen dem Sender und dem Empfänger einer Botschaft geben (Schulz von Thun 1982). Dies liegt unter anderem daran, daß sprachliche Äußerungen – auch wenn sie eindeutig formuliert sind – unterschiedlich aufgefaßt werden können.

Ein Verfahrensteilnehmer sagt:
„In den Berechnungen des Gutachtens ist die neue rechtliche Definition von Wertstoffen nicht berücksichtigt."

Diese Äußerung kann beim Empfänger interpretiert werden als:
„Er weist auf einen Fehler hin." (Sachebene)
„Er will zeigen, daß er das Gutachten gelesen hat." (Selbstmitteilung)
„Er hält uns wohl für blöd." (Beziehungsebene)
„Er will neue Berechnungen." (Appellebene)

Je nachdem, wie die Äußerung aufgefaßt wird, wird die Reaktion ausfallen. Wenn der Empfänger die Botschaft des Senders nicht in der Weise dekodiert, wie der Sender sie gemeint hat, kann es zu erheblichen Mißverständnissen und Spannungen kommen. Wenn man das ausprobieren möchte, kann man beim nächsten Restaurantbesuch zu dem Kellner sagen:

„Da ist ja Petersilie in der Suppe."

Es hilft schon etwas, wenn man weiß, wie leicht derartige Mißverständnisse entstehen können. Vielleicht vergewissert man sich dann in Zweifelsfällen eher einmal, wie es der andere wohl gemeint hat, bevor man reagiert. Insbesondere ist es sinnvoll, selbstkritisch zu prüfen, ob man selbst zu bestimmten Interpretationen neigt. Vielleicht hat man ja die Tendenz, sachliche Hinweise als persönliche Kritik aufzufassen. Vielleicht neigt man auch dazu, Mißfallensäußerungen immer vorschnell als Handlungsaufforderung zu interpretieren. Vielleicht ist man auch nicht in der Lage, die in sachlich verpackten Äußerungen mit gemeinte Kritik wahrzunehmen. Erst wenn man sensibler geworden ist für diese mitschwingenden Botschaften, kann man auf diese reagieren, sie z.B. direkt ansprechen.

12.6 Indirekte Interventionen

Neue Denkmuster bedrohen alte und rufen Widerstände hervor. Die alten Denkmuster werden nicht ohne Not aufgegeben, und Gruppen wehren sich entsprechend. Sie wehren sich um so mehr, je direkter, unmittelbarer und damit bedrohlicher die Interventionen sind, die sich auf die Implementation des Neuen richten. Es kann zielführend sein, das Neue indirekt einzuführen (Erikson/Rossi 1981). Eine Möglichkeit, neues Denken indirekt anzuregen, ist das Erzählen von Geschichten, die auf den ersten Eindruck mit der Sache nichts zu tun haben, nicht abgewehrt werden und sich leicht im Denken des anderen festsetzen. Das eigentlich Beabsichtigte wird nicht direkt angesprochen, sondern beiläufig eingeflochten. Auf diese Weise wird Widerstand nicht so leicht mobilisiert.

Ein Meister des Umgehens von Widerständen war Milton Erikson. Ihm wird das folgende Beispiel zugeschrieben:

Das Mädchen mit den kleinen Füßen

Ein Mädchen litt unter der Vorstellung, zu kleine Füße zu haben. Es schämte sich deswegen, kam sich häßlich vor und begann, Kontakte zu anderen zu meiden. Die Mutter und eine Reihe von Psychotherapeuten scheiterten bei dem Versuch, ihm diese Idee auszureden. Schließlich – das Mädchen war von den Therapeuten bereits ziemlich genervt – schleppte die Mutter ihre Tochter zu Milton Erikson. Erikson begann die Therapiesitzung damit, die Mutter darüber zu befragen, wohin denn die Familie im nächsten Urlaub fahren wolle. Immer Genaueres wollte er über die Urlaubsplanungen wissen. Das Mädchen wurde von ihm praktisch ignoriert. Schließlich, im zweiten Drittel der Therapiestunde, stand Erikson auf, ging im Raum umher und trat dem Mädchen dabei auf einen Fuß. Er herrschte das Kind an: „Hättest Du nicht so unförmig große Füße, hätte ich Dir auch nicht auf den Fuß getreten!" Sogleich fuhr er fort, ohne dem Mädchen die Chance zu einer Reaktion zu geben: „... haben Sie auch sportliche Aktivitäten in ihrem Urlaub vor?" Für den Rest der Stunde blieb Erikson beim Urlaubsthema.

Kurz nach der Stunde rief die Mutter an und berichtete, das Mädchen hätte seine fixe Idee aufgegeben.

Gleichgültig, ob es sich so verhielt, illustriert die Geschichte gut das Muster, das indirekten Induktionen zugrunde liegt. Gängigerweise wird die Geschichte wie folgt interpretiert:

Das Mädchen konnte seine Angst vor Therapeuten und seinen inneren Widerstand reduzieren. Das erwartete nervige Reden davon, daß die Füße doch normal seien und es keinen Grund zur Sorge gebe, unterblieb. Die Stunde neigte sich bereits dem Ende zu, und das Mädchen konnte innerlich bereits aufatmen, weil alles so glimpflich vorüberzugehen zu schien. Dann der Tritt auf den Fuß und der Vorwurf, es hätte wegen seiner großen

---

Füße Schuld an dem Mißgeschick. Der sich hierbei vermittelnde Gedanke stieß nun auf eine psychische Verfassung, die bereits durch nur noch geringe Widerstandsbereitschaft gekennzeichnet war. Ohne ihm die Chance zum Widerstand gegenüber diesem Einwurf zu geben, legte Erikson durch einen sofortigen Themenwechsel eine Amnesie über diese Situation und drängte den Vorfall aus dem „Bewußtsein". Dennoch blieb die Intervention wirksam. Sie konnte gelingen, weil sich kein Widerstand gegen sie mobilisieren ließ und die Kognition lediglich unbewußt wirksam wurde.

Die Widerstand vermeidende Wirkung beiläufiger Bemerkungen oder erzählter Geschichten kann in vielfältiger Weise durch einen Mediator genutzt werden:

> Statt die Teilnehmer an Mediationsverfahren darüber zu belehren, wie ein solches Verfahren abzulaufen hat, kann er ihnen beiläufig erzählen, wie es andere Gruppen gemacht haben.

Die Rolle, die der Mediator hat, macht es ihm im Grunde leicht, Widerstände gegen seine Interventionen zu vermeiden. Er muß nicht als Experte sachkompetent sein und kann nicht entsprechend kritisiert werden. Er hat nicht, wie ein Politiker, Entscheidungen zu treffen und steht damit nicht im Zentrum von Machtauseinandersetzungen. Wenn er seine Arbeit abgeschlossen und sein Honorar erhalten hat, geht er unbeschwert nach Hause; man muß nicht darauf achten, daß er künftig die „richtigen" Ansichten vertritt.

13. ABSCHLIESSENDE BEMERKUNGEN

Mediationsverfahren sind ein Instrument für den Umgang mit einer komplexen Problemlage. Hierbei kann sich die gleiche Problemlage sehr unterschiedlich darstellen, je nachdem, aus welcher Perspektive sie gesehen und beurteilt wird. Es ist jedoch nicht immer leicht, dem in unseren Wahrnehmungen und in unseren Urteilen Rechnung zu tragen. Das Alltagsdenken neigt dazu, die Dinge statisch und absolut zu betrachten. Dies ist sicher oft hinreichend, denkökonomisch und damit zweckmäßig, in manchen Problemfeldern jedoch nicht erfolgreich. Die Hinwendung zu einem stärker prozeßhaften und perspektivischen Denken birgt jedoch Verletzungen und Zumutungen in sich. Wir reagieren dann mit Abwehr, mit einer Abwehr des Neuen, des Unbestimmten.

Im Umgang mit komplexen, unsicheren Problemlagen scheint es kaum möglich, Rezepte im Sinne eindeutig erfolgversprechender Handlungsstrategien zu entwickeln. Prognosen der Art „Wenn man sich in einer gegebenen Problemlage so oder so verhält, wird man diese oder jene Effekte (z.B. Problemlösungen oder Konsense) erreichen", erwiesen sich allzuoft als trügerisch. Möglich scheint lediglich ein Tasten im Nebel, ein Handeln unter Unsicherheit.

In gewisser Weise sind Mediationsverfahren Probehandlungen mit experimentellem Charakter. Sie ersetzen die formalen Entscheidungen nicht; sie sind aber auf diese bezogen und stellen keine irrelevanten Sandkastenspiele dar. In ihnen wird der Raum der Handlungsoptionen in einem Umfang und in einer Weise ausgelotet, wie dies in den förmlichen Verfahren nicht möglich ist. Sie sind deshalb auch kein Abbild der förmlichen Verfahren, sie sind etwas Eigenständiges und anderes. Sie bereiten z.B. förmliche Verfahren vor oder begleiten sie. Sie haben Einfluß auf die förmlichen Verfahren, ohne sie vollständig zu determinieren. Mediationsverfahren haben in gewisser Weise spielerischen Charakter. In einem Schonraum können neue Ideen entwickelt, neue Kooperationsmöglichkeiten erprobt und Umsetzungsvorstellungen getestet werden. Aber der spielerische Umgang mit Problemen will gelernt sein.

Der Mediator muß ausprobieren, wie er sich in einer konkreten Situation verhalten kann. Hierbei wird es gut sein, wenn er über ein Spektrum an Techniken verfügt. Er ist dann nicht gezwungen, immer gleich zu reagieren. Er kann variieren und damit auch Muster unterbrechen. Die Erweiterung der Vielfalt der zur Verfügung stehenden Techniken ist das Ziel von Kommunikationstrainings. Jedem aber bleibt die Aufgabe, zu prüfen, was sich für ihn eignet. Nicht jeder wird alles gleich gut und vor allem gleich glaubwürdig praktizieren können. Jeder Mediator wird darauf zu achten haben, daß die Techniken, die er anwendet, zu ihm und zu der Situation passen.

In gewisser Weise nimmt der Mediator die Rolle des Narren ein (Storath/Dilling 1998 beschreiben die Narrenrolle des Psychologen). Der Mediator hat keine Macht und nimmt dennoch Einfluß. Er kann seine Botschaften so formulieren, daß diese von den Teilnehmern am Mediationsverfahren auch dann angenommen werden, wenn sie deren bisherige Denkmuster in Frage stellen. Dies setzt voraus, daß er nicht belehrend und damit bedrohlich wirkt, sondern daß er das, was er sagen will, eher beiläufig und mit einem Schuß Humor verbunden einbringt. Die Zunft der Narren war bei den Herrschenden vergangener Jahrhunderte nicht allein wegen ihrer Späße beliebt (Lever 1992), sondern auch als Querdenker geachtet. Narren ermöglichten, die Dinge anders zu sehen, der eigenen Sichtweise einen Spiegel vorzuhalten, und verhalfen damit ihren Herren zu besseren Lageeinschätzungen und zu besseren Planungen.

Ein Mediator, der sich selbst nicht zu ernst nimmt, hat gute Chancen, von anderen ernst genommen zu werden.

LITERATUR

Ardelt-Gattinger, E.; Lechner, H.; Schlögl, W. (Hg.) (1998): Gruppendynamik. Anspruch und Wirklichkeit der Arbeit in Gruppen. Göttingen: Verlag für Angewandte Psychologie

Bangerter, A.; Cranach, M. von (1998): Soziale Repräsentationen und Reduktionismus: Eine mehrstufige handlungsbezogene Perspektive. In: Witte (1998b), S. 11-25

Bayerische Rück (Hg.) (1993): Risiko ist ein Konstrukt. Wahrnehmungen zur Risikowahrnehmung. München: Knesebeck

Bazerman, M. H. (1983): Negotiator Judgement. In: American Behavioral Scientist, Vol. 27, No. 2, S. 211-228

Bazerman, M. H.; Neale, M. A. (1982): Improving Negotiation Effectiveness Under Final Offer Arbitration: The Role of Selection and Training. In: Journal of Applied Psychology, Vol. 67, No. 5, S. 543-548

Beck, D. (1995): Das Management von Großvorhaben in der Sonderabfallwirtschaft als Problemlösungsprozeß. Eine Fallstudie zwischen Modellvorstellungen und Wirklichkeit. In: Fisch/Beck (1995), S. 87-111

Beck, D.; Basmaji, M. (1995): Umstrittene Großvorhaben im Spiegel der Presse. In: Fisch/Beck (1995), S. 139-160

Beck, D.; Fisch, R. (1998): Individuelle Strategien des Herangehens an Aufgaben und Problemstellungen bei der Zusammenarbeit in Gruppen. In: Witte (1998a), S. 106-120

Beck, U. (1987): Risikogesellschaft. Auf dem Weg in eine andere Moderne. Frankfurt/M.: Suhrkamp

Beck-Bornhold, H.-P.; Dubben, H.-H. (1997): Der Hund, der Eier legt. Erkennen von Fehlinformationen durch Querdenken. Reinbek bei Hamburg: Rowohlt

Beckmann, J.; Mattenklott, A. (1985): Theorien zur sozialen Urteilsbildung. In: Frey, D.; Irle, M. (Hg.): Theorien der Sozialpsychologie, Bd. 3. Bern, Stuttgart, Toronto: Huber, S. 211-237

Berne, E. (1961): A Transactional Analysis in Psychotherapy. New York: Grove Press

Bernthal, P. R.; Insko, C. A. (1993): Cohesiveness Without Groupthink. In: Group & Organization Management, Vol. 18, No. 1, S. 66-87

Berrondo, M. (1989): Fallgruben für Kopffüßler. Frankfurt/M.: Fischer

Bierhoff, H. W. (1992): Prozedurale Gerechtigkeit: das Wie und Warum der Fairneß. In: Zeitschrift für Sozialpsychologie, Nr. 23, S. 163-178

Biermann-Ratjen, E.; Eckart, J.; Schwarz, H.-J. (1979/1997): Gesprächspsychotherapie. Verändern durch Verstehen. 8. Auflage. Stuttgart, Berlin, Köln, Mainz: Kohlhammer

Bingham, G. (1986): Resolving Environmental Disputes. A Decade of Experience. Washington D.C.: The Conservation Foundation

Bohnet, I.; Frey, S. (1994): Kooperation, Kommunikation und Kommunitarismus. Eine experimentelle Analyse. In: Kölner Zeitschrift für Soziologie und Sozialpsychologie, 46. Jg., Nr. 3, S. 453-463

Bono, Edward de (1987): Konflikte. Neue Lösungsmodelle und Strategien. Düsseldorf, Wien, New York: Econ

Boos, M.; Meier, F. (1993): Die Regulation des Gruppenprozesses bei der Entscheidungsfindung. In: Zeitschrift für Sozialpsychologie, Nr. 24, S. 3-14

Boos, M.; Scharpf, U.; Fisch, R. (1991): Eine Methode zur Analyse von Interaktionsprozessen beim Problemlösen und Entscheiden in Sitzungen. In: Zeitschrift für Arbeits- und Organisationspsychologie, 35. Jg., Nr. 3, S. 115-121

Bosveld, W.; Kooman, W. (1996): Better Not Ask Me Why: Effects of Providing Reasons for Political Attitudes. In: British Journal of Social Psychology, No. 356, S. 523-533

Brehm, J. W. (1966): A Theory of Psychological Reactance. New York: Academic Press

Breidenbach, S. (1995): Struktur, Chancen und Risiken von Vermittlung in Konflikten. Köln: Schmidt

Brocher, T. (1967): Gruppendynamik und Erwachsenenbildung. Braunschweig: Westermann

Bröder, A.; Erdfelder, E. (1996): Hindsight Bias: Beeinträchtigte Erinnerung, verzerrte Rekonstruktion oder beides? In: Mandl, H. (Hg.): Bericht über den 40. Kongreß der Deutschen Gesellschaft für Psychologie in München 1996. Göttingen u.a.: Hogrefe (www.hogrefe.de)

Bush, R. A. B.; Folger, J. P. (1995): The Promise of Mediation. Responding to Conflict Through Empowerment and Recognition. San Francisco: Jossey Bass

Carnap, R. (1970): Statistische und induktive Wahrscheinlichkeit. In: Krüger, L. (Hg.): Erkenntnisprobleme der Naturwissenschaften. Texte zur Einführung in die Philosophie der Wissenschaft. Köln, Berlin: Kiepenheuer und Witsch, S. 193-212

Carnap, R.; Hahn, H.; Neurath, O. (1975): Wissenschaftliche Weltauffassung – der Wiener Kreis. In: Schleichert, H. (Hg.): Logischer Empirismus – der Wiener Kreis. München: Fink, S. 201-222 (Originalartikel erschienen 1929)

Carnevale, P. J. D.; Conlon, D. E. (1988): Time Pressure and Strategic Choice in Mediation. In: Organizational Behavior and Decision Process, No. 42, S. 111-133

Carnevale, P. J. D.; Pegnetter, R. (1985): The Selection of Mediation Tactics in Public Sector Disputes: A Contingency Analysis. In: Journal of Social Issues, Vol. 41, No. 2, S. 65-81

Christensen-Szalanski, J.; Jay, J. J. (1991): The Hindsight Bias: A Meta-analysis. In: Organizational Behavior and Human Decision Process, No. 48, S. 147-168

Cialdini, R. B. (1997): Die Psychologie des Überzeugens. Bern: Huber

Covello, V. T.; Slovic, P.; Winterfeld, D. von (1988): Disaster and Crisis Communications: Findings and Implications for Research and Policy. In: Jungermann, H.; Kasperson, R. E.; Wiedemann, P. M. (Eds.): Risk Communication. Jülich: KfA, S. 131-154

Cranach, M. von; Foppa, K. (Hg.) (1996): Freiheit des Entscheidens und Handelns. Heidelberg: Asanger

Deutsch, M. (1973): The Resolution of Conflict. New Haven, London, Yale: Yale University Press

Dickenberger, D.; Gniech, G.; Grabitz, H.-J. (1993): Die Theorie der psychologischen Reaktanz. In: Frey, D.; Irle, M. (Hg.): Theorien der Sozialpsychologie, Bd. 1: Kognitive Theorien. Bern, Göttingen, Toronto, Seattle: Huber, S. 243- 273

Dienel, P. C. (1992): Die Planungszelle. Opladen: Westdeutscher Verlag

Dierkes, M.; Fietkau, H.-J. (1988): Umweltbewußtsein – Umweltverhalten. Herausgegeben vom Rat von Sachverständigen für Umweltfragen. Stuttgart: Kohlhammer

Dietz-Uhler, B. (1996): The Escalation of Commitment in Political Decision-making Groups: a Social Identity Approach. In: European Journal of Social Psychology, No. 26, S. 611-629

Ditfurth, J. (1997) Feuer in die Herzen. Hamburg: Konkret Literatur Verlag

Dörner, D. (1988): Wissen und Verhaltensregulation: Versuch einer Integration. In: Mandel, H.; Spada, H. (Hg.): Wissenspsychologie. München, Weinheim: Psychologie Verlags Union, S. 264-279

Dörner, D. (1992): Die Logik des Mißlingens. Strategisches Denken in komplexen Situationen. Hamburg: Rowohlt

Dörner, D. (1996): Der freie Wille und die Selbstreflexion. In: Cranach, M. von; Foppa, K. (Hg.): Freiheit des Entscheidens und Handelns. Heidelberg: Asanger, S. 125-150

Dörner, D.; Kreuzig, H. W.; Reither, F.; Ständel, T. (Hg.) (1983): Lohausen. Vom Umgang mit Unbestimmtheit und Komplexität. Bern, Stuttgart, Wien: Huber

Dörner, D.; Schaub, H. (1995): Handeln in Unbestimmtheit und Komplexität. In: Organisationsentwicklung, 14. Jg., Nr. 3, S. 34-47

Dreu, C. de; Vliert, E. van de (Eds.) (1997): Using Conflicts in Organizations. London, Thousand Oaks, New Delhi: Sage Publications

Drösser, C. (1994): Fuzzy Logik. Methodische Einführung in krauses Denken. Reinbek bei Hamburg: Rowohlt

Dulabaum, N. L. (1998): Mediation: Das ABC. Die Kunst in Konflikten erfolgreich zu vermitteln. Weinheim: Beltz

Dunckel, H.(1996): Ist Gruppenarbeit effizient? In: Mandl, H. (Hg.): Bericht über den 40. Kongreß der Deutschen Gesellschaft für Psychologie in München 1996. Göttingen u.a.: Hogrefe (www.hogrefe.de)

Duncker, K. (1935): Zur Psychologie des produktiven Denkens. Berlin: Julius Springer

Dürr, H. P. (Hg.) (1981): Der Wissenschaftler und das Irrationale, 2 Bde. Frankfurt/M.: Syndikat

Dürr, H. P. (1995): Die Zukunft ist ein unbetretener Pfad. Freiburg, Basel, Wien: Herder

Elster, J. (1986): Rational Choice. Oxford: Basil Blackwell

Elster, J. (1991): Arguing and Bargaining in two Constituent Assemblies. The Storrs Lectures. Chicago: Yale Law School (Ms.)

Erikson, M.; Rossi, E. L. (1981): Hypnotherapie: Aufbau, Beispiel, Forschungen. München: Pfeiffer

Festinger, L. (1957): A Theory of Cognitive Dissonance. Stanford: Stanford University Press

Fietkau, H.-J. (1981): Bedingungen ökologischen Handelns. Weinheim: Beltz

Fietkau, H.-J. (1990): Accident Prevention and Risk Communication in Environmental Protection: a Sociopsychological Perspective. In: Industrial Crisis Quarterly, No. 4, S. 277-289

Fietkau, H.-J. (1996): Kommunikationsmuster und Kommunikationserwartungen in Mediationsverfahren. In: Daele, W. van den; Neidhardt, F. (Hg.): Kommunikation und Entscheidung – Politische Funktionen öffentlicher Meinungsbildung und diskursiver Verfahren. WZB-Jahrbuch 1996. Berlin: edition sigma, S. 275-296

Fietkau, H.-J. (1997): Das Eis brechen. Bei der Vorbereitung einer informellen Konfliktregelung können Hemmnisse bereits im Vorfeld ausgeräumt werden. In: Müllmagazin 2, S. 33-35

Fietkau, H.-J. (1999a): Kommunikation und Problemlösung in Mediationsverfahren. In: KON:SENS, 2. Jg., Nr. 4, S. 219-224

Fietkau, H.-J. (1999b): Psychodynamik und Getaltung von Mediationsverfahren. In: Förderverein Umweltmediation, S. 101-131

Fietkau, H.-J.; Pfingsten, K. (1995): Umweltmediation: Verfahrenseffekte und Urteilsperspektiven. In: Archiv für Kommunalwissenschaften, 34. Jg., Nr. 1, S. 55-69

Fietkau, H.-J.; Trènel, M. (1999): Gewinnt, soviel Ihr könnt. Discussion paper FS II 99-301, Wissenschaftszentrum Berlin für Sozialforschung. Berlin

Fietkau, H.-J.; Weidner, H. (1992): Mediationsverfahren in der Umweltpolitik. In: Aus Politik und Zeitgeschichte. Beilage zur Wochenzeitung das Parlament vom 18.2.1992, S. 24-34

Fietkau, H.-J.; Weidner, H. (1998): Umweltverhandeln. Konzepte, Praxis und Analysen alternativer Konfliktregelungsverfahren. Berlin: edition sigma

Fisch, R. (1995a): Umweltkonflikte und Streitschlichtung. In: Fisch/Beck (1995), S. 163-182

Fisch, R. (1995b): Zeit und Entscheidung – Zur Rolle der Zeit bei Genehmigungsverfahren für technische Großanlagen. In: Fisch/Beck (1995), S. 249-276

Fisch, R.; Beck, D. (Hg.) (1995): Abfallnotstand als Herausforderung für die öffentliche Verwaltung: Entsorgung, Verringerung und Vermeidung von Sonderabfall. Eine sozialwissenschaftliche Perspektive. Speyerer Forschungsberichte 150. Speyer: Hochschule für Verwaltungswissenschaften

Fisch, R.; Fuchs, D. (1995): Gängige Vorstellungsbilder über Sonderabfallverbrennung und – entsorgung. In: Fisch/Beck (1995), S. 113-138

Fischhoff, B. (1975): Hindsight and Foresight: The Effect of Outcome Knowledge on Judgement under Uncertainty. In: Journal of Experimental Psychology, Human Perception and Performance, Vol. 1, No. 3, S. 288-299

Fisher, R.; Brown, S. (1992): Gute Beziehungen. Die Kunst der Konfliktvermeidung, Konfliktlösung und Kooperation. 2. Auflage. Frankfurt/M.: Campus

Fisher, R.; Ury, W.; Pratton, B. (1993): Das Harvard-Konzept. Sachgerecht verhandeln, erfolgreich verhandeln. 11. erweiterte deutschsprachige Auflage von Fisher & Ury (1981). Frankfurt/M.: Campus

Förderverein Umweltmediation (Hg.) (1999): Studienbrief Umweltmediation – Eine interdisziplinäre Einführung. Bonn (o. V.)

Freud, A. (1936): The Ego and the Mechanisms of Defense. New York: International Universities Press

Frey, D.; Gaska, A. (1993): Die Theorie der kognitiven Dissonanz. In: Frey, D.; Irle, M. (Hg.): Theorien der Sozialpsychologie, Bd. I: Kognitive Theorien. Bern: Huber, S. 275-324

Fritzsche, A. F. (1987): Wie sicher leben wir? Risikobeurteilung und -bewältigung in unserer Gesellschaft. Köln: Verlag TÜV Rheinland

Fuchs, D.; Fisch, R. (1995): Vorstellungsbilder als Indikatoren einer aussichtslosen Debatte im Erörterungstermin. In: Fisch/Beck (1995), S. 225-245

Gardner, M. (1982): Gotcha. Paradoxien für den Homo Ludens. München: dtv

Gardner, M. (1984): Mathematischer Zirkus. Berlin: Ullstein

Gigerenzo, G.; Hell, W.; Blank, H. (1988): Presentation and Content: The Use of Base Rates as a Continuous Variable. In: Journal of Experimental Psychology, Vol. 14, No. 3, S. 513-525

Glasl, F. (1999): Konflikt-Management. Handbuch für Führungskräfte, Beraterinnen und Berater. 6. Auflage. Bern, Stuttgart: Haupt, Freies Geistesleben

Graumann, C. F. (1960): Grundlagen einer Phänomenologie und Psychologie der Perspektivität. Berlin: de Gruyter

Graumann, C. F. (1988): Einführung in die Geschichte der Sozialpsychologie. In: Stroebe, W.; Hewstone, M.; Stephenson, G. M. (Hg.): Sozialpsychologie. Eine Einführung. Berlin u.a.: Springer, S. 3-23

Greenson, R. R. (1975): Technik und Praxis der Psychoanalyse. Stuttgart: Klett

Hacker, W. (1986): Arbeitspsychologie. Psychische Regulation von Arbeitstätigkeiten. Schriften zur Arbeitspsychologie, Bd. 41. Bern: Huber

Hammond, J. S.; Keeney, R. L.; Raiffa, H. (1998): The Hidden Traps in Decision Making. In: Harvard Business Review, September/October, S. 47-57

Hance, B. J.; Chess, C.; Sandman, P. M. (1988): Improving Dialogue with Communities: A Risk Communication Manual for Government. Environmental Communication Research Program, New Jersey Agricultural Experiment Station, Cook College, Rutgers University, 122 Ryders Lane. New Brunswick, NJ 08903.

Hare, A. P. (1994a): Individual versus Group. In: Hare et al. (1994), S. 261-270

Hare, A. P. (1994b): Group versus Group: In Hare et al. (1994), S. 271-281

Hare, A. P.; Blumberg, H. H.; Davis, M. F.; Kent M. V. (Eds.) (1994): Small Group Research: A Handbook. Norwood: Ablex

Harris, T. A. (1967/1998): Ich bin o.k. Du bist o.k. Reinbek bei Hamburg: Rowohlt

Heckscher, C.; Hall, L. (1994): Mutual Gains and Beyond: Two Levels of Intervention. In: Negotiation Journal, July, S. 235-248

Heider, F. (1958): The Psychology of Interpersonal Relations. New York: Wiley

Heinrich-Böll-Stiftung (Hg.): ExpertInnengespräch Mediation am 5. September 1996 in Bonn. Bonn

Hell, W.; Gigerenzer, G.; Gauggel, S.; Müller, M. (1988): Hindsight Bias: An Interaction of Automatic and Motivational Factors? In: Memory & Cognition, Vol. 16, No. 6, S. 533-583

Herek, G. M.; Janis, I. L; Huth, P. (1987): Decision Making During International Crisis: Is quality of process related to outcome? In: Journal of Conflict Resolution, No. 312, S. 203-226

Herkner, W. (1980): Psychologie der Kausalität. Bern: Huber

Herrmann, T. (1979): Psychologie als Problem. Herausforderungen der psychologischen Wissenschaft. Stuttgart: Klett-Cotta

Hinsz, V. B.; Tindale, R. S.; Vollrath, D. A. (1997): The Emerging Conceptualization of Groups as Information Processors. In: Psychological Bulletin, Vol. 124, No. 1, S. 43-64

Hoff, E.-H. (1998): Probleme der Psychologie als Profession. In: Report Psychologie, 23. Jg., Nr. 1, S. 18-25

Hofstätter, P. R. (1957): Gruppendynamik. Kritik der Massenpsychologie. Reinbek bei Hamburg: Rowohlt

Holzinger, K. (1996): Kompensationen als Mittel der Erweiterung von Handlungsspielräumen. In: Holzinger/Weidner (1996), S. 131-142

Holzinger, K.; Weidner, H. (Hg.) (1996): Alternative Konfliktregelungsverfahren bei der Planung und Implementation großtechnischer Anlagen. Discussion paper FS II 96-301, Wissenschaftszentrum Berlin für Sozialforschung. Berlin

Holzkamp, K. (1964): Theorie und Experiment in der Psychologie. Berlin: de Gruyter

Homans, G. C. (1961): Social Behavior: Its Elementary Forms. New York: Harcourt, Brace & World

Imai, M. (1993): Kaizen. Berlin, Frankfurt/M.: Ullstein

James, W. (1890/1950): The Principles of Psychology. New York: Dover Publications

Janis, I. L.(1982/1972): Victims of Groupthink. Boston: Houghton Mifflin

Jungermann, H.; Kasperson, R. E.; Wiedemann, P. M. (Eds.) (1988): Risk Communication. Jülich: Kernforschungsanlage (KFA) Jülich

Jungermann, H.; Slovic, P. (1993): Charakteristika individueller Risikowahrnehmung. In: Bayerische Rück (1993), S. 90-107

Kahneman, D.; Slovic, P.; Tversky, A. (Eds.) (1982/1986): Judgment under Uncertainty. Heuristics and Biases. Cambridge: Cambridge University Press

Kameda, T.; Sugimoi, S. (1993): Psychological Entrapment in Group Decision Making: An Assigned Decision Rule and a Groupthink Phenomenon. In: Journal of Personality and Social Psychology, Vol. 65, No. 2, S. 282-292

Karpe, J. (1996): Rationalität und mentale Modelle. Standortkonflikte um Abfallentsorgungsanlagen aus ökonomischer Sicht. Frankfurt/M. u.a.: Peter Lang

Keck, O. (1984): Der schnelle Brüter. Eine Fallstudie über Entscheidungsprozesse in der Großtechnik. Frankfurt/M., New York: Campus

Kempf, W.; Frindte, W.; Sommer, G.; Spreiter, M. (Hg.) (1993): Gewaltfreie Konfliktlösungen. Heidelberg: Asanger

Kern, L.; Nida-Rümelin, J. (1994): Logik kollektiver Entscheidungen. München, Wien: R. Oldenbourg

Kerschreiter, R.; Mojzisch, A.; Brodbeck, F. C.; Frey, D. (1998): Die Bedeutung von Konflikt für biased information sampling bei Gruppenentscheidungen. Vortrag auf dem 41. Kongreß der Deutschen Gesellschaft für Psychologie, 27.9.-1.10.1998, Dresden

Koestler, A. (1944/1974): Der Jogi und der Kommissar. Frankfurt/M.: Suhrkamp

Koestler, A. (1978): Der Mensch – Irrläufer der Evolution. Gütersloh: Goldmann

Konheim, C. S. (1988): Risk Communication in the Real World. In: Risk Analysis, Vol. 8, No. 3, S. 367-373

Krämer, W. (1994): So lügt man mit Statistik. Frankfurt/M., New York: Campus

Krämer, W. (1995): Denkste. Trugschlüsse aus der Welt des Zufalls und der Zahlen. Frankfurt/M., New York: Campus

Kroon, M. B. R.; Kreveld, D. von; Rabbie, J. M. (1992): Group versus Individual Decision Making. Effects of Accountability and Gender on Groupthink. In: Small Group Research, Vol. 23, No. 4, S. 427-458

Langer, E. J. (1975): The Illusion of Control. In: Journal of Personality and Social Psychology, Vol. 32, No. 2, S. 311-328

Lerner, M. J. (1980): The Belief in a Just World. A Fundamental Delusion. New York: Plenum Press

Lever, M. (1992): Zepter und Schellenkappe. Zur Geschichte des Hofnarren. Frankfurt/M.: Fischer

Lewicki, R. J.; Hiam, A.; Olander, K. W. (1998): Verhandeln mit Strategie. Das große Handbuch der Verhandlungstechniken. St. Gallen, Zürich: Midas Management Verlag

Lewicki, R. J.; Litterer, J.; Minton, J.; Saunders, D. (1994): Negotiation. Burr Ridge, Illinois: Irvin

Lewicki, R. J.; Stevenson, M. A.; Bunker, B. B. (1997): The Three Components of Interpersonal Trust: Instrument Development and Differences Across Relationships. Paper submitted to the Conflict Management Division, Academy of Management.

Lim, R. G.; Rodney, G.; Carnevale, P. J. D. (1990): Contingencies in the Mediation of Disputes. In: Journal of Personality and Social Psychology, Vol. 58, No. 2, S. 259-272

Lübbe, H. (1993): Risikowahrnehmung im Zivilisationsprozeß. In: Bayerische Rück (1993), S. 23-41

Luhmann, N. (1991): Soziologie des Risikos. Berlin, New York: de Gruyter

Maderthaner, R.; Guttmann, G.; Ottway, H. (1978): Effect of Distance upon Risk Perception. In: Journal of Applied Psychology, No. 3, S. 380-390

Mangelsdorff, L. (1995): Der Hindsight Bias im Principal-Agent-Kontext. Frankfurt/M., Berlin, Bern, New York: Peter Lang

Marrow, A. J. (1969/1977): Kurt Lewin: Leben und Werk. Stuttgart: Klett

Maslow, A. (1954): Motivation and Personality. New York: Harper

Mayer, R. C.; Davis, J. H.; Schoorman, F. D. (1995): An Integrative Model of Organizational Trust. In: Academy of Management Review, No. 20, S. 709-734

Meininger, J. (1987): Die Transaktionsanalyse. Landsberg: Verlag Moderne Industrie

Merz, J. (1983): Fragebogen zur Messung der psychologischen Reaktanz. In: Diagnostika, Nr. 29, S. 75-82

Mikula, G. (1993): Psychologische Theorien des sozialen Austauschs. In: Frey, D.; Irle, M. (Hg.): Theorien der Sozialpsychologie, Bd. 2. Bern, Stuttgart, Toronto: Huber, S. 273-305

Mintzberg, H. (1995): Strategische Planung. Aufstieg, Niedergang und Neubestimmung. Wien, London: Hanse, Prentice Hall International

Mitchell, C.; Banks, M. (1996): Handbook of Conflict Resolution. The Analytical Problem-solving Approach. London: Pinter

Montada, L. (1997): Gerechtigkeitsansprüche und Ungerechtigkeitserleben in den neuen Bundesländern. Bericht Nr. 4. Potsdam: Zentrum für Gerechtigkeitsforschung

Moser, K. (1996a): Commitment in Organisationen. Bern: Huber

Moser, K. (1996b): Commitment in Organisationen. In: Mandl, H. (Hg.): Bericht über den 40. Kongreß der Deutschen Gesellschaft für Psychologie in München 1996. Göttingen u.a.: Hogrefe (www.hogrefe.de)

Mullen, B.; Anthony, T.; Salas, E.; Driskell, J. E. (1994): Group Cohesiveness and Quality of Decision Making. An Integration of Tests of the Groupthink Hypothesis. In: Small Group Research, Vol. 25, No. 2, S. 189-204

Neale, M. A.; Bazerman, M. H. (1983): The Role of Perspective-taking Ability in Negotiating under Different Forms of Arbitration. In: Industrial and Labor Relations Review, Vol. 36, No. 3, S. 378-387

Neale, M. A.; Bazerman, M. H. (1991): Cognition and Rationality in Negotiation. New York, Toronto u.a.: The Free Press

Neck, C. P.; Moorhead, G. (1995): Groupthink Remodeled: The Importance of Leadership, Time Pressure, and Methodical Decision-making Procedures. In: Human Relations, Vol. 48, No. 5, S. 437-557

Neuberger, O. (1995): Mikropolitik: der alltägliche Aufbau und Einsatz von Macht in Organisationen. Stuttgart: Enke

Ostrom, T. M. (1970): Perspective as a Determinant of Attitude Change. In: Journal of Experimental and Social Psychology, No. 6, S. 280-292

Oswald, E. M.; Gadenne, V. (1995): Über das Testen von Hypothesen im Alltag. In: Pawlik, K. (Hg.): Bericht über den 39. Kongreß der Deutschen Gesellschaft für Psychologie in Hamburg 1994. Göttingen: Hogrefe, S. 679-684

Park, W.-W. (1990): A Review of Research on Groupthink. In: Journal of Behavioral Decision Making, No. 3, S. 229-245

Perrow, C. (1987): Normale Katastrophen. Die unvermeidbaren Risiken der Großtechnik. Frankfurt/M., New York: Campus

Phoenix, G. M.; Champagne, M. V. (1997): Propensity-to-Trust, Reciprocal Factors, and the Role of Trust in Organizational Conflicts. Rensselar: School of Humanities and Social Sciences

Piattelli-Palmarini, M. (1997): Die Illusion zu wissen. Was hinter unseren Irrtümern steckt. Reinbek bei Hamburg: Rowohlt

Pinkley, R. (1990): Dimensions of Conflict Frame: Disputant Interpretations of Conflict. In: Journal of Applied Psychology, Vol. 75, No. 2, S. 117-126

Pott, P. (1992): Verlusteskalation und Entscheidungsbindung. Faktoren rationaler und intuitiver Entscheidungen. Wiesbaden: Deutscher Universitäts Verlag

Poundstone, W. (1995): Im Labyrinth des Denkens. Wenn Logik nicht weiterkommt. Paradoxien, Zwickmühlen und die Hinfälligkeit unseres Denkens. Reinbek bei Hamburg: Rowohlt

Preuss, V. (Hg.) (1997): Risikoanalysen. Heidelberg: Asanger

Prittwitz, V. von (Hg.) (1996): Verhandeln und Argumentieren. Opladen: Westdeutscher Verlag

Pruitt, D. G. (1981): Negotiation Behavior. New York u.a.: Academic Press

Raiffa, H. (1982): The Art and Science of Negotiation. Cambridge, MA: Belknap

Randow, G. von (1992): Das Ziegenproblem. Denken in Wahrscheinlichkeiten. Reinbek bei Hamburg: Rowohlt

Rausch, H. (1983): Partizipation und Leistung in Großgruppensitzungen. Qualitative und quantitative Vergleichsanalyse von 20 Fallstudien zum Sitzungsprozeß entscheidungsfindender Großgruppen. In: Kölner Zeitschrift für Soziologie und Sozialpsychologie, Nr. 25, S. 256-274

Reichenbach, H. (1970): Die logischen Grundlagen des Wahrscheinlichkeitsbegriffs. In: Krüger, L. (Hg.): Erkenntnisprobleme der Naturwissenschaften. Texte zur Einführung in die Philosophie der Wissenschaft. Köln, Berlin: Kiepenheuer und Witsch, S. 175-192

Ritov, I.; Baron, J. (1990): Reluctance to Vaccinate: Omission Bias and Ambiguity. In: Journal of Behavioral Decision, No. 3, S. 263-277

Roese, N. J.; Olson, J. M. (Eds.) (1995): What Might Have Been: The Social Psychology of Counterfactual Thinking. Mahwah, NJ: Erlenbaum

Rogers, C. R. (1961): On Becoming a Person. New York: Houghton Mifflin (Deutsch: Entwicklung der Persönlichkeit. Stuttgart 1972: Klett)

Rogers, K.; Skinner, B. F. (1956): Some Issues Concerning the Control of Human Behavior. In: Science, No. 124, S. 1057-1066

Rosch, M. (1985): Verhalten im sozialen Kontext: Soziale Förderung und Unterdrückung von Verhalten. In: Frey, D.; Irle, M. (Hg.): Theorien der Sozialpsychologie, Bd. 2: Gruppen und Lerntheorien. Bern u.a.: Huber, S. 11-38

Rosenstiel, L. von; Molt, W.; Ruttinger, B. (1983): Organisationspsychologie. Stuttgart: Kohlhammer

Ross, J.; Staw, B. M. (1993): Organization Escalation and Exit: Lessons from the Shoreham Nuclear Power Plant. In: Academy of Management Journal, Vol. 36, No. 4, S. 701-732

Rumler, I. (1984): Logeleien von Zweistein. München: dtv

Ruppert, F.; Ettemeyer, A. (1988): Gefahrstoffe als Wissensanforderungen. In: Zeitschrift für Arbeits- und Organisationspsychologie, 32. Jg., Nr. 3, S. 118-127

Sandman, P. M. (1988): Hazard versus Outrage: A Conceptual Frame for Describing Public Perception of Risks. In: Jungermann, H.; Kasperson, R. E.; Wiedemann, P. M. (Eds.): Themes and Tasks of Risk Communication. Proceedings of the International Workshop on Risk-Communication held at the KFA Jülich, October 17-21. Jülich, S. 163-168

Saretzki, T. (1996): Wie unterscheiden sich Argumentieren und Verhandeln. In: von Prittwitz, V. (1996), S. 19-39

Schafer, M.; Crichlow, S. (1996): Antecedents of Groupthink. In: Journal of Conflict Resolution, Vol. 40, No. 3, S. 415-435

Schahn, J. (1996): Die Erfassung und Veränderung des Umweltbewußtseins. Frankfurt/M. u.a.: Peter Lang

Scharpf, U.; Fisch, R. (1989): Das Schicksal von Vorschlägen in Beratungs- und Entscheidungssitzungen. In: Gruppendynamik, 20. Jg., Nr. 3, S. 283-296

Scharpf, U.; Fisch, R. (1995): Entscheidungs- und Akzeptanzfindung bei einer geplanten Sonderabfallverbrennungsanlage in Baden-Württemberg – Empirische Analyse und Schlußfolgerungen. In: Fisch/Beck (1995), S. 183-206

Scherm, M. (1998a): Folgenabschätzung in Gruppen: Determinanten und Effekte des Prozeßverlustes. In: Witte (1998a), S. 211-228

Scherm, M. (1998b): Synergie in Gruppen – mehr als eine Metapher. In: Ardelt-Gattinger et al. (Hg.) (1998), S. 62-70

Schulz von Thun, F. (1982): Miteinander reden: Störungen und Klärungen. Reinbek bei Hamburg: Rowohlt

Schulz-Hardt, S.; Frey, D.; Fago, K.; Kiei, G. (1999): Selektive Informationssuche und Gruppenheterogenität: Der Einfluß verschiedener Formen der Gruppenheterogenität auf Selbstbestätigungsprozesse bei Entscheidungen. In: Gruppendynamik, 30. Jg., Nr. 2, S. 161-174

Schulz-Hardt, S.; Frey, D.; Lüthgens, C. (1995): Wege ins Desaster: Groupthink, Entrapment und ein dissonanztheoretisches Modell des Entscheidungsautismus. In: Pawlik, K. (Hg.): Bericht über den 39. Kongreß der Deutschen Gesellschaft für Psychologie in Hamburg 1994. Göttingen: Hogrefe, S. 409-414

Seligman, M. E. P. (1979): Erlernte Hilflosigkeit. München: Urban & Schwarzenberg

Sellnow, R. (1994): Die mit den Problemen spielen. Bonn: Verlag Stiftung Mitarbeit

Selz, O. (1913): Über die Gesetze des geordneten Denkverlaufs. Stuttgart: W. Spemann

Selz, O. (1922): Zur Psychologie des produktiven Denkens und des Irrtums. Eine experimentelle Untersuchung. Bonn: Cohen

Singer, E.; Hudson, V. (Eds.) (1992): Political Psychology and Foreign Policy. Boulder, San Francisco, Oxford: Westview Press

Slovic, P. (1987): Perception of Risk. In: Science, No. 236, S. 280-285

Slovic, P.; Fischhoff, B.; Lichtenstein, S. (1979): Rating the Risks. In: Environment, Vol. 21, No. 3, S. 36-39

Sonntag, K.; Schaper, N. (1982): Kognitives Training zur Bewältigung steuerungstechnischer Aufgabenstellungen. In: Zeitschrift für Arbeits- und Organisationspsychologie, 32. Jg., Nr. 3, S. 128-138

Sprenger, R. (1992): Mythos Motivation. Wege aus einer Sackgasse. 3. Auflage. Frankfurt/ M., New York: Campus

Sprenger, R. (1995): Das Prinzip Selbstverantwortung. Wege zur Motivation. 2. Auflage. Frankfurt/M., New York: Campus

Stahlberg, D.; Eller, F.; Maas, A.; Frey, D. (1995): We Knew It All Along: Hindsight Bias in Groups. In: Organizational Behavior and Human Decision Processes, Vol. 63, No. 1, S. 46-58

Stahlberg, D.; Osnabrügge, G.; Frey, D. (1985): Die Theorie des Selbstwertschutzes und der Selbstwerterhöhung. In: Frey, D.; Irle, M. (Hg.): Theorien der Sozialpsychologie, Bd. 3. Bern, Stuttgart, Toronto: Huber, S. 79-124

Storath, R.; Dilling, P. (1998): Der Psychologe – ein Hofnarr im System. In: Report Psychologie, 23. Jg., Nr. 3, S. 240-253

Street, M. D. (1997): Groupthink. An Examination of Theoretical Issues, Implications, and Future Research Suggestions. In: Small Group Research, Vol. 28, No. 1, S. 72-93

Tetlock, P. E.; Peterson, R. S.; McGuire, C.; Chang, S.-J.; Feld, P. (1992): Assessing Political Group Dynamics: A Test of the Groupthink Model. In: Journal of Personality and Social Psychology, Vol. 63, No. 3, S. 403-425

Thiele, B. (1983): Der Knew it all along Effekt. Eine Untersuchung zur Psychologie des intuitiven Urteilsverhaltens. Diplomarbeit an der Universität Kiel. Kiel: Institut für Psychologie

Thomas, A. (1999): Gruppeneffektivität: Balance zwischen Heterogenität und Homogenität. In: Gruppendynamik, 30. Jg., Nr. 2, S. 117-129

Tjosvold, D. (1993): Learning to Manage Conflict. New York: Lexington Books

Tjoswold, D.; Vliert, E. van de (1994): Applying Cooperative an Competitive Conflict Theory to Mediation. In: Mediation Quarterly, Vol. 11, No. 4, S. 303-311

Tschan, F. (1998): 1, 2 oder 3. Zur strukturellen Ähnlichkeit individueller Kognitionen und Kommunikationsprozessen in Gruppen. Vortrag auf dem 41. Kongreß der Deutschen Gesellschaft für Psychologie. Dresden 27.9.-1.10.1998

Tuchman, B. (1997): Die Torheit der Regierenden von Troja bis Vietnam. Frankfurt/M.: Fischer

Turner, B. A. (1978): Man-made Disasters. London: Wybeham Publications

Turner, M. E.; Pratkanis, A. R.; Probasco, P.; Leve, C. (1992): Threat, Cohesion, and Group Effectiveness: Testing a Social Identity Maintenance Perspective on Groupthink. In: Journal of Personality and Social Psychology, Vol. 63, No. 5, S. 781-796

Tversky, A.; Kahnemann, D. (1973): „Availability". A Heuristic for Judging Frequency and Probability. In: Cognitive Psychology, No. 5, S. 207-232

Tversky, A.; Kahnemann, D. (1981): The Framing of Decisions and the Psychology of Choice. In: Science, No. 211, S. 453-458

Ury, W. L. (1992): Schwierige Verhandlungen. Wie Sie sich mit unangenehmen Kontrahenten vorteilhaft einigen. Frankfurt/M., New York: Campus

Vaughan, E.; Seifert, M. (1992): Variability in the Framing of Risk Issues. In: Journal of Social Issues, Vol. 48, No. 4, S. 119-135

Watzlawick, P. (1986): Vom Schlechten des Guten oder Hekates Lösungen. München, Zürich: Piper

Watzlawick, P. (1992/1997): Münchhausens Zopf oder Psychotherapie und Wirklichkeit. München, Zürich: Piper

Watzlawick, P.; Weakland, J. H.; Fisch, R.: (1992): Lösungen: zur Theorie und Praxis menschlichen Wandels. 5. Auflage. Bern, Göttingen, Toronto: Huber

Webler, T. (1995): „Right" Discourse in Citizen Participation: An Evaluative Yardstick. In: Renn, O.; Webler, T.; Wiedemann, P. (Eds.): Fairness and Competence in Citizen Participation. Evaluating Models for Environmental Discourse. Dordrecht, Boston, London: Kluwer Academic Press, S. 35-86

Whyte, G. (1991): Diffusion of Responsibility: Effects on the Escalation Tendency. In: Journal of Applied Psychology, Vol. 76, No. 3, S. 408-415

Wiedemann, P. M.; Hennen, L. (1989): Schwierigkeiten bei der Kommunikation über technische Risiken. Programmgruppe Technik und Gesellschaft der Kernforschungsanlage Jülich. Arbeiten zur Risikokommunikation, Heft 9. Jülich

Wilke, H.; Knippenberg, A. von (1996): Gruppenleistung. In: Stroebe, W.; Hewston, M.; Stephenson, G. M. (Hg.): Sozialpsychologie. Berlin, Heidelberg, New York: Springer, S. 456-502

Winkler, R. L. (1972): An Introduction to Bayesian Inference and Decision. New York: Holt, Rinehard and Winston

Witte, E. H. (1994): Mediation (Regelungsberatung): Theoretische Grundlagen und empirische Ergebnisse. In: Gruppendynamik, 26. Jg., Nr. 3, S. 241-251

Witte, E. H. (1995): Zum Stand der Kleingruppenforschung. In: Pawlik, K. (Hg.): Bericht über den 39. Kongreß der Deutschen Gesellschaft für Psychologie in Hamburg 1994. Göttingen: Hogrefe, S. 464-469

Witte, E. H. (Hg.) (1998a): Sozialpsychologie der Gruppenleistung. Lengerich: Pabst

Witte, E. H. (Hg.) (1998b): Sozialpsychologie der Kognition: Soziale Repräsentationen, subjektive Theorien, soziale Einstellungen. Lengerich: Pabst

Wittgenstein, L. (1921/1973): Tractus logico-philosophicus. Frankfurt/M.: Suhrkamp

Wohlwill, J. F. (1981): Umweltfragen in der Entwicklungspsychologie. Eine kritische Betrachtung zu Repräsentanz und Validität. In: Fietkau, H.-J.; Görlitz, D. (Hg.): Umwelt und Alltag in der Psychologie. Weinheim: Beltz, S. 91-111

Wunderer, R.; Grunwald, W. (1980): Führungslehre, Bd. II: Kooperative Führung. New York: Walter de Gruyter

Zeigarnik, B. (1927): Über Behalten von erledigten und unerledigten Aufgaben. In: Psychologische Forschung, Nr. 9, S. 1-85

Zeutschel, M. (1999): Interkulturelle Synergie auf dem Weg: Erkenntnisse aus deutsch/US-amerikanischen Problemlösegruppen. In: Gruppendynamik, 30. Jg., Nr. 2, S. 131-159

Zilleßen, H. (Hg.) (1998): Mediation. Kooperatives Konfliktmanagement in der Umweltpolitik. Wiesbaden: Westdeutscher Verlag

Zysno, B. (1998): Vom Seilzug zum Brainstorming: Die Effizienz der Gruppe. In: Witte (1998a), S. 184-210